话语的建构与实践：
以贫困叙述为例

HUAYUDEJIANGOUYUSHIJIAN
YIPINKUNXUSHUWEILI

王红艳◎著

中国社会科学出版社

图书在版编目（CIP）数据

话语的建构与实践：以贫困叙述为例／王红艳著 . —北京：
中国社会科学出版社，2015.3
ISBN 978 - 7 - 5161 - 6008 - 4

Ⅰ.①话…　Ⅱ.①王…　Ⅲ.①话语语言学—研究　Ⅳ.①H0

中国版本图书馆 CIP 数据核字（2015）第 081359 号

出 版 人	赵剑英	
责任编辑	张　林	
特约编辑	吴连生	
责任校对	王　影	
责任印制	戴　宽	

出　　版	中国社会科学出版社	
社　　址	北京鼓楼西大街甲 158 号	
邮　　编	100720	
网　　址	http://www.csspw.cn	
发 行 部	010 - 84083685	
门 市 部	010 - 84029450	
经　　销	新华书店及其他书店	

印刷装订	三河市君旺印务有限公司
版　　次	2015 年 3 月第 1 版
印　　次	2015 年 3 月第 1 次印刷

开　　本	710×1000　1/16
印　　张	15.75
插　　页	2
字　　数	269 千字
定　　价	58.00 元

目　　录

导论 ………………………………………………………………………（1）

　　一　为什么关注贫困话语 ……………………………………………（1）

　　二　理论准备 …………………………………………………………（15）

　　三　研究设计 …………………………………………………………（27）

　　四　研究价值与不足 …………………………………………………（33）

　　小结 …………………………………………………………………（35）

第一章　现行主流贫困话语的要义 ……………………………………（37）

　　一　西方贫困话语的变迁历程 ………………………………………（37）

　　二　现行主流贫困话语的要义 ………………………………………（42）

　　三　关于现行主流贫困话语要义的思考 ……………………………（54）

　　小结 …………………………………………………………………（62）

第二章　现行主流贫困话语的建构 ……………………………………（65）

　　一　文化维度的建构策略 ……………………………………………（65）

　　二　历史维度的建构策略 ……………………………………………（71）

　　三　科学维度的建构策略 ……………………………………………（76）

　　四　政治维度的建构策略 ……………………………………………（82）

　　小结 …………………………………………………………………（88）

第三章　现行主流贫困话语的建构与实践:样本Ⅰ ……………………（89）

　　一　中国扶贫开发:大致历程 ………………………………………（89）

　　二　中国扶贫开发:基本判断 ………………………………………（110）

　　小结 …………………………………………………………（122）

第四章　现行主流贫困话语的建构与实践:样本Ⅱ …………………（125）
　　一　库北县概况 ………………………………………………（126）
　　二　库北县的贫困:在感受与话语之间 ………………………（128）
　　三　主流叙述在库北县:对三个中心概念的考察 ……………（132）
　　小结 …………………………………………………………（168）

第五章　现行主流贫困话语的建构与实践:样本Ⅲ …………………（171）
　　一　库北村概况 ………………………………………………（172）
　　二　主流叙述在库北村:对三个中心概念的考察 ……………（178）
　　三　库北村的贫困:另一个维度 ………………………………（201）
　　小结 …………………………………………………………（212）

初步结论与讨论 ………………………………………………………（214）
　　一　初步结论 …………………………………………………（214）
　　二　讨论 ………………………………………………………（218）

参考资料 ………………………………………………………………（231）

后记 …………………………………………………………………（248）

导　　论

近年来，伴随硬实力的稳步增强，我国越来越重视软实力的提升，越来越重视硬实力与软实力的巧妙结合与相加使用。话语权是软实力尤其是文化软实力的重要指标。发展和掌控话语权是提升文化软实力的重要战略选择。然而，发展和掌控话语权，不但要有强大的经济和军事实力作支撑，还要懂得话语的本质，明白话语生产的流程，清楚话语分配的原则，知晓话语消费的机制，并且能够科学运用这些原理和机制。加强话语的建构和实践研究，意义重大。

一　为什么关注贫困话语

贫困话语指涉关于贫困问题的文本，包括贫困的定义、衡量贫困的标准、降低和消除贫困的策略与措施等内容（本书有时也将"话语"称作"叙述"，对应英文单词均是 discourse。关于话语的界定详见接下来的相关分析）。选择贫困话语作为研究对象：一是源自贫困线所引发的思考，具体而言，源自贫困线"权威性"与"局限性"之间的张力。二是来自文献阅读的冲击，既包括"不解渴"式冲击，也包括启迪式冲击。

（一）贫困线引发的思考

19 世纪末 20 世纪初，查尔斯·布斯（Charles Booth）和西伯姆·娄趣（Seebohm Rowntree）以最低需要为基础计算了贫困线①。自此，尤其第二次世界大战以后，贫困线在全球范围内逐渐使用开来。在我国，自

---

① Kuper Adam and Kuper Jessica, 1996, *The Social Science Encyclopedia（Second Edition）*, London：Routledge，Perinbanayagam R. S. 1991, pp. 655 – 656.

1986 年 6 月国务院贫困地区经济开发领导小组（该机构在 1993 年更名为国务院扶贫开发领导小组）以及各地方配套机构成立以来，贫困线也开始得到使用。时至今日，贫困线已然成为贫困话语当中的关键词，经常见诸政府工作报告、学术研究报告等重要文献，更是官方划定援助范围、确定援助对象和评价减贫绩效的重要依据之一，其权威性是显而易见的。

然而，笔者在农村调研中发现以下情况。

第一，贫困线作为一个经济指标，它不能标示出非经济因素。当我们依据这一指标划定贫困人口和贫困地区时可能导致这样的结果：对贫困人口和贫困地区的划定是不全面的或者不客观的。因为在这种划定中，我们没有去考虑其他非经济因素，而非经济因素的贫困是显然存在的。在内蒙古 R 村的调研呼应了这种情况①。如果按村民人均纯收入计算，内蒙古 R 村并不是贫困村，但事实上这个村又是远近闻名的穷村和乱村，因为它的社会公共资源完全处于一种非整合和匮乏的状态。而这种社区性贫困往往比经济收入的不足、不高更可怕。另一种情况是：也有不少村庄或农户的经济收入在所谓的贫困线之下，但是它或他的非经济资源却是丰裕的。在这种情形下，村庄仍然是活跃的和热闹的，农户也可能是过着其乐融融的日子，几乎不理会政府有关部门给予的称谓。

第二，贫困线，它不仅是一个经济指标，而且还是一个不全面的经济指标。贫困线强调收入而不重视支出②，在描述现实状况时表现出很大的局限性。如表 1 所示，如果仅仅计算收入，内蒙古 R 村居民 CFW 全家五口人在 2005 年的人均收入为 2385 元（即 11925 元 ÷ 5 人 = 2385 元/人），位于规定的贫困线之上，因而不属于政府援助的"贫困户"对象；但是如果将家庭所有开支纳入计算，这一家子 2005 年的人均收入出现了赤字（即 - 8575 元 ÷ 5 人 = - 1715 元/人），因而又是 R 村居民一致公认的"困难户"。那么，居民 CFW 一家到底是不是"穷人"，是不是应该得到

---

① 2006 年 3 月中旬至 5 月中旬，笔者参加了世界银行与中国社会科学院社会学所的合作课题——"走出贫困"的研究，在内蒙古进行了为期将近两个月的调研，其中内蒙古 R 村的调研时间为十天。居民 CFW 的家庭收入与开支情况即是这次调研获得的。

② 从制度安排上看，国家统计局自 1998 年起使用人均收入和人均消费双指标衡量一个农户是否属于贫困。但调研了解到，在实际操作中，因为各种技术性和非技术性原因，地方上多数情况下还是使用收入指标来衡量一个农户是否属于贫困户。

援助？

表 1　　　内蒙古 R 村居民 CFW 家庭收入开支对照表（2005 年）

收入（单位：元）		开支（单位：元）	
CFW 外出打工	2000	CFW 腿摔伤治疗费	1800
CFW 在村里干瓦工活	—	妻子治疗乙肝医药费	1000
二女打工收入	5000	长女和儿子的学费	18500
种地 6 亩（黑豆、玉米）	1200	日常开支（含买大米、白面费用）	1000
土地转包 29 亩	725		
卖母毛驴一头（带驹）	3000		
合计	11925	合计	20500

结余：－8575 元（超支部分通过向银行、个体放贷者以及亲戚借款解决。另，因外出打工受伤，2005 年下半年 CFW 没能像往年那样在村里干瓦工活挣钱）

第三，贫困线，因为是以人均指标为标示线，它在贫富差距较大地区的使用往往会导致这么一种风险：贫困在数字上被拉平了或化解了，而事实上依然存在（可能是大批的）"需要援助"的贫困人口。因为在极端值比较多的情况下，平均数是难以反映数字全面的具体的分布情况的。换句话说，生活在富人较多村庄的低收入人群很有可能会被遗忘在政府扶贫开发计划之外。

上述三种情况表明，贫困线在检测和解释现实贫困时表现出相当的有限性。这种有限性无疑对其科学性和权威性提出了严峻挑战。然而，我们不但使用了贫困线，而且接受了以它为标尺划定的"贫困现实"。这就引出了本书所要研究的问题：为什么贫困线会有如此巨大的功效？贫困线或者其他叫作什么线的东西的本质是什么？这些叫法对我们现实生活产生了怎样的影响……

（二）贫困问题研究的经典视角

带着上述问题，笔者启动了文献研究程序，阅读了大量关于贫困问题的学术资料。尽管这些研究没能清楚回答本书提出的问题，但是其中价值仍然值得珍视。文献研究了解到，自 20 世纪 80 年代中期以来，国内学者关于贫困问题的研究成果真可谓汗牛充栋，但是概而言之，主要涉及贫困的概念、贫困的类型、贫困的测量、贫困的发生（包括再生和代际传递）、扶贫政策的变迁、扶贫绩效评估以及减贫对策的研究等。本书在此以贫困的类型学、贫困的发生学、关于贫困的行动实践为分析维度，同时选择其中一些具有较强影响力的成果为代表，尝试呈现研究成果的总体情况。①

1. 关于贫困的类型学研究

贫困的类型学研究主要包括贫困的概念、贫困的类型、贫困的测量等几个具体议题，而这几个议题在逻辑上也是密不可分的。

关于贫困概念的研究。伴随我国经济社会的发展变化，同时受到国外贫困理论研究成果和扶贫减贫实践的影响，国内关于贫困概念的界定也经历了一个由狭义的经济单维视角到广义的经济、社会、政治、文化等多元视角的过程。在众多相关研究中，郭熙保等对贫困概念的演进作了比较详细的分析。他们指出，最初人们只是从收入和（或）消费的角度来定义贫困，到20世纪70年代、80年代人们开始关注包括健康和教育在内的能力贫困，而时至90年代人们更是开始关注包括脆弱性、社会排斥等更为宽泛的权利贫困。他们认为，贫困概念的演变反映了社会的进步和人们对贫困认识的深化，不过，这些贫困概念不是相互替代的而是相互补充和相互作用的。②

关于贫困类型的研究。伴随我国经济社会的发展变化以及贫困概念界定的变化，贫困类型划分经历了一个从一元化到多元化的过程。20世纪80年代中期，人们关注和使用的还是收入贫困这一种类型。但是随着时间的推移，情况逐渐发生了变化。例如，2001年，胡鞍钢等在提出了"知识贫困"（knowledge poverty）概念，提请人们除了关注收入贫困（income poverty），以及以寿命、知识水平和生活体面程度为基本要素的人类贫困（human poverty）之外，还必须关注这一种伴随21世纪而来的新型贫困。因为知识贫困将成为中国在21世纪面临的最严峻挑战之一。在他们的分析框架中，知识贫困指的是获取知识能力的贫

---

① 这个分析框架借鉴了学者沈红和罗遐的研究成果。详见沈红《中国贫困研究的社会学评述》，《社会学研究》2000年第2期，第91—103页；罗遐《1980年代中期以来中国贫困问题研究综述》，《学术界》2007年第6期，第247—257页。

② 郭熙保、罗知：《论贫困概念的演进》，《江西社会科学》2005年第11期，第38—43页。

困、吸收知识能力的贫困以及交流知识能力的贫困，知识指的是科学与技术、教育与培训、信息与网络等广义知识[①]。时至 2009 年，胡鞍钢等在对青海案例进行研究基础上，提出了四类贫困即收入贫困、人类贫困、信息贫困及生态贫困，并构建了一个由四类贫困 17 个指标组成的贫困综合定量测算体系[②]。

另一关注角度是：伴随我国经济社会的发展变化，贫困类型的出现和分布发生了变化。以贫困发生区域为依据，我们可以将贫困划分为农村贫困和城市贫困。不少研究认为，自 20 世纪 90 年代中后期以来，受国企改制等因素的影响，下岗人员增多，城市贫困发生率出现增高趋势。至此，中国贫困问题呈现农村贫困与城市贫困并存的局面。不过，夏庆杰等的研究成果没有支持这种判断。他们利用我国家庭收入项目（CHIP）调查数据，对 1988—2002 年我国城镇绝对贫困的变化趋势进行了估计和评价，继而发现不论把绝对贫困线确定在哪里，在该时期内（即 1988—2002）中国城镇贫困都在显著减少[③]。我们还可以依据贫困程度将其划分为绝对贫困与相对贫困两种类型。不少学者从这个视角出发对我国贫困类型的历时分布问题展开了一些研究。以林卡、范晓光等为代表的学者认为，我国贫困类型经历了一个三阶段式的演变过程：全国范围内的大规模的绝对贫困（改革开放前）→以区域贫困为焦点（80 年代以来）→由社会阶层分化造成的相对贫困为核心（90 年代中期以来）。他们指出，目前我们面临的主要挑战即是相对贫困问题。[④]

关于贫困的测量。伴随贫困概念以及贫困类型划分依据的演变，贫困测量也经历了一个演进过程。关于贫困标准（或者称贫困线）的介绍和讨论是这一范畴的重要内容。因为贫困标准是用于测量和识别贫困人口以及贫困地区的重要工具。包括收入标准、人类发展指数和多维贫

---

① 胡鞍钢、李春波：《新世纪的新贫困：知识贫困》，《中国社会科学》2001 年第 3 期，第 70—81 页。

② 胡鞍钢、童旭光、诸丹丹：《四类贫困的测量：以青海省减贫为例（1978—2007）》，《湖南社会科学》2009 年第 5 期，第 45—52 页。

③ 夏庆杰等：《中国城镇贫困的变化趋势和模式：1988—2002》，《经济研究》2007 年第 9 期，第 96—111 页。

④ 林卡、范晓光：《贫困和反贫困——对中国贫困类型变迁及反贫困政策的研究》，《社会科学战线》2006 年第 1 期，第 87—94 页。

困指数在内的三类贫困标准，是目前反映人类贫困最为成熟的方法①。从研究兴趣变迁轨迹来看，在我国关于贫困标准主要围绕两个话题展开。

一是关于贫困线的维度选择问题。20 世纪 80 年代中期，以唐平为代表的人士认为，应该使用农村居民人均纯收入这一指标作为识别贫困的标准，因为这一指标"比较简单和容易操作"②。90 年代中期，以童星、林闽钢等为代表的学者对（当时）贫困线的单维性表示了质疑。童星、林闽钢根据农户生活的实际状况划分出五种不同层次，继而基于五种不同生活层次提出了五种不同的标准线：特困线（也称活命线）、温饱线（也称贫穷线）、发展线（也称脱贫线）、小康线和富裕线。他们主张使用特困线、温饱线和发展线来取代（当时）政府所使用的单一贫困线，以期全面反映农户生活的实际层次与差距③。类似讨论一直延续至今，在此不再罗列。

二是关于贫困线的额度选择问题。以顾昕、陈宗胜等为代表的不少学者认为，中国贫困线低于国际贫困线，这一情况可能影响我国对贫困现实的准确判断以及扶贫减贫政策的科学制定。顾昕发现，无论从绝对贫困的角度来看，还是从相对贫困的角度来看，中国的贫困线都是相当低的。继而，鉴于我国现行贫困标准所依据的是绝对贫困理论，关注的主要是人的基本生存问题，顾昕建议我国政府在确定贫困线时还应该借鉴国际上关于相对贫困研究的理论，重新制定更加科学的标准和合理的额度④。陈宗胜等也认为，我国政府现在执行的贫困线仍是一条绝对贫困线，无法追踪贫困的动态变动状况。继而，陈宗胜等也主张要重视相对贫困问题的解决，建议以农村居民平均收入水平为基数，按照特定均值系数计算出一条"相对贫困线"，以确保贫困线的变动能够适应经济发展水平的变化，同

① 王小林：《贫困标准及全球贫困状况》，《经济研究参考》2012 年第 55 期，第 41—50 页。

② 唐平：《中国农村贫困标准和贫困状况的初步研究》，《中国农村经济》1994 年第 6 期，第 39—43 页。

③ 童星、林闽钢：《我国农村贫困标准线研究》，《中国社会科学》1994 年第 3 期，第 8—87 页。

④ 顾昕：《贫困度量的国际探索与中国贫困线的确定》，《天津社会科学》2011 年第 1 期，第 51—62 页。

时确保以一个适当高的扶贫标准切实帮助贫困人口①。但以王萍萍等为代表的人士则认为，我国同时使用农村贫困标准和低收入标准分别衡量极端贫困和贫困状况既是符合国际惯例的，也是符合我国农村贫困实际情况的。不过，王萍萍还指出，贫困标准势必随着经济发展和生活水平提高而改变，而基于我国现阶段贫困现状和扶贫实力，我国政府在着力于解决剩余贫困人口脱贫的同时，可将低收入人口正式纳入扶贫对象，发达地区在确定区域内扶贫济困对象时则可试用更高的援助标准。②

2. 关于贫困的发生学研究

关于贫困发生原因和机制的研究，从国外研究成果来看大致有三种传统的解释框架：结构取向的解释、文化取向的解释、自由/可行能力取向的解释。在 20 世纪 60 年代以前，结构取向的解释占据主要位置；60 年代之后，文化取向的解释逐渐兴起。至于为什么在 60 年代发生从结构取向到文化取向的转变，本书认为，可从社会理论的发展演变进路这个视角加以理解。从某种意义上讲，第二次世界大战以后的社会理论发展史就是"帕森斯帝国"的沉浮史。自第二次世界大战结束后到 60 年代初期，是西方历史上最稳定和最具有乐观主义情绪的时期之一，热衷以美国为例描述"成功现代性"的帕森斯的结构功能主义理论红极一时；但是到了 50 年代末期尤其是 60 年代之后，伴随对福利国家乐观主义情绪的消失，帕森斯理论的霸主地位逐渐受到多方挑战，文化理论应运而生并成为后帕森斯理论的主要流派③。自由/可行能力取向的解释框架的使用则大致是阿玛蒂亚·森（Amartya Sen）"走红"之后的事情④。

结构取向的研究强调，贫困是社会力制造的不平等或经济力制造的失业所导致的。这一取向的出现可以追溯到马克思（Karl - Marx）。但在后来的研究中，奥科克（Pete Alcock）、伦斯基（Gerhard Lenski）等的成果影响较大。奥科克认为，社会政策导致的不平等是制造贫困的元凶；以伦斯基为代表的冲突学派则强调，贫困和不平等是各群体之间在利益分配过

① 陈宗胜等：《中国农村贫困状况的绝对与相对变动——兼论相对贫困线的设定》，《管理世界》2013 年第 1 期，第 67—78 页。

② 王萍萍：《中国贫困标准与国际贫困标准的比较》，《调研世界》2007 年第 1 期，第 5—8 页。

③ ［美］杰弗里·亚历山大：《社会学二十讲：二战以来的理论发展》，贾春增等译，华夏出版社 2000 年版。

④ 阿玛蒂亚·森因为在福利经济学上的贡献而获得 1998 年的诺贝尔经济学奖。

程中争夺有限资源的结果①。文化取向不再讨论阶级和机会问题，转而关注穷人能力或者说竞争力问题，认为造成贫困的主要原因既不是因为机会的缺乏也不是因为经济合理性的缺乏，而是因为穷人存在文化和心理障碍②。这一取向包括贫困文化理论以及情境适应理论两个分支。刘易斯（Oscar Lewis）是贫困文化理论的主要代表人物之一，其著作《贫困文化：墨西哥五个家庭实录》影响广泛。布迪厄（Pierre Bourdieu）是情境适应理论的主要代表人物之一，其著作《区隔：品味判断的社会批判》影响深远。自由/可行能力取向代表自然是森。森主张从可行能力的视角讨论贫困问题，即要按照人能够实际享有的生活和他们实实在在拥有的自由来理解贫困和剥夺。他建议人们应该把贫困看作对基本可行能力的剥夺而不仅仅是收入低下。他还指出，从收入剥夺这一视角看待贫困问题，认为教育、医疗保健等是减少贫困的良好工具，恰恰混淆了手段和目的。③

　　将各种关于贫困研究的理论划分为三种或者几种取向，显然只是一种相对处理办法。因为取向之间在逻辑上始终是有关联的，在内容上多少是有交集的。各种取向本身也有一定局限性。例如：结构视角的解释大多机械看待结构作用，忽略了人作为主体的自有能动性；文化视角的解释，尤其是贫困文化理论流派，表现出强烈的我族中心主义色彩；自由/可行能力取向的解释试图超越结构与文化，但是必定遭遇"有心无力"的局面。不过，这些相对性和局限性丝毫不影响这些范式在后来研究中的使用。

　　我国学者在进行贫困发生原因和机制研究时大多没有超越上述三种取向，不过不少学者还会加入区域发展的不平衡、地理位置的特殊性以及资源分布的差异性等维度的考察。大致说来，认为我国贫困人口产生主要是由经济体制转轨与社会结构转型造成的"社会转型说"、认为一些农村偏远地区生产力的欠发展是导致贫困的重要原因的"生产力低下说"、主张从政府梯度发展战略视角考察贫困成因"梯度发展说与反梯度发展说"、

① 周怡：《贫困研究：结构解释与文化解释的对垒》，《社会学研究》2002 年第 3 期，第49—50 页。

② Lawrence M. Mead, 1992, *The New Politics of Poverty: The Nonworking Poor in America*, New York: Basic Books.

③ ［印度］阿玛蒂亚·森：《以自由看待发展》，任赜、于真译，中国人民大学出版社 2002年版。

认为资源匮乏和资源分配不公是致贫主要原因的"资源要素说"、主张从资源分配权与社会保障权利和就业机会视角考察致贫原因的"权利缺失说"以及强调贫困产生的社会性风险之原因的"社会风险与社会支持网络欠缺说"大体属于结构取向的解释。侧重于强调文化因素的研究相对较少，吴理财、阎文学、王兆平等在这方面做过一些尝试①。至于森的自由/可行能力取向视角的解释框架，从可获得资料来看，国内研究成果可能仍然停留在介绍层面②。而总体说来，尝试对贫困问题作"综合性"研究既描述贫困现象，又分析致贫原因，还讨论减贫对策的成果居多。③

3. 关于贫困的实践行动研究

一直以来，我国学者就比较重视贫困的实践行动研究。近年来，重视实践行动研究的倾向愈加明显。具体而言，主要兴趣集中在扶贫减贫成效评估以及扶贫减贫对策建议检讨等方面。

就关于扶贫减贫成效评估的研究而言，李小云、程永宏等团队的定量分析值得关注。李小云等利用 2000—2008 年各省的经济增长和贫困数据对我国 21 世纪以来经济增长与贫困减少之间的关系进行研究。研究表明，进入 21 世纪以来，我国经济增长对减少贫困依然发挥显著的作用，但是有三个情况值得关注：一是贫困减少的速度低于经济增长的速度；二是各区域在经济增长速度、贫困减少速度以及贫困发生率对人均 GDP 的弹性三个指标上存在明显差异；三是与第二、第三产业相比，农业部门的增长仍然具有较高的减贫效应④。程永宏等采用拟合收入分布函数的方法，在计算出改革以来我国城乡以及全国的绝对贫困线、绝对贫困率、相对贫困线、相对贫困率基础上，发现两个趋势：一是改革以来我国的绝对贫困率快速下降，但绝对贫困形势依然不容乐观；二是相对贫困率呈现出持续上

---

① 罗遐：《1980 年代中期以来中国贫困问题研究综述》，《学术界》2007 年第 6 期，第 247—257 页。

② 马新文：《阿玛蒂亚·森的权利贫困理论与方法述评》，《国外社会科学》2008 年第 2 期，第 69—74 页。

③ 例如：王小强、白南风《富饶的贫困：中国落后地区的考察》，四川人民出版社 1986 年版；汪三贵等《技术扩散与缓解贫困》，中国农业出版社 1998 年版；安树伟《中国农村贫困问题研究——症结与出路》，中国环境科学出版社 1999 年版；任福耀、王洪耀《中国反贫困理论于实践》，人民出版社 2003 年版；王卓《中国贫困人口研究》，四川科学技术出版社 2004 年版；等等。

④ 李小云等：《2000—2008 年中国经济增长对贫困减少的作用：一个全国和分区域的实证分析》，《中国经济》2010 年第 4 期，第 4—11 页。

升的趋势，并与相应的基尼系数变化趋势高度一致。①

魏后凯、邬晓霞在借鉴相关研究成果基础上指出，20 世纪 90 年代以前，中国的贫困问题主要表现为农村贫困。随着市场化改革的推进，以及社会保障体制改革的滞后等原因，当前中国的贫困问题已经发展成为农村贫困与城市贫困并存的局面。其中，农村贫困大致状况是：农村绝对贫困人口数量继续下降，但减贫速度放慢；农村贫困人口主要集中在西部地区、重点扶贫县和粮食主产区；农村特殊群体贫困发生率较高，"三无"农民（"三无"指的是务农无地、上班无岗、低保无份）已经成为新的贫困群体。城市贫困大致状况是：城市贫困人口不断增加；城市贫困人口结构呈现多元化趋势。②

就扶贫减贫对策建议检讨而言，都阳、蔡昉、徐月宾、朱玲等学者的观点颇有前瞻性，他们的不少建议也为我国政府有关职能部门所采纳。早在 2005 年，都阳、蔡昉就指出，一方面，我国农村贫困的性质已经发生了根本性的转变；另一方面开发式扶贫的资金使用效果也不再显著。因此剩余的农村贫困人口已不宜继续通过开发式扶贫的方式摆脱贫困，而应进一步细分贫困群体，并根据不同群体实施不同的扶贫措施，同时建立和完善农村社会保障政策，实施扶贫战略再次重要转移③。

2007 年，徐月宾等利用 2004 年农村住户问卷调查数据，在分析了我国农村贫困人口的特征和致贫因素以及评估了社会救助政策的效果之后发现，开发式扶贫政策已然表现出明显的局限性——它对于地域和贫困人口劳动能力的依赖，使得其对于剩余贫困人口的政策边际效益几乎等于零。基于此，徐月宾等认为，重构农村反贫困政策已然势在必行，主张我国农村反贫困政策要从社会救助转向社会保护，提出了由"普遍性的医疗保障制度""普惠型社会福利制度""选择性社会救助制度"以及"新型开发式扶贫政策"组成的被称作"四驾马车"的反贫困政策框架。④

---

① 程永宏等：《改革以来中国贫困指数的测度与分析》，《当代经济研究》2013 年第 6 期，第 26—33 页。

② 魏后凯、邬晓霞：《中国的反贫困政策：评价与展望》，《上海行政学院学报》2009 年第 3 期，第 56—68 页。

③ 都阳、蔡昉：《中国农村贫困性质的变化与扶贫战略调整》，《中国农村观察》2005 年第 5 期，第 2—9 页。

④ 徐月宾等：《中国农村反贫困政策的反思——从社会救助向社会保护转变》，《中国社会科学》2007 年第 3 期，第 40—53 页。

2011 年，朱玲在梳理中国扶贫战略包括具体政策工具的变化，以及城镇、农村两条各具特色的扶贫路径基础上，对我国现行扶贫政策进行了反思并提出了相关意见和建议。她指出，我国现阶段发达地区面临的挑战是如何将低保、公共服务和社会保险协调起来而进行真正的制度创新，我国贫困地区面临的挑战则是如何将低保、民间救助和扶贫项目的衔接起来而更好地提升减贫成效。但是，不管是当前还是今后，增强贫困地区的减贫行动有效性始终是我国消除极端贫困的关键。为此：其一，要增加中央政府向贫困地区低保项目的拨款，以使所有的极端贫困家庭和个人获得生存保障；其二，在对极端贫困群体的经济风险实施综合干预措施的同时，政府和公众还需采取消除社会排斥的公共行动。相应地，必须调整政府考核指标体系，不再过分关注贫困发生率的变化，而要着重观察贫困人口受益于多维干预政策的程度。①

（三）　国内相关话语研究的兴起

随着阅读的深入，笔者发现，本书所关注的问题涉及话语问题。相对国外研究进展而言，话语研究在我国的出现以及兴起较晚，基本是进入 21 世纪之后尤其是近几年的事情。国内关于贫困问题以及相关问题的话语研究成果，既是启发笔者选定研究方向的重要源泉，也是激发笔者将贫困话语研究继续向前推进的重要基础。

1. 关于贫困话语研究

黄平可能是国内较早关注贫困话语研究的学者。2000 年，黄平在讨论发展主义问题时指出，只是在发展主义的话语框架内，才在理论上有了现代意义上的"贫困问题"，在政策上有了减贫计划和扶贫项目②。时至 2003—2004 年，朱晓阳加入此行列。朱晓阳在研究成果中指出，我国的贫困和反贫困与 20 世纪 80 年代中期以来出现的一种政治性的建构有关，而并非单纯地对我国农民热量大卡计算。在他看来，现行的贫困话语体系是以僵硬教条的个体主义为价值，以工具理性作为"穷人"达到幸福的行为准则，以伪装的或直白的现代性直线发展观为脱贫的目标的。更进一步，

---

① 朱玲：《应对极端贫困和边缘化：来自中国农村的经验》，《经济学动态》2011 年第 7 期，第 27—34 页。

② 黄平：《关于"发展主义"的笔记》，《天涯》2000 年第 1 期，第 37—39 页。

反贫困话语体系将"贫困群体"设想为一个"第三世界"的"他者"，它所谓的针对目标群体的反贫困实际上是一种管制穷人的战略。基于这一情况，朱晓阳主张，反贫困首先要反的是反贫困者的"贫困话语"，要将所谓"贫困群体"从目前的殖民化的贫困话语中解脱出来。①

新近出现的值得关注的关于贫困话语研究的成果当属罗江月的博士学位论文《中国农村贫困话语的生产与再生产》。罗江月侧重于考察我国政府在贫困话语的生产和再生产中所发挥的能动性作用。她认为，由政治道德、官僚结构和专家知识所构成的机制实质上是一台"生产贫困"的机器，这台机器的存在和运作使得"贫困"一直存在。而在"贫困形象"被生产出来以后，国家还通过扶贫的道德化和扶贫的科层化对此进行了（着）反复再生产。其中，扶贫道德化指的是政府通过一系列话语构建自身与贫困群体、甚至全体公民之间的道德关系的过程。扶贫的科层化包括扶贫目标与对象的确定、专门的机构的设置和专门人员的安排以及相关工具和制度的出台和实施。至于为什么国家要生产和再生产贫困，罗江月的回答是：改革开放以后，由于国家发展纲领的转变、现代化以及全球化的深入，我国政府的合法性基础发生了转移。为了应对由此带来的合法性危机，政府构建了相应的扶贫话语、制度和机构，以修补转型时期执政党意识形态可能出现的断裂，调整政党的代表性与国家的中立性，并平衡我国在国际社会中的权利与义务。②

2. 关于相关话语研究

从国外话语研究发展状况来看，话语研究似乎对弱势/边缘群体、热点问题等表现出"天然的"偏好。这一偏好在国内话语研究中也得到体现。近年来，与贫困问题相关的议题即女性问题、农民工问题、"三农"问题、民族问题、公共政策问题等逐渐进入了研究视野。尽管成果数量不是很多，但是已有一个良好开端。

关于女性问题的话语研究。例如，揭爱花关注了国家话语与中国妇女解放话语两套话语之间关系。在考察两套话语变迁历史基础上，她指出，女性话语能否确立自己相对独立的地位，能否将女性立场、权利诉求渗入

---

① 参见朱晓阳《在语言"膨胀"的时代再谈"参与式"的内在困境及补药》，中国扶贫基金会会刊《自立》2003年第3期；朱晓阳《反贫困的新战略：从"不可能完成的使命"到管理穷人》，《社会学研究》2004年第2期，第98—102页。

② 罗江月：《中国农村贫困话语的生产与再生产》，中国知网博士文库2014年版。

国家话语，不但取决于女性群体的自觉程度，而且取决于国家话语是否愿意整合这些诉求。总体上讲：一方面，民族独立和国家建设的历史主题为妇女解放实践提供了价值依据和政治支撑；另一方面，妇女解放话语长期为民族、国家的"宏大叙事"所支配，或者说，为国家意识形态所建构。①

再例如，杨娜关注了如何建立一套关于妇女人权的文化话语分析框架。她认为，目前我国女性主义话语研究存在三大问题：一是研究对象的片面化和普遍化，导致我国女性的发展不断被边缘化；二是研究方法的陈旧化，会话分析和叙事分析没有有效地与评价研究、民族志研究、跨文化研究、语料库研究等结合起来；三是所研究的问题缺乏与西方女性主义、民族中心主义的对话性，导致我国的女性组织或个人在国际舞台上无法或很难得到重视。鉴于这一情况，杨娜尝试以我国妇女人权的国家话语为研究对象，以中美双方在我国妇女人权发展中的计划生育争端为突破口，对具体交际事件中的应对话语特征、原则和策略进等行详细分析，对妇女人权发展的文化斗争性以及中美外交语境下这一问题的特殊复杂性进行深刻反思。杨娜的目的不止在于呈现细节，而在于试图帮助我国政府有关部门今后能更加有效地应对国际妇女人权发展纠纷事件，同时，促使西方更好地理解中国特殊语境下关于妇女生育发展的话语言说方式。②

关于农民工问题的话语研究。例如，熊光清撰文指出，尽管我们知道农民工这一概念存在诸多不合理之处，但是由于既有制度安排、话语建构与社会合意三者之间的相互作用和不断强化，农民工概念被反复地"自我复制"，以至形成了"漩涡效应"。而"漩涡效应"的形成，不但不断增强着这一概念的活力，还不断强化着这一群体"非工非农""亦工亦农"的尴尬社会身份和边缘化的社会地位。因此，熊光清认为，若要提高农民工群体的社会地位，就必须改革相关制度设置，消解相关话语建构，消除相关社会合意。③

　　①　揭爱花：《国家话语与中国妇女解放的话语生产机制》，《浙江大学学报》（人文社会科学版）2008 年第 4 期，第 101—108 页。

　　②　杨娜：《妇女人权的文化研究：剖析与评估中国政府计生话语的特质、策略和原则》，中国知网博士论文库 2014 年版。

　　③　熊光清：《制度设定、话语建构与社会合意：对"农民工"概念的解析》，《中国人民大学学报》2011 年第 5 期，第 107—114 页。

　　再例如，受米歇尔·福柯（Michel Foucault，1926—1984）的"考古学"和"谱系学"理论的启发，赵凌运用语料库软件对《人民日报》三十年来关于农民工的报道，进行了话语考古学分析，以期还原农民工话语构建农民工群体身份的具体过程。他的研究发现，三十年来，媒介建构的农民工的各类身份之间存在相互矛盾现象，而这一现象的出现正是各种权力争斗的结果。①

　　关于"三农"问题的话语研究。例如，黄娟以古寨村为田野点，从代际关系、社区礼治秩序和推己及人三个层面，考察了孝道在家庭、社区、国家的话语与实践，借此展现孝道在动态的社会文化场景中的生产机制，以及揭示孝道作为小传统文化的顽强生命力②。再例如，鲁子问尝试从话语视角对1949年以来的四项主要农村政策（即土地改革、合作化、家庭联产承包责任制以及新农村建设）进行分析，探讨我国农村政策话语变迁的特性及其与农村发展的关系。他的研究发现，自1949年以来，我国农村政策话语表现出从革命性话语向建设性话语、从指令性话语向指导性话语、从国家利益话语向农民利益话语逐步转变的特征。③

　　此外，周建伟考察了毛泽东关于农民话语的变迁历程。他发现，1949年后毛泽东关于农民话语历经了两次转向：第一次是从强调革命性的阶级分析向强调先进性的生产方式分析转变，但是，因为这次转向使得农民以及话语之间的紧张关系更加凸显；毛泽东又实施了第二次话语转向，重新回到以革命性为核心的阶级分析。不过，这次转向也只是从表面上缓解了话语的紧张而并没有真正解决理论内在的矛盾。继而周建伟指出，先进性与革命性之间的张力是理解毛泽东农民话语的钥匙，始终重视农民的主体地位是毛泽东农民话语的重要遗产。④

　　还值得关注的是，毛颖辉通过梳理1949—2009年以来《新疆日报》（汉文版）中关于民族报道的文本，考察了政治权力建构民族关系、民族

　　①　赵凌：《媒介·话语·权力·身份："农民工"话语考古与身份生产研究》，中国知网博士论文库2013年版。
　　②　黄娟：《社区孝道的再生产：话语与实践》，中国知网博士论文库2008年版。
　　③　鲁子问：《1949年以来我国农村政策话语变迁特性分析》，《社会主义研究》2012年第4期，第92—97页。
　　④　周建伟：《毛泽东农民话语的演变与农业社会主义改造》，《现代哲学》2010年第5期，第55—62页。

与国家关系的具体过程，以及建构所引发的现实问题①。张海柱通过分析
国家合作医疗政策制定和出台过程，呈现了作为意义表述媒介的"话语"
是如何对社会"问题"、相关群体的"身份"以及政策方案的"合理性"
依据进行特定建构的过程②。王磊以布什论述反恐战争的外交话语为例分
析美国外交话语中存在的主要话语规范，探寻建构话语规范的社会文化价
值观念及现实因素，讨论特定话语规范对美国民众外交偏好的建构③。再
有，近年来，国内许多学者对话语权问题表示出浓厚的兴趣，产出了一些
成果。那些成果同样也是值得珍视的，在此暂不评述（详见本书接下来
的相关分析）。

二　理论准备

如前所述，本书所关注的问题涉及话语问题。清楚梳理话语理论发展
脉络，准确把握话语理论主要观点，是确定本书研究具体方向和选择合宜
理论工具的必要的准备性工作。

（一）话语理论的发展脉络

20 世纪 60 年代前后，话语研究开始出现，因为强调语言的建构作用，
而被认为是社会科学"语言学转向"的一个重要组成部分。80 年代中期，
话语研究成果数量还是比较稀少，话语理论也没有表现出多大的学术影响
力。但是，时至今日，话语理论在很多研究领域已对主流理论形成了真正
挑战甚至已然成为新的主流。西方学界为什么会出现话语研究热潮？托芬
（Jacob Torfing）认为：其一，1968 年"五月风暴"（May 1968）呼唤新的
社会和政治理论；其二，马克思主义理论出现危机及其在西方现实生活中
不再发挥作用；其三，后现代化视野的确有助于加强对现代性之局限性的
认识；其四，以既有规则、标准、价值的权威性的逐渐流失为特征的
"新的反射性"（new flexivity）的出现促使我们积极建构话语，加强话语

---

① 毛颖辉：《党报民族话语的框架变迁研究——〈新疆日报〉（汉文版）1949—2009 年民
族报道分析》，中国知网博士论文库 2010 年版。
② 张海柱：《公共政策的话语建构——国家合作医疗政策过程研究》，中国知网博士论文库
2014 年版。
③ 王磊：《布什反恐话语分析》，中国知网博士论文库 2009 年版。

层面的协商。① 不管到底出于什么原因，话语理论研究的确已呈方兴未艾之势。这一局面的形成，自然是众多学者共同努力的结果。不过，学者们的研究也是各有侧重和各具特色的。综合托芬和费尔克拉夫（Norman Fairclough）的研究成果，本书认为，话语理论大致可以划分为以下三个传统或者说三个流派。

1. 语言学取向的话语分析

在语言学范畴，话语指的是大于句子的一种文本性单位。根据托芬的研究，语言学取向的话语分析大致包括如下几个分支：一是社会语言学分析（Sociolinguistics）和内容分析（Content Analysis）。其中：社会语言学分析关注的是社会经济地位与词汇和语言编码之间的关系；内容分析关注的是特殊词语、词语类型和单词的复合体。两者均不涉及权力与语言使用之间的关系。二是对话与谈话分析（Dialogue and Conversation Analysis）。这一分支关注的是语言互动的组织，对权力运作问题开始表示出一定的兴趣。三是话语心理学（Discourse Psychology）。这一分支关注的是说话人的策略，开始对话语的建构性进行分析，但是没有将政治、意识形态、权力与话语分析联系起来。四是批判的语言学分析（Critical Linguistics）。这一分支认为，语言分析不能撇开语言的社会和政治功能分析，现实中意识形态话语的确有助于现行权力关系的再生产。他们所关注的是话语表达过程的揭示，尤其是揭示其中的意识形态问题。②

如果说上述四个分支属于典型的语言学取向的话语分析的话，批判的话语分析（Critical Discourse Analysis，CDA）则表现出由语言学取向的分析向福柯模式的话语分析转向的迹象。换言之，这一分支可以算作两种研究模式之间的过渡桥梁。批判话语分析的主要贡献在于其试图平衡语言学分析与权力和政治分析之间的关系，认为对于话语的界定不能停留在语言学范畴，指出话语应该包括所有话语性斡旋之实践，强调社会实践也是话语性的且话语实践也是意识形态性的。不过，对于应该如何理解话语内容

---

① Jacob Torfing, Poststructuralist Discourse Theory: Foucault, Laclau, Mouffe, Zizek, in *the Handbook of Political Sociology*, Thomas Janoski et al. (eds), Cambridge University Press, 2005, pp. 155 – 156.

② Ibid. , pp. 157 – 158.

与非话语内容之间的关系这一问题，这个取向的研究并没有给出清楚答案。①

费尔克拉夫的研究结果与托芬的大体一致。不过，费尔克拉夫突出强调，根据话语的社会指向的性质，话语分析可以分为非批判与批判两种模式。其中：以课堂为分析重点的辛克莱和库尔萨德的研究，以谈话过程为研究重点谈话分析（Conversation Analysis）；以话语的异质性为分析重点的拉博和范歇尔的研究，将话语内容优先和形式优先原则贯彻到分析当中的波特和维瑟雷尔的研究，属于非批判模式。而在批判主流语言学和社会语言学基础上形成的批判的语言学，以及尝试将马克思主义的话语理论和文本分析的语言方法结合起来的佩奇尤克斯的研究属于批判模式。②

2. 福柯以及后结构主义理论

与语言学取向形成明显区别的话语研究模式是米歇尔·福柯（Michel Foucault，1926—1984）的关于话语的类似超验概念（Quasi-transcendental Conception of Discourse）的研究。在这个分析框架中，福柯不是关注语言陈述和符号操练的特殊形式和内容，而是关注统制性叙述的生产实践和规则的形成③。不过，要理解福柯话语理论及其特征首先必须厘清福柯的理论脉络。福柯的理论来源中，有韦伯的理性化理论，有马克思的观点和方法，有结构主义的成分，还有尼采的学术旨趣④。他的著作涉猎甚广，主要研究成果包括《词与物——人文科学考古学》《知识考古学》《疯癫与文明》《规训与惩罚》《性史》等。概要说来，福柯的研究大致包括三个时期。

一是早期的知识考古学研究。福柯指出：知识考古学"是一种探究，它旨在重新发现在何种基础上，知识才是可能的；知识在哪个秩序空间内被构建起来；在何种历史先天性基础上，在何种确实性要素中，观念得以呈现，科学得以确立，经验得以在哲学中被反思，合理性得以塑成，以便

---

① Jacob Torfing, Poststructuralist Discourse Theory: Foucault, Laclau, Mouffe, Zizek, in *the Handbook of Political Sociology*, Thomas Janoski et al. (eds), Cambridge University Press, 2005, p.158.

② ［英］费尔克拉夫：《话语与社会变迁》，殷晓蓉译，华夏出版社2003年版，第12—35页。

③ Jacob Torfing, Poststructuralist Discourse Theory: Foucault, Laclau, Mouffe, Zizek, in *the Handbook of Political Sociology*, Thomas Janoski et al. (eds), Cambridge University Press, 2005, p.158.

④ ［美］乔治·瑞泽尔：《后现代社会理论》，谢立中等译，华夏出版社2003年版。此外，本书关于福柯研究阶段的划分也借鉴了乔治·瑞泽尔的做法。

也许以后不久就会消失"。换言之,知识考古学的任务就是测量发生在历史领域中的变化;质疑一些属于思想史的方法、界限和主题;在历史领域中解脱人类学的束缚,并揭示这些束缚是怎样形成的①。二是中期的权力系谱学研究。随着时间的推移,福柯逐渐意识到他的知识考古学分析在权力问题上、在知识与权力的关系问题上是沉默的,于是开始了权力系谱学的研究,表现出更强的批评性,并实现了从结构主义到后结构主义的转向。三是后期的自我技术或者说伦理学研究。后期的福柯则逐步放弃了权力系谱学的研究,转而试图对性经验领域内的自我意识、自我实践和自我控制进行谱系学分析,醉心于自我技术。

但是,不管我们将福柯的研究划为三个还是四个时段,知识以及知识与存在之间的关系始终是福柯系列研究中的主要议题。而话语,作为一种具体的知识形态,则是福柯全部著作中始终关注的研究对象。无论是研究历史"时刻"还是考察历史过程,福柯都把关注的焦点放在话语之上。具体而言,在其考古学作品中,福柯开始关注话语的建构作用,尝试揭示话语实践之间相互依赖的图景,选择从历史视角考察话语结构的变化,包括主客体结构、阐述方式结构的变化,以及概念结构、策略结构的变化。在其系谱学作品中,福柯开始关注真理体系与权力形式之间的关系,认为权力暗含在包括话语实践在内的日常社会实践当中,明确指出话语不仅改变统治斗争或系统,斗争通常因为话语或(和)借助于话语而存在,话语即是要被夺取的权力。在其伦理学作品中,福柯尝试着重回答个体是被如何建构成一个道德主体的这一问题。②

总的看来,福柯关注的是人们怎样通过知识的生产和控制来约制他们自己和他人的。而纵览福柯的话语研究成果,费尔克拉夫认为,福柯为话语研究至少做出了五点贡献:其一,指出了话语的建构性,即认定话语建构社会,包括建构客体和社会主体。其二,强调了互为话语性和互文性的首要地位,即认定任何话语实践都是由它与其他话语的关系来界定的,相互之间还存在加以利用的情形。其三,揭示了权力的话语本性,即认定包括"生物权力"在内的实践和技术在相当程度上都是话语性的。其四,

---

① 〔法〕米歇尔·福柯:《知识考古学》,谢强、马月译,生活·读书·新知三联书店 2003 年版,第 10、16 页。

② 〔法〕费尔克拉夫:《话语与社会变迁》,殷晓蓉译,华夏出版社 2003 年版,第 36—57 页。

阐释了话语的政治性，即认定权力斗争发生在话语内外。其五，披露了社会变化的话语本性，即认定变化着的话语实践是社会变化中的一个重要因素。①

需要注意的是，福柯关注的话语只是人文科学话语，而不是语言学所关注的包罗万象的话语。此外，福柯的研究也未涉及真正的文本分析，更没有从事具体的实践案例分析。正因为如此，费尔克拉夫认为，福柯的话语分析是一种抽象模式。不过，这种抽象取向的分析对于后结构主义理论的涌现是发挥了不可或缺的作用的。同福柯一样，后结构主义理论也关注话语与权力之间的关系，也在超验性范畴内界定话语，也认定话语是影响我们说什么、想什么、做什么之可能性的历史性的、动态性的条件，也试图帮助人们理解规则是如何在权力斗争中和通过权力斗争建构而成的。正因为如此，托芬认为后结构主义理论是福柯后期研究的接续努力。②

大致说来，后结构主义理论的发展经历了三个阶段，流行于 20 世纪 70 年代的是对结构性马克思主义所进行的葛兰西式批判（A Gramscian Critique of Structural Marxism），发力于 80 年代的是对后结构主义理论的阐释（The Elaboration of a Poststructuralist Discourse Theory），90 年代以来关于后现代理论化新模式（A New Type of Postmodern Theorizing）的探索已然开始。后结构主义理论的理论脊梁则是：在本体论上坚持反本质主义，在认识论上坚持反基础主义，关注语言形式的分析，强调将政治置于话语分析首要位置，以及突出身份建构中的关联主义和情境主义。拉克劳、穆非等是后结构主义理论的代表人物。这些学者在研究中所沿用和坚持的核心概念具体包括：话语、文化统识（hegemony，也译作霸权）、社会性抗争（Social Antagonism）、断层/错位（dislocation），以及分裂的主体（the Split Subject）。③

时至今日，后结构主义理论流传广泛、影响深刻。但是，其他学术流派对后结构主义理论的质疑也从未停止。争论（至少）主要集中在两个问题上：一是相对主义问题。质疑者指出，在后结构主义理论框架中，一切都是话语，世上东西已然没有好坏美丑之分，因而掉入了相对主义陷

---

① ［英］费尔克拉夫：《话语与社会变迁》，殷晓蓉译，华夏出版社 2003 年版，第 52 页。

② Jacob Torfing, Poststructuralist Discourse Theory: Foucault, Laclau, Mouffe, Zizek. in *the Handbook of Political Sociology*, Thomas Janoski et al. (eds), Cambridge University Press, 2005, p. 159.

③ Ibid. , pp. 155 – 165.

阱。捍卫者承认，质疑者所指出的"一切都是话语"这一前提确有问题，但其推论结果是错误的。二是唯心主义问题。质疑者指出，后结构主义理论似乎认定一切均由话语建构而成，否认现实的独立存在。捍卫者回应，在后结构主义理论框架中，并不否认物质的存在，而只是坚持认为，话语是唯实论和物质主义建构而成的一种激进的东西①。后结构主义理论研究在争论之中继续向前推进。

3. 社会理论取向的话语分析

费尔克拉夫认为，无论是语言取向的话语分析还是以福柯为代表的抽象的话语分析均存在这样或那样的不足。例如：语言导向的话语分析没有实现语言因素与社会因素之间的平衡，而福柯的话语分析引入了权力视角但从未涉及真正的文本分析（而文本分析是能够强化社会分析的），等等。在反思这些不足基础上，费尔克拉夫提出其进行话语分析的四个原则。

其一，话语分析必须是一种多向度的分析方法。即在分析中要将话语的详细属性与话语事件的社会属性有机地联系起来，具体而言，可从作为文本的话语、话语实践、社会实践三个向度对话语进行分析。其二，话语必须是一种多功能的分析方法。即在分析中除了关注话语之为语言的功能之外，还要关注话语的社会性建构作用，重点考察话语的"身份"功能、"关系"功能和"观念"功能。其三，话语必须是一种历史的分析方法。即在分析中要关注过程，包括文本的建构和表达过程与话语秩序的建构和表达过程。其中，在考察文本时要坚持"文本间的交织性"（intertextuali-ty，也译作"互文性"）观点，在考察话语秩序时则要关注话语实践的变化及其与社会变化之间的关系等。其四，话语分析必须是一种批判的方法。区别于非批判式分析，批判式分析除了要描绘实践还要揭示话语中隐蔽的的权力关系和意识形态问题，以及话语建构社会身份、社会关系和知识信仰体系的作用。②

基于上述四个原则，费尔克拉夫将以语言为向度的话语观与以社会为向度的话语观进行了综合，或者说将语言学导向的话语分析、福柯的话语

---

① Jacob Torfing, Poststructuralist Discourse Theory: Foucault, Laclau, Mouffe, Zizek, in *the Handbook of Political Sociology*, Thomas Janoski et al. (eds), Cambridge University Press, 2005, pp. 165 – 167.

② ［英］费尔克拉夫：《话语与社会变迁》，殷晓蓉译，华夏出版社 2003 年版，第8—9页。

理论当中的五个主张，以及阿尔都塞、葛兰西关于霸权的理论观点进行了整合，重新建构了一个分析框架，尝试在话语与社会的、文化的变化的关系之中研究话语，以期能够提炼出一种关于话语的社会理论。具体而言，费尔克拉夫指出，话语具有三个方位的概念，相应地，话语分析应该具有三种分析传统。具体情况如下。

首先，当费尔克拉夫把话语看作作为文本的话语时，他认定，话语指的是特殊的能指与特殊的所指的连接，由具有潜在意义的形式构成，主张在研究中关注词汇、语法、聚合性（cohesion）和文本结构四个单位，其中，词汇主要涉及个体语词，语法涉及与分句和句子连在一起的语词，聚合性涉及分句和句子如何被连接在一起，文本结构涉及文本的大范围的组织属性。[①]

其次，当费尔克拉夫把话语看作话语实践时，他认为，话语指涉文本的生产、分配和消费过程，断言任何文本都是在特殊背景下以特殊方式生产出来的，不同文本是在不同背景下以不同方式被加以消费的，文本分配的模式通常因为领域变化而变化，主张在研究中重点关注文本的力量（force）、文本的连贯性（coherence）和文本的互文性。其中，文本的力量是行为的组成部分，指涉实体的过程和关系，这些过程和关系或被称为命令，或被称为威胁，或被称为承诺等。文本的连贯性是文本解释的一种属性，强调文本之间是富有意义地连在一起的，在逻辑上具有内在的前后一致性。而文本的互文性强调的是：在文本的生产环节即言语的传播链中，文本总是会将已有文本改造成新的文本；在文本的分配环节，文本类型的转变总是依赖相对稳定的既有网络进行；在文本的消费环节，不同解释者带入解释过程的不同文本势必建构解释进而再造文本。互文性可以分为水平向度的互文性和垂直向度的互文性，不过不管是哪种向度，都是认定文本回应、强调和加工过去的文本，并通过这些工作创造历史和建构更新的文本。[②]

最后，当费尔克拉夫把话语看作社会实践时，认为话语践行包括经济的、政治的、文化的和意识形态等多个向度的践行，但是他最为推崇的主张还是在话语与意识形态和权力的关系中研究话语，或者说，将话语置于

---

① ［英］费尔克拉夫：《话语与社会变迁》，殷晓蓉译，华夏出版社 2003 年版，第 68—72 页。

② 同上书，第 72—79、93—97 页。

霸权斗争关系及其变化之中加以考察①。为什么要从意识形态视角分析话语？这是因为费尔克拉夫认为，意识形态在各种层次以各种方式介入语词的意义、文本的风格和文本的形式等具体领域，以至意识形态既成为话语秩序/结构的一个属性也成为话语事件的一个属性，换言之，意识形态既构成了过去事件的结果和现在事件的条件，也构成了再造和改变话语事件的结构。不过，费尔克拉夫还特别指出，对意识形态视角的强调并不等于承认所有的话语都是意识形态式的。为什么要将霸权概念引入话语研究？费尔克拉夫认为，霸权作为一种占据统治地位的权力组织形式，同样具有意识形态向度。而且，霸权为话语研究提供了一块发源地，它使得人们可从权力关系视角研究关于话语践行，看话语是如何生产、重构和挑战现行霸权的；与此同时，霸权为话语研究提供了一种研究模式，话语践行本身就是霸权斗争的一种形式和方法②。此外，费尔克拉夫指出，话语实践也是社会实践的一种具体形式或者说一个组成部分。

　　概言之，话语研究领域异彩纷呈。不过，还有两点值得注意：其一，话语研究的欧美传统略有不同。欧洲学者受法国后结构主义影响较大，对本体论的反思比较感兴趣；很多美国学者则喜欢将后结构主义与符号互动论、民族方法学结合起来进行话语分析。其二，话语理论并不是一个逻辑清楚、严谨的理论范式，而只是由不同理论和方法构成的一个组合，它所尝试的是将系谱论解释学、解构主义、心理分析，与后马克思主义、后分析哲学、美国实用主义勾连起来。不过，话语理论的开放性和不确定性也正是其力量所在，它引导不同学者从方法和（或）理论上不断进行探索。因此，话语理论不失为系统论、理性理论、政治经济学和历史制度主义之

---

　　① 需要指出的是，费尔克拉夫所认同的是葛兰西的"霸权"（Hegemony）概念。雷蒙·威廉斯认为，葛兰西的"霸权"含义"既复杂又变化不定"，但是至少可以肯定以下几点：第一，它不同于世界观（world-view）的概念，"因为理解世界、自我及他人那的方法，不仅属于智能的层面，而且属于政治的层面，从制度、关系到意识皆是其涵盖的范围"。第二，它不同于意识形态（Ideology），"因为它不但表达统治阶级的利益，而且它被那些实际臣属于统治阶级的人接受，视为'一般事实'（normal reality）或是'常识'（commonsense）"。第三，阶级统治形式不仅存在于政治、经济制度与关系里，而且存在于生动活泼的经验、意识形态形式中。见［英］雷蒙·威廉斯《关键词——文化与社会的词汇》，刘建基译，生活·读书·新知三联书店2005年版，第201—203页。

　　② ［英］费尔克拉夫：《话语与社会变迁》，殷晓蓉译，华夏出版社2003年版，第80—89页。

外的另一个选择①。但是，无论如何，"文本之外别无他物"的局面已然形成。当然，"文本之外别无他物"并不是说政治和经济是以包含在口头或书面信息中的字词或含义的形式存在，而是说应该将这些制度秩序当作一套复杂的符号系统来看待并运用语言分析的方法加以研究②。这也正是本书所要坚持的观点和努力的方向。

（二）三个重要问题

话语研究流派林立，理论观点纷繁复杂，本书将从中选取什么和借鉴什么，事关研究的整体设计，必须加以澄清。具体而言，本书是如何理解以下三个问题的。

1. 话语到底是什么

如前所述，在语言取向的话语分析中，话语指的是大于句子的一种文本性单位。在福柯的研究中，话语可以说是弥漫着权力的人文科学知识。在后结构主义的理论框架中，话语是由一连串意义表达所构成的具有关联性的整体，而且，这些表达是有意义的东西产生和面世的重要条件。当然，这并不意味着话语之外不存在真实的东西，而仅仅强调关于东西之意义的建构经常发生在话语之中③。此外，在费尔克拉夫的社会取向的话语研究中，话语具有三个方位的概念。在综合既有研究成果的基础上，本书认为：

其一，在理解话语的形态上必须坚持多维导向。

本书赞同费尔克拉夫的处理方式，认定话语既可以是一种文本，也可以是一种话语实践，还可以是一种社会实践。三种维度之间相互支撑、相互依赖、相互建构。在分析中，可以根据具体需要选择其中一个或几个维度加以分析。不过，选择其中一个并不意味否认其他维度的存在，或者贬低其他维度的价值。

其二，在理解话语的本质时必须紧扣认为权力/知识（power/knowledge）这一概念。

关注话语与权力之间的关系是话语研究的重要特征。而且，总体上讲，话语理论尤其是福柯及其之后的话语理论挑战了相关的传统观点，即

---

① Jacob Torfing, Poststructuralist Discourse Theory: Foucault, Laclau, Mouffe, Zizek, in *the Handbook of Political Sociology*, Thomas Janoski et al. (eds), Cambridge University Press 2005, pp. 155 – 157.

② Ibid., p. 153.

③ Ibid., p. 161.

认为权力与知识水火不容的观点。如前所述，越来越多的学者尝试揭示权力与知识（话语）之间的新型关系。例如，乔治·瑞泽尔曾经指出："那些掌握权力的人试图对那些他们认为对自己构成威胁的话语形式施加控制。……也就是说，话语和知识的产生都严格依据一定的控制性步骤，这些步骤的作用在于削弱话语或知识中的异质力量和危险，在于应付偶然性，并使之合乎理性规范。"① 不过，乔治·瑞泽尔的阐述因为只是揭示了权力对于知识和话语的单向作用而表现出明显的局限性。

福柯的研究彻底颠覆了关于权力与知识之间关系的传统观点。他指出，现代社会权力的运作恰恰和知识的积累之间存在密切的关系，一方面知识是权力的表达方式和途径；另一方面权力在知识的传承和演变中被实践和构建。具体而言，福柯尝试用权力/知识这一概念来表达他对于权力与知识之间关系的认识。下列两段引文比较清楚地表达了他对这个概念的阐释：

> 或许，我们也应该完全抛弃那种传统的想象，即只有在权力关系暂不发生作用的地方知识才能存在，只有在命令、要求和利益之外知识才能发展。或许我们应该抛弃那种信念，即权力使人疯狂，因此弃绝权力乃是获得知识的条件之一。相反，我们应该承认，权力制造知识（而且，不仅仅是因为知识为权力服务，权力才鼓励知识，也不仅仅是因为知识有用，权力才使用知识）；权力和知识是相连带的；不相应地建构一种知识领域就不可能有权力关系，不同时预设和建构权力关系就不会有任何知识。②
>
> ……灵魂与某种支配肉体的权力技术学相关存在，它生于各种惩罚、监视和强制的方法。这种现实的非肉体的灵魂不是一种实体，而是一种因素。它体现了某种权力的效应，某种知识的指涉，某种机制。借助这种机制，权力关系造就了一种知识体系，知识则扩大和强化了这种权力的效应。③

---

① ［美］乔治·瑞泽尔：《后现代社会理论》，谢立中等译，华夏出版社 2003 年版，第 63 页。

② ［法］米歇尔·福柯：《规训与惩罚》，刘北成、杨远婴译，生活·读书·新知三联书店 2003 年版，第 29 页。

③ 同上书，第 32 页。

可见，在福柯的眼里，权力与知识总是纠缠在一起乃至发展成合二为一。换言之，权力与知识之间的关系实则是一种一币两面的关系，不但相互作用而且相伴而生。受这一观点的启发，本书认为，权力/知识也恰好准确表述了话语的本质。这是因为：首先话语是一种具体而特殊的知识形态；其次，正如众多从事话语研究的学者所揭示的，话语与权力之间同样也存在相互作用和相伴而生的关系。

概言之，本书认为，话语既有作为知识的一种面向，也有作为权力的面向，实际上是权力/知识的一种具体载体和形态，在具体情境下或以文本，或以话语实践或以社会实践方式出现和存在。

2. 如何进行话语分析

在综合话语理论中相关观点基础上，结合本书的定位选择和实际需要，本书认为：首先，正如福柯所主张和践行的，话语秩序是社会秩序的话语方面，我们应该跳出话语开展话语分析，转而在现实的结构中关注话语与非话语相互重叠的情景。其次，正如费尔克拉夫所指出的，话语具有三种形态，相应地，我们应该也可以从三种路径入手或者采取三种策略进行话语分析。不过，社会科学取向的话语研究自然是要重点关注话语实践和社会实践的。再次，无论是哪种维度的话语分析，都要贯彻将话语当作事件的原则，认真开展话语事件分析。

那么，在话语事件分析中，我们必须把握的要点包括哪些？一是关注话语的发生，回答"这种陈述是怎样出现的，而在其位置的不是其他陈述"这一问题。二是关注话语的范围，即是要在陈述事件的平庸性和特殊性中把握陈述，确定陈述的存在条件，并尽可能准确地确定它的极限，建立它与其他可能与它发生关联的陈述的对应关系，指出什么是它排斥的其他陈述的形式。那么，具体分析中我们应该经历哪些步骤？其一，从对其发生过程的详尽准确的描述中去把握一项陈述的含义；其二，确定其存在条件；其三，确定其界限；其四，建立它与其他那些可能与其有联系的陈述之间的相关性；其五，指出那些被它所排斥的陈述形式。①

最后，但并不是最不重要的是，既然话语在本质上是一种权力/知识的具体载体和形态，那么福柯关于如何研究权力/知识的方式也是可以借鉴

---

① ［法］米歇尔·福柯：《知识考古学》，谢强、马月译，生活·读书·新知三联书店2003年版，第28页。

的。福柯主张应将认识主体、认识对象和认识模态视为权力/知识的基本连带关系以及历史变化的众多效应，而要反对基于"认识主体相对于权力体系是否自由"这样观点的分析模式。以"政治肉体"的解剖学为例，在权力问题上，必须抛弃暴力与意识形态对立的观念、所有权观念、契约以及传统的征服模式；在知识问题上，则必须抛弃"有利害关系"和"无利害关系"对立的观念、认识的模式和主体的第一性①。正是采用这种分析范式，福柯发现权力原来是人的生存方式，权力存在于监狱内外，存在于理性与非理性之间，存在于话语实践和非话语实践中，在不同历史时期以不同方式作用于人体之上；而且，权力能够生产，它生产现实、生产对象的领域和真理的仪式，个人及从他身上获得的知识都属于这种生产。②

3. 什么是话语社区

社区（community）这个概念自 14 世纪以来就存在，可追溯的最早词源为拉丁文 communis（意指普遍、共同）。德国学者滕尼斯被认为是社区理论的创始人。滕尼斯的社区理论中有四个要点不能忽视。其一，人类之间的所有关系都是意愿创造的，自然意愿占优势或者由自然意愿支配的任何团体称为社区；其二，社会性关系、集群、社会性组织（或者社团）是人类社会的三种社会实体；其三，社区的核心特征是其社会性关系本身是真实的、有机的生命体；其四，社区是人类社会的青春时期，社会是人类社会的成年时期。但是，由于多种原因，关于社区的定义始终见智见仁、难以统一。社区到底是什么？共同地域、共同关系和社会互动是多数学者都认定的组成社区的三种要素，这三种元素分别代表地理变量、心理变量和社会变量。此外，我们还可以从六个维度考察社区，即社区（可以）是一种人类联结方式、是一种情感、是一种价值、是一种物质性实体、是一种方法视角，社区甚至还是一面旗帜。③

不过，在社会科学的传统中，社区通常被划分为两类：即共同地域（common territory）社区和非共同地域（non-common territory）社区。那么，话语社区（discursive community）指的又是什么呢？有学者认为，话语社区可能与"学科领域"（discipline）这个概念相关，只是它的界限是

---

① ［法］米歇尔·福柯：《规训与惩罚》，刘北成、杨远婴译，生活·读书·新知三联书店，第 29—30 页。
② 同上书，第 218 页。
③ 王红艳：《理解社区：从还原入手》，《学海》2012 年第 3 期。

不固定的，换言之，话语社区可能像一个有着开放边界的"学科领域"，个体可以不时地加入这个共同体中然后又回到自己的"归宿社区"（home community）①。然而，本书认为，这种界定过于粗略。话语社区自然是不强调地域性的。然而，如前所述，不管是哪种界定，社区始终是强调共同关系的，而共同关系可能是各个成员基于对一定知识体系、价值理念的认可和共享而建立的。正如另有学者所指出的，话语行为常常发生在特定历史背景下的组织之中，组织及其构成要素对话语行为的开始和最终命运起着关键性作用，反过来，组织也是通过话语被创造的。②

可见，话语社区并不是一个简单的、可以自由出入的、"纯粹"的论坛（forum）。事实上，即使是论坛也是要求和体现某种"共同性"的。以世界社会论坛为例，世界社会论坛是"为那些反对新自由主义，反对资本和任何形式的帝国主义统治世界，并致力于建设一个人类之间以及人类与地球之间具有富有成果关系的社会的民间团体和社会运动提供一个开放的集会地点，使其能够在此进行反思，民主的辩论，提出方案，交流经验，并相互连接有效行动"，世界社会论坛及其参加者所反对的是新自由主义资本统治世界的传统，所相信的是"另一种世界是可能的"③。可以说，世界社会论坛即是一个话语社区。进而，一个成员融入某个话语社区，在一定程度上可以被认为是与社区的其他成员共享了某些价值理念和知识体系。

三　研究设计

研究设计主要涉及研究定位的选择、初步判断地给出、研究方法的确立、分析样本的选择以及内容布局的考量等几个方面的问题。

（一）研究定位

作为一种具体形态知识的话语，是本书的研究对象。本书将展开的是一项具有知识社会学色彩的研究。知识社会学是社会学的重要分支之一。知识社会学它的渊源可以追溯到欧洲启蒙运动以来的怀疑论传统和维柯

①　Porter James E, This Is Not a Review of Foucault's This Is Not a Pipe in *Rhetoric Review*, Vol. 4, No. 2（Jan., 1986）.

②　Perinbanayagam R. S. 1991, *Discursive Acts*, New York：Aldine de Gruyter.

③　周小庄：《另一种世界是可能的》，《读书》2004年第6期，第134页。

(Giovanni Battista Vico，1668—1744）的《新科学》；它的理论来源可以追溯到卡尔·马克思（Karl Marx，1818—1883）、涂尔干（Emile Durkheim，1858—1917）以及韦伯（Max Weber，1864—1920）等；① 它的产生和发展是社会学本身发展的结果，同时也是社会学转向研究意识形态的发展与社

---

① 值得注意的是，马克思（Karl Marx，1818—1883）、涂尔干（Emile Durkheim，1858—1917）以及韦伯（Max Weber，1864—1920）对知识社会学各有不同的经典贡献。具体而言：（1）马克思所关心的是社会存在与社会意识的关系，认为每一时代的经济生产以及必然由此产生的社会结构是该时代政治的精神的基础，每一时代统治阶级的思想都是该时代占统治地位的思想，是占统治地位的物质关系在观念上的表现，而这种思想由于被统治阶级赋予普遍性往往掩盖了其统治的阶级性质（这就是所谓的意识形态的虚假性）。马克思对知识社会学最重要的贡献在于，他看到了后来被称为文化—意识形态合法性及"文化霸权"（或"意识形态领导权"）的渊源，并指出了隐藏其背后的社会经济基础。（2）就社会存在和社会意识之间的关系来说，一般认为，马克思将被黑格尔颠倒了的世界重新颠倒了过来，韦伯又将马克思"颠倒"了过来。然而，也有不少学者认为，尽管韦伯试图绕开马克思理论，但是他实际上还是在马克思主义传统的框架内工作，与其说韦伯反对了马克思理论，倒不如说他扩充了马克思的研究。换言之，韦伯阐述了非经济因素对于社会存在的能动（甚至是决定）作用（比如说新教伦理对于资本主义精神之作用）。另外，韦伯对知识社会学的贡献还体现在他的理解社会学当中。在韦伯看来：其一，区别于自然世界，人类社会生活/行动是有意义的；其二，人类行动又是受"合理化"的理性支配的，因此也是有一定规律可循的；其三，他反对机械的实证主义以及人文主义两大传统而提出了"理解社会学"，并相信唯有采用"理解"（即"同情之了解"）方式才能获得行动的"意义"。而"理解"的方法既不是客观规律的直接演绎，也不是历史细节的堆砌，而是理想典型的阐发；"理解"的原则既关乎"价值关联"也关乎"价值无涉"。（3）涂尔干的知识社会学思想主要体现在《宗教生活的基本形式》中。在这本著作中，他论述了宗教的基本特征，揭示了宗教的起源和本质。在此基础上，涂尔干比较了科学与宗教的共性，阐述了逻辑思维的产生与社会的关系。在他看来，宗教和科学都是看待世界的方式，逻辑思维的范畴体系实际是社会组织形式的表现，思维本身就是社会的产物，而社会是各种理解范畴的基础。涂尔干想要强调的是：我们的全部知识概念都经受着历史的发展，我们所知道的东西，它们的形式和内容是不断地改变着的，而客观性和真理两者都依赖于集体、社会或者社会群体。关于这三位的知识社会学研究成果，进一步了解请参见：马克思、恩格斯《德意志意识形态》，人民出版社 2003 年版；Marx Karl, Engels Frederick: *Manifesto of the Communist Party*，外语教学与研究出版社 1998 年版；马克斯·韦伯《社会科学方法论》，韩水法等译，中央编译出版社 1991 年版；马克斯·韦伯《新教伦理与资本主义精神》，陕西师范大学出版社 2002 年版；涂尔干《宗教生活的基本形式》，渠东等译，上海人民出版社 1999 年版；刘易斯·A. 科瑟《社会学思想名家—历史背景和社会背景下的思想》，石人译，中国社会科学出版社 1990 年版；George Ritzer, *Goodman D. J. 2004, Modern Sociological Theory (6th Edition)*, Beijing: Peking University Press。（4）此外，兹纳涅茨基（Flrorian Znaniecki, 1882—1958）、索罗金（Pitirim Alexandrovitch Sorovich, 1889—1968）、诺贝特·埃利亚斯（Norbert Elias, 1897—1990）、C. 怀特·米尔斯（C. Wright Mills, 1916—1962）、路易·阿尔都塞（Louis Althusser, 1918—1990）等的重要工作是不能忘记的。皮埃尔·布迪厄（Pierre Bourdieu, 1930—2002）的《科学的社会用途——写给科学场的临床社会学》、伊曼纽尔·沃勒斯坦（Immanuel Wallerstein, 1930—　）的《所知世界的终结——二十一世纪的社会科学》等使得该领域的研究异彩纷呈。而如前所述，米歇尔·福柯的系列研究更是影响广泛。

会文化之间的联系的结果。知识社会学主要是在德国和法国的社会学氛围中孕育成长的。德国在第一次世界大战失败后，出现了社会文化、思想、意识形态的危机，一些社会学家转而研究人类历史的不同时期、不同种族和民族的思想、意识、精神的发展，研究各种思想、意识形态的发展与社会文化的联系。在这一期间（具体是 1924 年），马克斯·舍勒（Max Scheler，1874—1928）首先创用了"知识社会学"（Wissenssoziology）一词。卡尔·曼海姆（Karl Mannheim，1893—1947）则于 1929 年发表了《意识形态与乌托邦——知识社会学导论》。这些都是知识社会学发展历史中里程碑式的贡献。

　　什么是知识社会学？曼海姆认为，作为一种理论，知识社会学试图分析知识与存在之间的关系；作为一种历史—社会学研究方法，它试图追溯这种关系在人类思想发展中所具有的表现形式[①]。而舍勒认为，知识与社会之间可能存在三种基本关系：其一，一个社会群体的成员所具有的关于对方的知识以及他们相互理解的可能性是共同构成"人类社会"的东西（而且，关于一个"群体"本身实存的知识以及关于人们普遍接受的价值观和目的的知识都属于这个群体，所以没有一个阶级不具有阶级意识）；其二，所有知识，尤其是关于同一些对象的一般知识，都以某种方式决定社会；其三，所有知识也是由这个社会及其特有的结构共同决定的。[②]

　　如前所述，话语与权力纠缠不清，既有知识的面向又有权力的面向，是一种具体的权力/知识载体，话语秩序还是社会秩序的话语方面。因此，本研究又可算作一项具有政治社会学色彩的研究[③]。从广义上讲，政治社会学即是一门研究社会关系中的权力与控制问题的学科。该学科自 19 世纪起尝试成为一门独立学科。截至目前，政治社会学已大致形成了以下三种研究取向。

　　一是关于具有政治指向的行为（Politically Oriented Action）的研究。

---

　　① ［德］卡尔·曼海姆：《意识形态与乌托邦——知识社会学导论》，黎明、李书崇译，商务印书馆 2000 年版，第 269 页。

　　② ［德］马克斯·舍勒：《意识形态与乌托邦——知识社会学问题》，艾彦译，华夏出版社 2000 年版，第 57—58 页。

　　③ 实际上，当本书确定选择话语理论和方法作为研究工具时，本书的研究就已经打上了政治社会学的烙印。按照杰纳斯克（Thomas Janoski）等人的界定，福柯的话语理论以及后结构主义理论等都属政治社会学范畴的讨论。详见 Thomas Janoski et al.（eds.），*The Handbook of Political Sociology*，Cambridge University Press，2005.

这个研究取向的形成直接受益于韦伯，具体关注内容主要包括：社区内的选举行为、政治运动和利益群体的意识形态、政治组织和政治行为的社会心理关联问题以及政治决策和经济权力之间的关系。二是关于政治制度、民族建构得比较研究和历史分析。20 世纪 60 年代后期，由于李普塞特（Seymour Lipset，1923—2007）和罗坎（Stein Rokkan，1921—1979）等学者的贡献，这一取向得以出现。该取向起初关注的主要是政治制度在社会运动和社会革命中的作用，之后发展到关注福利制度的比较、民主和工业化之间的关系、政府在建构民族认同过程中所扮演的角色等。三是在西方马克思主义和当代政治理论基础上发展起来的关于政府理论的研究。该取向认同多元主义方法，重点关注政府社会关系，一般青睐政府内部和政府之间权力运行的经验研究。[①]

不过，不管将其列入知识社会学还是政治社会学范畴，本研究最终定位的是一项应用研究。所谓应用研究，指的不是去致力于发现一般原理，而是运用一般原理工具去理解和说明一个问题。具体而言，本研究既不是以所谓的"贫困人口"和（或）"贫困地区"为研究对象，也不是分析致贫原因，甚至不关心扶贫政策和减贫效益，而是尝试对贫困做一次"词语的政治（或者说知识）社会学解剖"。换言之，本书以贫困话语为研究对象，以话语理论和方法为分析工具，尝试对现行主流贫困话语进行一次比较全面和深入的考察，考察内容主要包括贫困话语的形成机制、在地实践以及话语社区的生态，进而揭示一般话语的建构规律与实践机制。

（二）初步判断

本书的基本假设是：

第一，现行主流贫困话语是发展主义脉络中的一套叙述。

第二，现行主流贫困话语是西方发达国家从政治、经济、文化等方面合力建构而成的一种具体的权力/知识形态。

第三，这套话语自 20 世纪 80 年代中期起在我国开始传播和实践。这套话语在分配和消费过程中，一方面建构我国的贫困现实和影响我国

---

① Iain Mclean, Alistair Mcmillan（eds.），*The Concise Oxford Dictionary of Politics*，Oxford University Press，2009，p. 416.

扶贫减贫决策乃至发展战略；另一方面其本身也再次获得了加工和生产。

第四，伴随着这套话语的实践，它所承载的价值理念在不知不觉中为我们所内化；继而（作为结果），我们已然成为西方主流话语社区的一员。

（三）研究方法

本书将以话语理论为工具，把话语当事件，试图对主流贫困话语进行一次全面考察和深度解剖，或者说，试图采用"立体研究模式"对主流贫困话语进行一次有所创建的解读。具体而言，研究模式的立体性主要体现在以下几个方面。

其一，文献研究与经验研究相结合。文献研究部分致力于追溯贫困话语的起源、变迁以及生成和建构机制，经验研究部分致力于描述贫困话语的现实存在状态，包括贫困话语的传播、分配、消费以及再生产等环节的复杂场景。需要指出的是，文献研究与经验研究两个部分之间的关系并不是所谓的严谨的"提出观点（或假设）"与"检验/论证观点（假设）"之间的关系，后者更多的是一种具体情境（个案）的阐释，是对前者的一种拓展与充实。

其二，历时分析与共时分析相结合。本书始终坚持从历史视角对贫困话语进行考察。但是，在历史研究方法的具体运用中突出强调三点：一是认同历史多元性之假设，尝试追求布罗代尔所称的"复数形式"的历史或者柯文所称的"三调"的历史①。二是努力克服思想史研究理路之"有史无学"的不足，不是仅仅对历史资料进行梳理，而是努力实现三个层次的目标，即首先做到讲清楚是什么，其次弄清楚为什么，最后弄清楚各

---

① 布罗代尔和柯文都强调历史的多维度，但观点之间也有一些不同。在布罗代尔看来，时间和空间都是多维的，只有采用"三层分立法"或（和）"三时段法"才可能对"真实"的历史有比较全面的把握，从而写出一部"全面史"来。柯文关注不同意识的作用对"历史"的影响，历史学家的意识、历史参与者（见证者）的意识、神话制造者的意识分别"制造"了作为"事件"、作为"经历"以及作为"神话"的义和团，而且人们创造的历史与后来人们撰述并利用的历史之间存在不可消除的差异。进一步了解请参阅：［法］布罗代尔《15—18世纪的物质文明、经济和资本主义》，生活·读书·新知三联书店2000年版；［美］柯文《历史三调——作为事件、经历和神话的义和团》，杜继东译，江苏人民出版社2000年版。

种因素之间发生了什么关联①。三是即便在田野研究中也引入历史分析。正如费孝通所提倡的:"使社区研究,不论是哪层次的社区都须具有时间发展的观点,而不只是为将来留下一点历史资料",因为"真正的'活历史'是前因后果串联起来的一个动态的巨流"②。需要指出的是,本书意在通过阐释过去的历史来获得建构今天的历史的良策。而在强调历史分析,做好历时研究的同时,本书也将展开共时分析,将历时分析与共时分析结合起来,既考察历时性变迁中的断裂性与延续性,也考察共时性反应的同质性与异质性,以期能够比较全面地了解主流贫困话语的面貌与实质。

其三,全球整体主义视角与在地个案研究相结合。本书贯彻全球整体主义视角,把贫困话语放在全球背景当中去思考,考察贫困话语在国际层面的建构和实践情况。之所以选择和采用全球整体主义视角,这是因为如果不首先运用"望远镜"来获得一个全球整体及其世界经济体系的整体图像,比较研究中所选择的(哪怕是用放大镜选择的)分析目标是没有价值的③。在使用"望远镜"技术同时,本书也尝试使用"显微镜"技术,即选择三个不同层次的样本进行深度解剖,考察贫困话语在国家层面、地方政府层面以及村庄层面的实践和再生产情景。三个层次样本的选择,有助于在地研究实现从宏观层次向中观、微观层次的视角转换,继而揭示话语在三个不同界面上的实践状况以及转换过程。需要指出的是,在地研究中,本书并不打算追求各个不同场景之间的相互验证,也不打算回避贫困话语在不同场景中所展现的不同面向。

(四) 篇章结构

文章由七个部分组成。

导论部分交代选择研究对象的原因,厘清话语研究相关理论,概述研究设计与执行状况。第一章介绍西方贫困话语的变迁历程,阐释现行西方

---

① 这种处理方式也是知识社会学的研究传统。知识社会学关注的是知识的形态研究。一方面,它研究知识是如何产生的;另一方面,它研究知识是如何作用的,主体与客体是如何纠缠的,而知识的生产、再生产与传播本身也构成社会的一部分。详见黄平于 2006 年 10 月 21 日上午在中央民族大学所做的"关于知识社会学与中国知识分子"(未公开出版)的讲座。

② 费孝通:《乡土中国 生育制度》,北京大学出版社 1998 年版,第 334 页。

③ [德] 贡德·弗兰克:《白银资本》,刘北成译,中央编译出版社 2000 年版,第 22—69 页。

主流贫困话语的基本要义，检讨现行西方主流贫困话语的局限。第二章探讨西方主流贫困话语的建构机制，展示文化、历史、科学、政治四个维度的建构策略。第三章选取中国扶贫开发话语为样本，描述西方主流贫困话语在中国的建构与实践状况，分析中国主流贫困话语的形成机制以及实践效果。

第四章和第五章分别选取我国北方某省的库北县和库北村为样本，呈现我国主流贫困话语的在地生产、分配和消费情形，反思主流话语实践所引发的问题。全书最后部分在概述初步研究结论基础上，尝试超越贫困叙述探讨话语的建构意义与实践规律，进而尝试超越现在所在话语社区，提出在努力发展和掌控话语权过程中，不但必须警惕话语陷阱问题，而且还要重视话语社区重构这一重要问题。

四　研究价值与不足

本书试图在四个方面有所推进、有所贡献。当然，其中仍然包含一些暂时无法回避和克服的不足。

一是尝试运用话语理论与分析方法来解读具体问题。如前所述，本书将采用政治社会学（或者说知识社会学）的研究方法，对主流贫困话语的建构与实践过程和机制进行一次较为全面和深入的考察，或者说，本书将以话语理论为工具，把话语当事件，对主流贫困话语进行一次较为全面和深入的解剖。尽管本书只是一项关于话语的应用研究，但是，正如文献梳理部分所显示的，截至目前，国外学界关于话语研究（包括贫困话语研究）的成果比较丰富，而国内学界关于话语研究（哪怕是应用型的研究）的成果并不很多，关于贫困话语的富有质量的研究更不多，本书的工作无疑将为这类研究增添一项略有新意的成果。[①]

二是祛除主流话语的迷思。长期以来，现代西方主流话语大行其道，包括我国在内的大多数的发展中国家主要是借用西方理论来认识自己和改造现实的，结果导致把实际硬塞进不合适理论框架的问题[②]。毫无疑问，

---

① 本书是在 2007 年写成的博士学位论文基础上修改而成的。当时，关于话语研究尤其是贫困话语研究的成果较之如今更是稀少。

② 黄宗智：《悖论社会与现代传统》，《读书》2005 年第 2 期，第 3—15 页。

这种"削足适履"的处理方法,妨碍了人们对历史和现实做出真切和准确的诊断。本书以质疑主流贫困话语(同时涉及发展话语)作为起点,在追溯话语的历史变迁和描述话语的现实存在状态中揭示话语的真实面目,从而实现从这些日益沦为教条和迷信的思维定式中解放出来的目的,为质疑现代西方理论的迷思以及重建知识与现实的联系略尽绵薄之力。①

三是提出和研究一个"不是问题"的问题。本研究在一定程度上区别于单纯的经验研究和政策研究,因为它试图跳出就贫困问题谈贫困问题的"圈子",试图摆脱道德诉求之贫困研究的束缚,也试图避免陷入只为反贫困提供几点具体政策建议的窠臼。不过,需要指出的是,本书试图破除束缚和窠臼的努力并不意味本书反对道德诉求和政策建议。事实上,减缓和消除贫困需要道德呼吁以及政策建议,但真正的问题在于:道德呼吁与政策建议是在一套什么样的叙述中展开和提出的。富有特色的是,本书转而从政治(知识)社会学视角出发,以贫困话语作为研究单位,破除既有思维定式和语境的束缚,探讨主流贫困话语是怎样形成的、这个话语社区以什么样的状态存在的,并试图揭示其中隐藏的权力问题,同时,挖掘贫困话语所折射的发展理念,进而反思当下我们对贫困问题之理解的偏颇,反思我们扶贫减贫的理念与策略中的权力/知识问题,反思在"客观性"或"科学性"名目之下迷思的可能——贫困话语中的一系列问题往往未被意识到或者被认为"不是问题",至少被认为"不是突出问题"。而在本书看来,"不是问题"恰恰是最大的问题,它反映的是话语社区的已然形成和社区成员对社区规则的"无意识"遵从。提出和阐释这个"不是问题"的问题正是本书启动研究的原因和动力,可能也正是本书的贡献之一。

四是为包括我国在内的发展中国家在国际竞争中争夺话语权乃至重构话语社区作些基础性工作。本书以贫困话语为例,探讨话语的建构机制,分析话语的实践过程,揭示话语之为权力/知识的现实功能,进而强调话语建构的意义、规律以及提出话语建构和实践过程当中必须注意的问题。这在当下无疑是一项具有重要现实意义的基础工作。

---

①　黄平等:《我们的时代——现实中国从哪里来,往哪里去?》,中央编译出版社 2006 年版,第 233—269 页。

不过，无须隐瞒的是，本书也还存在不少不足之处。例如，本书致力于贫困话语的研究，但是，由于各种条件的限制，笔者没有能够选择国家级或者省级贫困地区开展在地研究，而只是选择了一个相对贫困地区或者相对落后地区作为研究对象。再例如，与此密切相关，本书选择贫困话语作为研究对象，但是不时涉及（有时甚至给予很重笔墨）发展话语，可能会引起研究对象模糊不清的质疑，不过，好在从生成历史上看，贫困在现行主流贫困叙述当中正是发展话语的建构之"锚"，两者之间纠缠不清、密不可分，甚至存在"一币两面"的关系。此外，由于各种原因，本书启动修订工作时，没能到库北县和库北村进行补充调研，而只能通过网络获得一些相关资料进行补充分析，难免有些遗憾。

小　结

关于贫困问题的研究成果犹如汗牛充栋，大致涉及贫困的概念、贫困的类型、贫困的测量、贫困的发生（包括再生和代际传递）、扶贫政策的变迁、扶贫绩效评估以及减贫对策的研究等范畴。本研究放弃了上述研究范式，转而以话语理论为工具，把话语当事件，尝试对主流贫困话语进行一次考察和解剖。做出这一决定：一是由于在田野研究中受到了"贫困标准的刺激"，二是由于从相关研究中得到了启发。

为了做好这项研究，笔者一方面认真梳理了关于贫困问题的既有研究成果；另一方面系统厘清了话语理论发展脉络以及话语理论主要观点。前者是本研究的时空参照，后者则是本研究的理论准备。基于这些努力，本研究提出了五个基本判断，并做出如下决定。

从理论工具角度讲：其一，在理解话语的形态上强调坚持多维导向；其二，在理解话语的本质时强调紧扣认为权力/知识这一概念；其三，在话语分析时强调贯彻将话语当作事件的原则。

从研究设计角度讲：一是，本研究定位为一项知识社会学或者政治社会学范畴内的一项应用研究。即不是去致力于发现一般原理，而是运用一般原理工具去理解和说明一个问题。具体而言，是尝试运用话语理论去理解贫困叙述的建构与实践过程和机制，借此展示和说明知识与社会、政治与社会以及知识与权力之间的关系。二是，本研究在方法上强调注重文献研究与经验研究相结合、历时分析与共时分析相结合以及全球整体主义视角与在地个案研究相结合。其中,个案研究大体涉及四个层面,即国际、国家、县级和村庄层面。多层次的个案在地呈现,使得研究更加多维、更加丰满。这也是本研究的一个重要特色。

当然,本研究的特色和价值不只是这一点。它的价值(也包括不足)有待人们的发现和实践的检验。

第 一 章

现行主流贫困话语的要义

话语是由一连串意义表达所构成的具有关联性的整体。贫困话语指的是由一连串关于贫困的意义表达所构成的具有关联性的整体。当然，当今世界不只存在一套贫困话语。本书把在当今世界范围内流行的、在多数国家和地区政府决策中发挥主导作用的、并因此深刻影响人们日常生活的贫困话语称作现行主流贫困话语，重点关注和研究这套话语（不过，本书后来的在地研究还涉及和关注一些非主流的贫困表达）①。要想比较准确地理解和把握这套话语，弄清其变迁历程与基本要义是一项前提性的基础工作。

一 西方贫困话语的变迁历程

通过考察，我们发现，就西方贫困话语而言，它在历史上大致发生了两次断裂。②

---

① 需要指出的是，现行主流贫困话语基本也就是西方主流贫困话语。正因为如此，本书在此重点关注西方贫困话语的变迁历程以及西方主流贫困话语的基本要义。

② 本书的关于贫困话语发生两次断裂这一判断是基于对埃斯科巴（Escobar Arturo）研究成果的借鉴而形成的。笔者能够获得的埃斯科巴的成果主要包括 Encountering Development：*The Making and Unmaking of the Third World* 以及《权力与能见性：发展与第三世界的发明与管理》。前者是埃斯科巴的博士学位论文，后者是一篇介绍其博士学位论文基本论点和研究进路的文章。就贫困问题而言，埃斯科巴的贡献在于他分析了现代意义上的"贫困"，尤其是阐释了第二次世界大战后的贫困问题化现象、原因以及目的，尽管他关心的是第三世界是如何被发展的话语和实践建构起来的。还需要补充的是，在埃斯科巴的研究逻辑中，贫困具有举足轻重的作用。如果把埃斯科巴对"发展系谱"（genealogy of development）的研究看作一艘"船"的话，大规模贫困的发现以及贫困本身的问题化则是这艘船之首的"锚"（anchor）。换言之，埃斯科巴是从贫困的问题化入手导出发展话语的产生以及第三世界的建构的。在他的研究中，发展策略和发展话语的出现以及强化是第二次世界大战后初期"发现"了贫困的结果。此外，近年来，埃斯科巴用后结构主义理论解读贫困与发展问题的研究得到越来越多同行的认同，以至有人认为，当我们讨论贫困与发展问题而不谈及 （下转 38 页）

(一) 第一次断裂

西方主流贫困话语的第一次断裂发生在欧洲启蒙运动前后,即启蒙运动之前和之后的贫困叙述发生了重大变化。以理性主义为核心思想的欧洲启蒙运动,既是发生在欧洲的第二次思想解放运动,又是一次资产阶级反封建的政治运动,为资产阶级取得统治地位奠定了思想上和理论上的基础。启蒙运动发生之后,资产阶级要求按照自己的意愿改造社会的目标逐步得到落实。主流贫困话语的第一次历史性转折即发生在从 17、18 世纪迈入 19 世纪这一宏观背景之下。

在启蒙运动之前,西方主流贫困话语与关于"自由"的叙述联系密切。可获得资料显示,在 9 世纪的欧洲,"穷人"(pauper)是指逍遥自在的人,唯有权贵对其自由构成威胁。在 11 世纪的欧洲,"穷人"乃免税财产之拥有者、到处流动之商人,凡非战士皆包括在内。而且,当时的"穷人"不会不受尊重,只不过居无定所;当时那些自甘清贫、两袖清风、漂泊流离的人常常被视为清高而非下贱[②]。此外,在亚里士多德的著述中,生活贫困也只是指一个人没有参与他应该参与的活动的自由。[③]

然而,在启蒙运动之后,具体而言,时至 19 世纪前后,西方主流贫困话语要义发生了重要变化,表现出以下四个重要特点。

一是贫困人口大规模出现。伴随资本主义在欧洲的出现,城市化和市场化不但打碎了社区之间的联系,而且还剥夺了成千上百万人们获得土地、水和其他资源的机会。贫困大面积发生,穷人大规模涌现。

(上接 37 页)埃斯科巴的研究时无疑是一种令人吃惊的失败。见:Escobar Arturo, 1995, *Encountering Development: The Making and Unmaking of the Third World.* New Jersey: Princeton University Press; [美] 埃斯科巴《权力与能见性:发展与第三世界的发明与管理》,卢思骋译,载许宝强、汪晖选编《发展的幻象》,中央编译出版社 2001 年版; Yapa Lakshman, "Reply: Why Discourse Matters, Materially" in Annals of Association of American Geographers, Vol. 87, No. 4 (Dec., 1997)。

② 许宝强、汪晖选编:《发展的幻象》,中央编译出版社 2001 年版,第 395—396 页。

③ [印度] 阿玛蒂亚·森:《论社会排斥》,王燕燕摘译,《经济社会体制比较》2005 年第 3 期,第 1—8 页。

　　二是贫困问题现代化处置①。当时，以英国为代表的各国政府制定和出台了一系列对待穷人和处理贫困问题的制度，其中最为引人注目的制度是非个人机构为穷人提供援助的制度，慈善事业以及慈善机构因此在那个时期占有重要位置。自贫困问题得以用现代化方式和手段处置之后，穷人已然被置于一个新的控制机制之中。②

　　三是贫困定义以及穷人地位发生变化。自此，缺乏和匮乏成为贫困的前提，穷人的生活方式开始被赋予较低社会价值。

　　四是穷人开始被看作低能甚至是无能。当时流传一种信念：即便殖民者能够在一定程度上对当地人进行启蒙，但对于消除他们的贫困也是无济于事的，因为他们接受科学技术的能力以及他们的经济基础几乎是零。③

　　下列引文较为清楚地揭示了上述四个特点以及特点背后的主要缘由：

　　　　19 世纪以来的欧美地区城市化导致了成千上万的缺乏资源的穷人，在金钱至上的统识文化下，一切以金钱与物质财产界定贫与富，于是贫穷的前提被认为就是缺乏、匮乏。随着以欧美为中心的世界资本主义体系的扩张，这种有关贫穷即物质匮乏不能满足"无限的欲望"的文化偏见逐渐在全球有关发展的话语中取得统识的地位。在这种文化偏见的统识之中，穷人之所以是穷人，正是由于他们不能，也不应像富人一般生活，而富人的生活方式，则被赋予更高的社会

---

　　①　modernize（使现代化）和 modernization（现代化）在 19 世纪开始得到普遍使用。这两个词与 institution 和 industry 有关，通常表示完全令人喜欢或满意的事物。而 Institution 从 18 世纪中叶起开始被用在特别的机构组织的名称里，例如 Charitable Institutions（慈善机构），自 20 世纪起开始被用来指涉一个社会中任何有组织的机制。Industry 自 18 世纪起开始具有作为"一种或一套机制"的意涵，自 19 世纪初期起指涉机械生产那种类型的生产机制，自 20 世纪中叶起指涉工厂的生产以及其他有组织的工作等，具有更多维的含义。关于这些词汇的进一步分析详见［英］雷蒙·威廉斯《关键词——文化与社会的词汇》，刘建基译，三联书店 2005 年版。基于威廉斯（Raymond Henry Williams，1921—1988）的这些分析，本书认为，贫困现代化（modernization of poverty）在这一时期主要指的是：有一些专门的机构来应对贫困问题，有一套专门的工作机制来处理贫困问题。时至今日，贫困现代化具有更加丰富的含义（详见本书接下来的相关分析），但是这两个维度的含义仍然得以保持和沿用。

　　②　Escobar Arturo, 1995, *Encountering Development: The Making and Unmaking of the Third World*, New Jersey: Princeton University Press, pp. 22 - 23.

　　③　Ibid. , p. 22.

价值。①

这套贫困话语一直持续到第二次世界大战前后。不过，还需要指出的是，直到 20 世纪 40 年代，在亚洲、非洲、拉丁美洲和欧洲的各自社会层面，"对贫困还有着不同的界定和不同的处理方式，贫困仍然涉及社区、节俭和丰裕等多种问题"②。换言之，20 世纪 40 年代之前，西方主流贫困话语并未形成"一统天下"的局面。但是，这一情况在第二次世界大战结束之后即发生了变化。

（二）第二次断裂

西方主流贫困话语的第二次断裂发生在第二次世界大战结束之后、冷战开始之际。为什么说发生了断裂？这是因为这一时期的主流贫困话语因为以下几个特点而与之前的相关话语明显区别开来。

一是贫困测量标准化。自这时起，开始以人均收入等指标来衡量贫困程度，并且制定了统一标准来圈定贫困人口。例如，1948 年，世界银行将人均年收入低于 100 美元的国家/地区界定为贫困（欠发达）国家/地区。

二是贫困规模全球化。根据世界银行于 1948 年颁布的标准，第二次世界大战结束后的初期共有 15 亿多人即大约 2/3 的世界人口，处于绝对贫困以及明显的因营养不良而导致的疾病当中。因之，大规模的贫困也是亚洲、非洲和拉丁美洲战后的重要变化之一，世界范围内 2/3 的国家在第二次世界大战之后成为贫困国家或者说第三世界国家。③

三是贫困治理的专业化和经济化。即一方面突出强调贫困需要经由专家依靠所谓的科学技术以及专业知识才能得到解决。另一方面突出强调经济增长或者说经济发展是解决贫困问题的唯一办法。

四是贫困的同质化。同质化主要包括贫困界定同质化、贫困测量同质化、致贫原因同质化、贫困治理方式和手段同质化以及不同国家的不同情况同质化等几个维度。一旦将贫困建构成一个同质性问题，各国各

---

① 许宝强、汪晖选编：《发展的幻象》，中央编译出版社 2001 年版，第 395 页。

② Escobar Arturo, 1995, *Encountering Development: The Making and Unmaking of the Third World*, New Jersey: Princeton University Press, p. 22.

③ Ibid., p. 21.

地区的问题被看作一样的，所开出的解决处方也是一样的，而原有的关于贫困的多样界定以及解决贫困问题的多元渠道和方式要么被湮没、要么被遗弃。

五是贫困的问题化。即贫困成为一种难题，一种全世界必须面对和加以解决的难题，贫困国家和地区若要摆脱贫困就必须允许或者邀请外界力量介入并实施发展计划才能得到解决。

需要指出的是，贫困测量标准化、贫困规模全球化、贫困治理的专业化和经济化、贫困的同质化以及贫困的问题化五个环节（层面）之间密切关联，其中前列四个环节（层面）最终服务第五个环节（层面）即贫困的问题化。而且，这些"化"的出现使得贫困成了一个具有组织力的概念（an organizing concept），既使得通过发展经济来摆脱贫困这一命题获得了真理性，又使得第一世界对第三世界的援助、管理和控制具有了合法性，还使得以美国为代表的西方势力重建战后国际政治经济秩序增添了可行性。正因为如此，埃斯科巴认为，贫困及其相关话语实际上充当了西方列强所要传播和践行的发展话语的"锚"。这也正是贫困话语为什么在此时发生断裂的决定性原因（关于这一点在此暂不深入探讨，详见本书接下来的相关分析）。

概言之，在欧洲启蒙运动之前，贫困与自由和清高相联系。在欧洲启蒙运动之后，尤其是19世纪以来，伴随市场化和城市化的推进，金钱至上成为占据支配地位的文化，匮乏成为贫困话语的核心概念，贫困问题的解决被纳入制度范畴，贫困实现了"现代化"，贫困话语发生了第一次断裂。贫困话语的第二次断裂发生在第二次世界大战结束之后以及冷战开始之际。在此期间，贫困实现了若干个"化"，即贫困测量标准化、贫困规模全球化、贫困治理的专业化和经济化、贫困问题的同质化以及贫困的问题化。这些"化"不但成为区别以往贫困话语的标识，而且背后有着"深远意义"和"非常指向"。

另外还需指出的是，尽管本书在此重点关注贫困话语的变迁过程中的断裂情形，但是并不表示本书否认话语变迁过程中的延续性问题。恰恰相反，本书坚持认为，断裂下面的延续性是话语变迁的另一个重要面向。实际上，第一次断裂时期所涌现的很多观点，例如"贫困现代化"的观点，一直延续到第二次断裂时期乃至当今社会，只不过是"现代化"的维度更加丰富、含义更加复杂。同样，第二次断裂时期所涌现的很多东西，包括上述五个"化",仍然延续至今。概言之,放眼历史长河,贫困话语变迁脉络中既有断裂也有延续,现行主流贫困话语正是形成于这一系列的断裂和延续之中。

二　现行主流贫困话语的要义

我们应该如何理解现行主流贫困话语,其中包含了哪些核心观点和关键词汇?通过考察贫困的定义、贫困的测量,以及分析导致贫困的原因和消除贫困的路径,我们可以获得比较全面的了解。

(一)　贫困的界定与测量

人类对于贫困的认识是随着人类社会发展不断演进的一个过程。在这一过程中,关于贫困的定义以及测量,也经历了(着)一个不断深入和丰富的过程。文献研究显示,在现行西方主流贫困话语中,贫困通常被认为涉及三种类型,贫困的测量通常被认为涉及三种指标。

1. 贫困的划分:三种类型

劳特利奇出版社于 1996 年出版的《社会科学百科全书》指出,关于贫困的定义和表达主要有三种。①

其一,生存性贫困(或称"绝对贫困",subsistence or absolute poverty)。生存性贫困这一概念中所包含两个假设:第一,有一个固定的最低的基本收入,在这个收入水平之下生理功效是难以维持的;第二,社会只要提供足够的收入以满足生理的基本需要,贫困也就消除了。早在 19 世纪末 20 世纪初,查尔斯·布斯(Charles Booth)和西伯姆·娄趣(Seebohm Rowntree)就以最低需要为基础计算了贫困线。英国、美国以及印度等第三世界国家采用了这种概念。

其二,基本需要之贫困(basic needs poverty)。基本需要之贫困包含两个基本要素:第一,不足的收入难以维持生理的基本需要(在这一点上它与生存性贫困或者说绝对贫困是一致的);第二,不足的基本服务,主要指的是安全的饮用水、卫生、教育、交通等方面的基本服务。不少

---

① Adam Kuper and Jessica Kuper, 1996, *The Social Science Encyclopedia* (*Second Edition*), London: Routledge, pp. 655 – 657.

国际组织在处理第三世界贫困问题时采用这种概念，比如国际劳工组织（ILO）、联合国教科文组织（UNESCO）、世界银行（World Bank），等等。

其三，相对剥夺式贫困（relative deprivation）。准确理解相对剥夺式贫困必须把握好两个要点：一是贫困在本质上是社会内部结构性不平等的产物，是一枚硬币的其中一面，而财富是这枚硬币的另一面。二是在不同的社会，人们会根据当地习俗和实践确定不同的贫困标准，即划分标准通常因地而异。例如，不少欧洲国家采用人均收入的一半作为相对剥夺式贫困的参照值。而我们知道，这个参照值对于广大亚非拉地区来说则是完全不合适的。

相对剥夺式贫困的实地测量比较复杂，常见的操作方法主要包括三种：一是社会共识法（social consensus approach），即由公众对日常生活需要作出估计，处于估计值以下的则是贫困人口。二是预算标准法（budget standard approach），即由专家对不同类型的家庭基本需要作出专业性判断，并在此基础上计算出一个标准，继而以这一标准作为划分贫困与非贫困人口的参照值。三是行为观测法（behavioral approach），即通过观察人们在不同收入水平群体中的行为来判断哪些人处于被相对剥夺状态。

上述三种界定各有侧重，其中包含不少合理因素，但是来自各方的挑战也从未停止。对生存性贫困以及基本需要之贫困的批判主要集中在两个问题上：一是在方法上过于简单和绝对；二是其中包含一定的群体歧视或者说种族歧视倾向。对相对剥夺式贫困则更多的是怀疑，因为消除相对剥夺式贫困要比消除生存性贫困困难得多得多，前者涉及整个社会结构的调整。悬置这些挑战和怀疑，我们（尤其对于研究人员来说）必须留意两个意味深长的问题：一是不同的政策制定者往往会根据自身利益需求采用不同的贫困概念。二是在不少国家尤其是发达国家，政策制定者更多的是关注穷人而不是贫困问题本身。

2. 贫困的测量：三种指标

谈及全球贫困问题与减贫事业，世界银行（World Bank Group，WBG）①、联合国开发计划署（United Nations Development Programme，UNDP）② 等知名国际组织和机构无疑是绕不开的焦点。致力于"推进世界各国的减贫事业"的世界银行，以及致力于"帮助发展中国家加速经济和社会发展"的联合国开发计划署，在长期的减贫实践过程中，摸索出三种贫困标准用于监测全球贫困。这三种指标被认为是目前反映人类贫困最为成熟的方法。它们分别是③：

其一，收入标准。如前所述，早在 19 世纪末 20 世纪初，布斯和娄趣就开始用收入测量英国的贫困，并以最低需要为基础计算了贫困线。时至 20 世纪 90 年代中期，全球已有 30 多个国家制定了收入贫困标准。世界银行：于 1948 年开始使用收入标准来测算贫困，即将人均年收入低于 100 美元的国家/地区划分为贫困（欠发达）国家/地区；于 1981 年，开始从收入和消费两个维度出发考虑贫困的测算问题；于 1985 年，在对所收集到的 33 个国家的有关数据进行分析基础上，提出了知名的"一天一美元贫困线"；于 2008 年，在对所收集到的 75 个国家贫困数据进行分析基础上，对"一天一美元贫困线"进行了修订，认为 1.25 美元/天才是（当时）合理的贫困线。

---

① 自 1944 年成立以来，世界银行的架构，已从一个单一的机构，发展成为一个由五个联系紧密的发展机构组成的集团，这五个发展机构分别是：国际复兴开发银行（IBRD）、国际开发协会（IDA）、国际金融公司（IFC）、多边投资担保机构（MIGA）和国际投资争端解决中心（ICSID）。同时，世界银行的使命，已从过去通过国际复兴开发银行促进战后重建和发展，演变成为目前通过与其下属机构国际开发协会和其他成员机构密切协调推进世界各国的减贫事业。当前，重建仍然是世界银行工作的重要内容之一，通过实现包容性和可持续的全球化以减少贫困则是世界银行工作的首要目标。见世界银行官方网站 http：//www.shihang.org.cn，2015 年 2 月 20 日。

② 联合国开发计划署属联合国经社理事会下属机构，是联合国技术援助计划的管理机构。1965 年 11 月成立，其前身是 1949 年设立的"技术援助扩大方案"和 1959 年设立的"特别基金"。总部设在美国纽约。该计划署的宗旨是帮助发展中国家加速经济和社会发展，向它们提供系统的、持续不断的援助。联合国开发计划署的援助项目是无偿的，资金主要来源于各国政府的自愿捐款，由联合国工发组织、联合国粮农组织、联合国技术合作部、世界卫生组织、联合国教科文组织、贸易和发展会议等 30 多个机构承办和具体实施。计划署本身不负责承办援助项目或具体将其付诸实施，它主要是派出专家进行发展项目的可行性考察，担任技术指导或顾问。见新华网 http：//news.xinhuanet.com，2003 年 1 月 27 日。

③ 以下三个指标的分析详见王小林《贫困标准及全球贫困状况》，《经济研究参考》2012 年第 55 期，第 41—50 页。

其二，人类发展指数（HDI）。1990年，联合国开发计划署以阿玛蒂亚·森的能力方法理论为基础，尝试从人类发展的视角定义和测量贫困，设计了人类发展指数。该指数强调从"健康长寿""知识的获取"以及"生活水平"三个维度来衡量一国取得的平均成就。其中，"健康长寿"用出生时的预期寿命来计算，"教育"用平均受教育年限和预期受教育年限数据来计算，"生活水平"用收入即人均国民生产总值（GNI）来计算。人类发展指数追求的是试图用一套由几个核心数据组成的指标体系来衡量人类发展总体情况。

其三，多维贫困指数（MPI）。2007年前后，在继续研究阿玛蒂亚·森的能力方法理论基础上，联合国开发计划署组织力量对人类发展指数进行了修订，开发出了多维贫困指数（MPI）。多维贫困指数包括三个维度，即"健康""教育"和"生活标准"，共十个指标。其中：健康维度包括"营养"和"儿童死亡率"两个指标；教育维度包括"受教育年限"和"入学儿童"两个指标；生活标准维度包括"做饭使用燃料""厕所""饮用水""电""屋内地面""耐用消费品"六个指标。多维贫困指数追求的是，通过这三个维度、十个指标识别家庭层面的叠加剥夺，以及揭示贫困人口和贫困家庭所遭受的多重剥夺。

三种指标之间存在一种逐渐递进、不断完善的关系。收入是衡量贫困的重要代理变量，但并不能全面反映真实的贫困状况。人类发展指数的提出旨在弥补收入标准的不足，尝试衡量人类发展总体。但是，尽管人类发展指数相对于收入标准而言更加多维和丰富，却没能有效表达阿玛蒂亚·森的"人的基本可行能力"之概念，更不用说实现其衡量人类发展总体状况的初衷。多维贫困指数的面世则旨在弥补人类发展指数的不足，尝试更加精细、更加有效地表达"人的基本可行能力"，更加真实、深刻地反映现实中的种种贫困或者说贫困的种种面向。但是对其检测效度至今仍然没有达成最大共识。三种指标可谓各具特色。还需要注意的是，截至目前，对于人类发展指数或（和）多维贫困指数，认同其理念的不少，使用其方法的不多，人们通常只有在联合国开发计划署所发布的《人类发展报告》及其相关报告中才能看到指标的使用痕迹以及使用结果。而世界银行等国际组织和机构长期以来所使用的收入贫困标准，一直是全球范围内使用最为广泛的贫困标准。换言之，认为收入是脱贫的重要工具，收入贫困是衡量贫困的不可或缺的重要指标，是西方主流贫困话语的基调。

(二) 导致贫困的原因与消除贫困的路径

在西方主流贫困话语中，导致贫困的原因主要包括哪些，消除贫困的路径主要包括哪些？本书抛弃"泛泛而谈"的做法，转而选择一个知名的国际援助和发展机构——世界宣明会（World Vision，简称宣明会）为样本，在认真分析该机构的定位、援助发展策略以及具体实践模式基础上，尝试回答上述两个问题。

1. 宣明会的性质定位

宣明会的成立与一位美国记者 1947 年在中国的遭遇有关。这位记者"希望认识并了解中国的需要"，恰巧遇到了一位因为"想读书"而被"爸爸打了一顿，还被赶出家门"的中国女孩。于是，这位记者从经济上帮助了这位女孩，萌生了"助养儿童"的念头。这一念头最终在三年之后即成为现实，1950 年宣明会宣告成立。自成立之日起，宣明会即活跃在世界各地。截至 2005 年年底，宣明会在包括中国在内的 96 个国家和地区实施了援助项目，项目总受益人数超过 1 亿人，其中受益儿童共计 270 万人。目前，该机构将自己定位为：一个国际救援、发展及公共教育的民间机构，致力于帮助世界各地贫困及有需要的人，尤其关注儿童的成长。[①]

需要注意的是，宣明会还是一个具有基督教色彩的机构。其一，宣明会的成立有基督教背景，起初主要依靠教会组织筹集捐款，而且，时至今日，教会筹款仍然是重要的筹款方式之一[②]。其二，宣明会至今仍然强调"我们是耶稣的跟随者""是神的管家，管理他所创造的世界"，把"效法耶稣基督，服侍贫穷及受压制的人，促进人类生命的改变，寻求公义，见证天国的福音"作为机构本身的使命。不过，也有人士认为，该机构并不是"严格"的宗教组织，因为其筹款来源和援助对象都不仅仅限于基督教徒，它只是秉承了基督教的某些价值理念，信守着"推行扶贫工作，要令全球人人摆脱贫穷，自力更生"之抱负。[③]

2. 宣明会的援助发展策略

宣明会在实施援助和发展计划时：所针对的是"基本需要之贫困"，

---

① 关于世界宣明会基本情况介绍，没有特别注明出处的信息均来自世界宣明会官方网站，http://www.worldvision.org.cn，2015 年 2 月 21 日。

② 见 KI11。

③ 同上。

即关注收入不足以及基本服务不足两个面向的问题；所瞄准的是缺乏
"发展资源"的人群和地区，"发展资源"包括经济资源、教育资源和医
疗资源等类型；尤其重视突发灾害导致的严重贫困。下列引文比较清楚地
表达了这些主张：

> 虽然中国近年经济发展迅速，但在偏远及贫困地区，人民却因为
> 缺乏发展资源，仍然过着贫困的生活：现时，农村赤贫人口为 2365
> 万，每人每日平均收入不足人民币 2 元。中国现时有 8700 万名文盲，
> 即每 15 人便有一人目不识丁。在贫困农户中，逾五成的小孩是由于
> 经济困难而失学。约有 6000 万名残障人士过着与社会水平极大差距
> 的生活，其中 1000 万名农村残障人士更生活在贫穷线以下。占全国
> 六成人口的农村地区，在医疗卫生方面相当全国 1980 年以前的水平。
> 在 2004 年，尚有四分之一的农村没有医疗室、村医或卫生员。每年
> 各类天灾灾害严重打击农民的生计。在 2005 年，全年农作物受灾面
> 积达 3882 万公顷，令民生及经济发展严重受阻。①

基于这些主张和判断，宣明会确定了自己的援助策略和发展路径，即
以灾害发生为进入契机，以提供物质援助为主要手段，以儿童项目为重要
突破，全面实施社区发展计划。具体而言，该机构设计和实施的项目包括
以下三大类型。

其一，紧急救援与灾后重建。

当获知某地发生灾难时，宣明会"尽速赶赴灾区作灾情评估，然后
应灾民的急切需要，派发紧急救援物资，例如粮食、衣物、帐篷及药物
等"。救援行动所需款项，由宣明会在世界各地的办事处筹募。另外，宣
明会在全球多个地点储备大量救援物资，当有灾难发生时，可以从最就近
的存放点运送物资到灾区，或者就在灾区或所属区域购置物资实施救助。
在灾难结束后，宣明会"会跟进灾后重建的工作，并按需要在当地推行
长远发展项目，协助灾民重建家园，恢复正常生活"。灾害发生可谓项目
进入和实施的契机。下列引文比较清楚地表达了这一逻辑：

---

① 世界宣明会官方网站 http://www.worldvision.org.cn，2015 年 2 月 21 日。

2005 年 10 月 8 日于巴基斯坦发生的 7.6 级大地震，夺去了超过 73000 人的生命，更将无数家园夷为平地，令 250 万人无家可归，成了巴基斯坦历史上最严重的一次灾害。宣明会的紧急救援人员于地震后 48 小时内抵达灾区，在海拔极高的偏远村落，于摄氏零度以下的严寒天气下，向灾民派发紧急粮食、药物及帐篷等救援物资。现时，宣明会的工作已由紧急救援转移至灾后重建及发展，于重建谋生能力、粮食保障、教育、保护儿童及灾难应变等方面协助灾民重过新生活。派发帐篷、棉被、毛毯、衣服、煮食器具等救援物资予 284000 名灾民；向逾 95000 名村民派发紧急粮食。向灾民提供牲畜、种子、农具及肥料，并于受灾小区重建道路、灌溉系统、食水及卫生设施，共 45000 人受惠。设立儿童中心，每周向超过 4700 名儿童提供灾后心灵治疗，儿童接受木工、建筑、水管修理、裁缝、刺绣及纺织等职业培训，总受惠人数：284000 名。①

其二，儿童助养计划与区域发展项目。

"助养儿童"是宣明会成立的直接动因。时至今日，该机构仍然强调"关注儿童的成长"。因为，正如下列引文所显示的，孩子始终还是有"需要"的：

> 世界上，有数以亿计的儿童生活在极度恶劣的环境下，成长受到威胁。超过 1 亿 5000 万名 5 岁以下的小孩营养不良；1 亿 4000 多万名学龄儿童没有读书的机会；每年共有 220 万人因饮用污水或卫生条件恶劣而死于腹泻，当中大部分是 5 岁以下的小孩；2 亿 7000 万名小孩得不到适切的医疗服务；全球 1500 万名艾滋病死者的遗孤失去生活的依靠。预计在 2010 年，遗孤数目将飙升至逾 2000 万。②

不过，宣明会现在所推行的"儿童助养计划"是有别于其最初设计的，除了增设了"特殊儿童（包括孤儿）服务"的内容之外，还开发了

---

① 世界宣明会官方网站 http：//www. worldvision. org.cn2015 年 2 月 21 日。
② 同上。

"区域发展项目"。因为宣明会认为，"透过改善区内（孩子所在区）的水利、农业、医疗、教育等范畴"，可以"使助养孩子得到清洁食水、营养食物、医疗保健及教育等基本成长所需"。换言之，"透过推动社区的全面发展，让儿童享有较佳的成长环境，而借着社区整体的能力提升，促进贫困社区达致自力更生、持续发展的目标"。"区域发展项目"所涉及的领域是多维和广泛的。比如，目前在印度所推行的"区域发展项目"就"逾百个"，既包括医疗、卫生、水利、农业、教育、基本设施建设方面的项目，也包括贷款项目（即借贷给童工家庭以协助他们饲养家禽或经营小生意，从而令童工有机会重返校园），还包括艾滋病宣传与预防项目等。[①]

可见，"儿童助养计划"实质上"是一个以儿童为中心，以小区为本的计划"。在具体项目的实施过程中，这两个计划实际上是难以区分的（可能也没有必要区分）。截至目前，"儿童助养计划"以及"区域发展项目"在亚洲和非洲不少国家和地区得到实施，涉及国家和地区包括柬埔寨、印度、蒙古、缅甸、中国、肯尼亚、莫桑比克、刚果等。以宣明会在蒙古的实践为例。自1991年起，宣明会在蒙古开展工作和实施项目。初期主要工作是提供医疗服务。1993年，蒙古遭遇严重雪灾，宣明会为超过20000名的灾民提供了紧急援助。1995年，宣明会在蒙古正式设立办事处。当前，宣明会已在蒙古国内各地开展全面的区域发展项目，解决了系列问题，服务了当地的儿童及家庭，并给当地人们带来了"新生活"。[②]正如下列引文所示：

> 贫困令蒙古很多基本设施也不足够，其中缺乏水利及卫生设施，对儿童的健康成长，影响尤为深远。近半数蒙古人饮用河流或冰雪融化的水，引致腹泻及由寄生物引起的疾病。蒙古儿童亦常患上佝偻病，全因年幼时未能摄取充足的维生素 D，令他们双腿的骨骼发展所阻。但如能及早治疗，此病是可以痊愈的。四成蒙古人未能获得清洁的食水供应，每 3 名蒙古儿童便有 1 名患上佝偻病。……宣明会关注蒙古儿童的健康情况，除了为他们提供防疫注射、定期身体检查及派

---

① 世界宣明会官方网站 http://www.worldvision.org.cn，2015 年 2 月 21 日。
② 世界宣明会官方网站 http://www.worldvision.org.cn，2015 年 2 月 21 日。

发维生素 C 及维生素 D 外，也教导他们食物营养的知识，并设立日间护理中心，提供医疗护理服务予长期营养不足或患上佝偻病的儿童。在妇女健康方面，则推行了妇孺医疗计划，为适孕、怀孕以及喂哺母乳的妇女提供持续的医疗服务，并向她们灌输食物营养的知识。同时，又修筑水井，为蒙古儿童提供清洁的食水，并兴建具排水系统的公用洗手间，帮助改善当地的卫生环境及减低细菌的传播。①

当然，在不同的国家和地区，宣明会所推行的具体项目会有所不同，所达致的效果也会有所不同，但是，其中包含的策略和逻辑基本相似，大体是：发现问题→界定问题→实施援助和发展计划→解决问题→带来"新生活"。

其三，倡议新政策。

随着各种援助和发展项目的实施，宣明会的知名度逐渐提升、影响力日益扩大。时至今日，该机构甚至开始参与援助对象国（地区）政策的讨论与制定，与一些 NGO 一起"倡议新政策"。这是宣明会近年来开发的又一新项目。

以宣明会在巴基斯坦的实践为例。2007 年，宣明会在巴基斯坦召开了首次"教育政策论坛"，12 个当地及国际非政府组织均派代表出席，并提出多项建议。所提建议主要包括：提倡女童教育以配合社会的需要，在灾难发生中保证儿童仍可继续学业，为教师及青少年提供灾难应变培训并列入课程内容，政府应该提供学前教育，提升教师质素，政府应提高每年的教育经费（即"由占每年国民生产总值 4% 增加至 6%"），等等。这些建议最后由宣明会的教育专家提交给了巴基斯坦政府，以作为政府"新教育政策"的"最后草案内容之参考"。而收到建议的巴基斯坦国家人力发展委员会总管海特加（Nasim Ejaz Khattak）表示："把非政府组织的建议纳入草案内容，将成为是次修订的一大成就。"②

3. 宣明会的援助发展样本

云南永胜是宣明会的援助发展样本之一③。永胜样本不仅表达了宣明

---

① 世界宣明会官方网站 http：//www. worldvision. org. cn，2015 年 2 月 21 日。
② 世界宣明会官方网站 http：//www. worldvision. org. cn，2015 年 2 月 21 日。
③ 需要说明的是，笔者没有到云南永胜进行实地调研，此处研究中所采用的材料来自黄平等《西部经验——对西部农村的调查与思索》，社会科学文献出版社 2006 年版。

会一贯的发展主张和策略，而且透露了对"提高产量、增加收入"的强调，对"先进技术""教育"和"工业"的笃信。

进入永胜实施紧急救援

1996 年 2 月 3 日，云南永胜县所在地区爆发了大地震，遭受了罕见的损失，这对原本就贫困的永胜来说"有如雪上加霜"。灾害发生之后，宣明会很快去到永胜县，并于 1996 年 3 月 3 日与永胜县人民政府签订救援协议。救援协议的签订标志着宣明会进入永胜，以及紧急救援项目的正式启动和实施。根据灾民的现实需要，宣明会共开展紧急救援项目 13 项，包括发放大米、发放防震棚材料、基础设施重建、追肥枪等农业技术的引进等，项目辐射全县 13 个镇，受益人口达 154585 人，共投入资金 400 多万元。①

启动实施区域持续发展项目

大约一年半之后，即在 1997 年的 8 月，宣明会在永胜县没再投入紧急救援项目，转而实施地域持续发展和儿童为本、小区扶贫项目。宣明会之所以选择永胜作为援助发展对象，是因为永胜是一个"农业大县，工业贫县，财政穷县"。具体而言，尽管永胜资源丰富，具有较为优越的光、热、土、气候等自然条件，但是，整个农业的综合生产率低、商品率低，经济结构不太合理，工业起步晚，发展较为落后，基础较为薄弱，资源的开发程度很低。资料显示，截至 1998 年年底，全县尚有"18089 人饮水困难""24 个村未通公路，21 个村未通电""劳动力平均受教育程度低""校舍简陋""农民群众因病致贫的现象时有发生"。更"可以说明问题"的是：1997 年，该县"人均占有耕地 1.42 亩，农民人均收入 608 元，人均有粮 379 公斤，地方财政自给率仅为 28.97%"。②

"贫困"当然是宣明会选择援助发展对象的首要因素，区域的代表性即地域的多样性（尽可能覆盖中国的东南西北地区）和文化自然景观的多样性，以及政府的合作态度和当地的制度政策环境也是必须考虑的重要

---

① 赵群：《云南永胜县——一个被"漏划"的贫困县》，载黄平等《西部经验——对西部农村的调查与思索》，社会科学文献出版社 2006 年版，第 7—10 页。

② 同上书，第 8—9 页。

因素。[①] 永胜基本具备了这三个条件，又适逢灾害发生，是故成为宣明会的援助发展对象。当宣明会将永胜确定为项目点之后，驻该县的项目官员以及当地相关人员在经过充分的调研基础上，提出了项目发展目标，如下列引文所示：

> 在保护贫困农民的自然资源的同时增加该地域的粮食产量，增加该地区当前和未来的粮食安全性，改善现有能源利用的基础，改变现在的对劳力和薪柴的依赖状况，使其走向积极开发利用，具有持续性和多样性的能源。激发贫困户自我发展的积极性，建立和强化他们参与社会经济发展的全过程的能力。帮助和协助当地人适合他们自身发展条件、能够持续下去且能向周围示范和扩散的发展模式。[②]

同时，确定了项目设计原则：第一，生态思路，结合自然状况注重生态环境的改善；第二，农户导向，强调农户的直接参与和地方政府协作相结合；第三，技术先进，将一般的发展理论、社区参与理论、发展经济学和区域科学相结合。永胜项目所包含的内容广泛，而且四个项目点在项目分布上各有侧重，但是大体说来，项目可以概括为五个类别：一是农业开发项目，包括为农户引进改良玉米和脱毒洋芋、推广水稻旱育稀植技术等，目的是帮助农户增加粮食产量和现金收入；二是水土保持和生态重建项目，包括坡改梯和剑麻种植；三是基础设施建设项目，包括村级公路建设、水库修复、灌溉水渠建设以及农村引水工程；四是社会发展项目，包括学校校舍建设、儿童教育资助以及支持基层合作医疗；五是其他项目，比如村医培训、资助基层兽医站等。[③]

彝族贫困乡 YP 乡是宣明会在永胜的其中一个项目点。该乡交通闭塞，文化落后，农民普遍受教育程度低，妇女地位极其低下，儿童教育、医疗卫生服务难以保障，社区周围森林遭到严重砍伐，生态环境遭到严重破坏，水土流失十分严重。基于这些情况，宣明会项目官员提出了发展生态农业的路子，同时结合开展以儿童为本的小区扶贫计划。具体做法包

---

① 来源：KI11。
② 赵群：《云南永胜县——一个被"漏划"的贫困县》，载黄平等《西部经验——对西部农村的调查与思索》，社会科学文献出版社 2006 年版，第 13 页。
③ 同上书，第 14—16 页。

括：通过引进脱毒洋芋和良种玉米，提高洋芋和玉米的产量，逐步解决农户的温饱问题；通过坡改梯、低改高等方式，进行土地整理和改良，逐步提高土地的生产能力；通过对儿童实施资助项目和卫生医疗项目，逐步提高儿童的受教育程度和卫生保健水平；通过在全乡 5 个行政村开展进村合作医疗试点工作，修缮小学校舍，逐步改善社区教育卫生状况以及社区整体环境；同时，通过建立洋芋和青刺果加工的微型企业，逐步提高当地村民的收入，逐步吸纳妇女在微型企业中工作并充分发挥其作用。①

实施成效

有关调查报告显示："在永胜项目点乡村中，村民们对宣明会的项目普遍欢迎""乡村干部也普遍称赞宣明会为当地老百姓做了'千秋公德的大好事'"。因为，不但良种玉米和脱毒洋芋等生产项目取得了明显成效，村级公路、人畜饮水工程、生产用水的水沟工程等基础设施项目的建设已经开始发挥明显的经济、生态和社会效益，小学校舍、合作医疗等社会发展项目正在逐步产生效益，而且"还逐渐引导村民们在生产生活中树立可持续发展的行为模式，在日常生活中培养文明健康的生活方式"。②

这些成效的取得是各种因素共同推进的结果，而宣明会与地方政府的"良好合作"关系是其中最重要的因素之一。就县级层面而言，永胜县政府不但为宣明会所实施的几乎所有的项目提供配套经费，而且还为宣明会驻永胜县项目办公室配备一定数量的工作人员。在乡级层面，宣明会项目则是由乡扶贫办的工作人员具体承担项目工作。而宣明会之所以能够与地方政府发展"良好的合作伙伴关系"，是因为"赢得当地政府主要领导的理解与支持"。在永胜县项目的实施过程中，为了"赢得当地政府主要领导的理解与支持，（项目官员）在调查研究的基础上与县长交换（了）对于 Y 县及其发展的意见，在沟通过程中得到了县长的认同，并且在县长的主持下召开了有各个部门领导参加的工作会议，这对于让政府各个部门了解宣明会的发展原则都是极其有效的"。③

当然，"明显成效"之外也还存在不少问题，例如：为了提高玉米的

①　赵群：《云南永胜县——一个被"漏划"的贫困县》，载黄平等《西部经验——对西部农村的调查与思索》，社会科学文献出版社 2006 年版，第 17 页。

②　同上书，第 22—23 页。

③　同上书，第 12 页。

产量，宣明会在各项目点免费配送化肥，而化肥的使用是违背"生态思路"之原则的，这其中暴露的是生态环境保护与增加粮食产量之间的矛盾；从长远角度来看，坡改梯项目是有利生态恢复的，但从近期角度来看，"头两年土质较生"，粮食"产量比过去还略有下降"，项目在推行过程中遭遇一定阻力，这其中暴露的是长期利益与短期利益之间的矛盾。再例如：项目设计没有足够的社会性别敏感度，导致"提高妇女地位"和"改善妇女状况"的目标难以实现；项目设计和实施过程中，没有深入征求村民意见和征得地方政府、有关专家的参与，导致有些项目没有能够发挥最大社会效益；尽管建立了县、乡、村三级管理模式，但是乡、村的作用发挥较弱，项目管理权力过于集中，导致"以项目官员为主导、依靠基层村民群众和依托当地政府配合的管理模式"难以落实。此外，国际非政府组织的工作方式与当地文化之间的差异也需要进一步有效解决。①

综上所述，理解西方主流贫困话语必须把握以下四个要点。

其一，在界定贫困时，强调贫困主要指的是物质（相对）匮乏、收入（相对）低下。尽管人类发展指数和多维贫困指数等"新式"指标试图超越这种倾向，但是物质或（和）收入指标仍然占据很大权重。

其二，在测量贫困时，强调贫困是可以进行数字化和标准化处理的，因此也是可以同质化处理的。

其三，在解释致贫原因时，尽管关注生态资源因素，但是主要强调导致贫困的原因是生产技术落后，而生产技术落后的原因是思想观念陈旧、文化教育落后以及学习能力低下等。

其四，在提出脱贫减贫建议时，强调增加收入是实现脱贫的重要工具，消除贫困的（甚至是唯一）有效办法是提高技术、融入市场和发展经济，主要包括农业经济与工业经济等。

三　关于现行主流贫困话语要义的思考

这套西方主流贫困话语具有什么特点，是否存在值得注意的问题？通过上述考察尤其是对主流贫困叙述四个要点的考察，本书认为，这套话语

---

①　赵群：《云南永胜县——一个被"漏划"的贫困县》，载黄平等《西部经验——对西部农村的调查与思索》，社会科学文献出版社2006年版，第23—34页。

的理论基础具有明显的发展主义倾向。反思贫困话语，首先而且最为重要的是必须就其理论基础进行检讨，弄清楚什么是发展、什么是发展主义以及发展主义的实施（可能）引发什么问题。因为这些概念和问题正是理解主流贫困定义、致贫原因以及脱贫减贫方式方法的前提和基础。

（一）何谓发展

发展（development）一词的拉丁文字根是"舒展""展开"的意思，指生物有机体的生长过程，比如说，巨大的橡树源于小小的果实①。后来，发展一词用于社会经济方面与生物的类比，"指民族或国家或社会以某种方式（在某个地方）开始，然后成长"②。不过，即便这种类比当中，发展（至少）包括三种观念（尽管这些观念存在这样那样的缺陷）。

其一，发展等于可以用总数量衡量的经济增长。这种界定的缺陷在于，始终把经济增长放在首要地位，把非经济因素放在次要地位。其二，发展＝经济增长＋社会变革。这种界定的进步在于开始真正关注非经济因素，缺陷在于对经济增长和社会变革没有进行明确的说明，"表达要么太多，要么太少"，深层次的问题则在于把有关人类目标的价值判断放在了次要地位。其三，发展指的是所有社会、所有团体和社会中的所有个人的质的改善。这种界定的特点在于强调道德的价值观，认为发展只是提升人性而采取的一种手段，局限之处在于其选择的具体行动举措无外乎接受外国援助、加强技术合作、制订发展计划和推进现代化等。而我们知道，这些也是前面两种发展观念所认同和选择的举措。③

简言之，发展具有三种面向：作为纯粹的经济名词，作为经济名词但是试图综合社会发展指标，以及作为一种广泛的、全面的目标。而发展主义（developmentalism）语境下的发展大致对应上述第一种发展观念。不过，不管作为何种面向，发展都拥有两种状态：一种指的是终端状态；另一种指的是不断接近所向往状态的过程。④

---

① 黄平等主编：《当代西方社会学人类学新词典》，吉林人民出版社2003年版，第60页。
② 许宝强、汪晖选编：《发展的幻象》，中央编译出版社2001年版，第3页。
③ ［美］德尼·古莱：《残酷的选择——发展理念与伦理价值》，高铦、高戈译，社会科学文献出版社2007年版，第2—4页。
④ 同上书，第320页。

（二）何谓发展主义

发展主义也称"开发主义"，有着三个重要维度和三个重要特点。这三个维度和三个特点相互交织、相互作用、难分伯仲。

首先，发展主义是一种意识形态，是一种认为经济增长是社会进步的先决条件的信念，一种源起于西欧北美特定的制度环境、并在 20 世纪 60 年代之后逐步扩张成为一套为国际组织所鼓吹、为后发社会所遵奉的现代性话语。[①]

其次，发展主义是一种以经济增长为中心的社会进步理论，是包括各种现代化理论以及各种关于高科技、工业化、国家干预或市场机制等不同版本的发展学说的总称。其中，各种现代化理论主要涉及现代化理论、依附理论、新现代化理论三个流派。[②]

现代化理论产生于 20 世纪 50 年代，兴盛于 60 年代，流行于美国的"黄金时代"。这一阶段的关注点是"怎样发展"或"怎样才能现代化"。代表人物有帕森斯（Talcott Parsons）、英格尔斯（Alex Inkeles）、麦克莱兰（David McClelland）、富永健一等知名学者。

依附理论（含新依附理论）在 20 世纪 60—70 年代兴起，产生在一个发达国家经济社会危机频发、不发达国家发展停滞的背景中，它所关心的问题是"为什么某些地区难以发展"。该理论的代表人物有弗兰克（Andre Gunder Frank）、阿明（Samir Amin）、桑托斯（Santos）、卡多佐（Femando H. Cardoso）等知名学者。依附理论侧重分析非西方不发达国家与西方发达国家之间的关系（尤其是经济联系），强调欠发达的外部社会因素，将不发达国家落后原因归于西方发达国家的剥削和掠夺，而且认为只有摆脱与西方发达国家之间的依附关系（即"脱钩"）才能取得发展。[③]

---

① 需要补充的是，在 18 世纪，"意识形态"一词主要指"思想的科学"。自 19 世纪以来，关于这个词汇的两种意涵比较普遍：一是视意识形态为幻象以及虚假意识；二是视意识形态为一组观念，这组观念源自某些特定的物质利益或者特定的阶级（群体）。详见［英］雷蒙·威廉斯《关键词——文化与社会的词汇》，刘建基译，三联书店 2005 年版，第 217—223 页。

② 以下介绍详见：谢立中等主编《二十世纪西方现代化理论文选》，上海三联书店 2002 年版；［美］马尔科姆·沃特斯《现代社会学理论》，华夏出版社 2000 年版。

③ 不过，以弗兰克为代表的依附论强调"把依附性和不发达结合在世界积累的进程中"，主张"脱钩"（de-link）以谋发展；以卡多佐为代表的新依附论则在分析亚洲"四小龙"、巴西发展经验的基础上，提出在依附结构之中也可以取得发展，并且认为，要关注内部因素（比如说社会运动）对发展的作用。详见：弗兰克《依附性积累与不发达》，高铦等译，译林出版社 1999 年版；谢立中等主编《二十世纪西方现代化理论文选》，上海三联书店 2002 年版。

新现代化理论则出现在 20 世纪 70 年代之后。古斯菲尔德（Joseph R. Gusfield）、艾森斯塔德（S. N. Eisenstadt）、亨廷顿（Samuel P. Hunting-ton）、茨阿波夫（Wolfgang Zapf）等是新现代化理论的开拓者。新现代化理论仍然将"传统"和"现代"作为自己的核心范畴，在理论假设上也与现代化理论保持一致，只是抛弃了单线进化论转而承认发展模式和路向的多样化，重视外因与内因在现代化过程中的共同作用，突破了进化论和功能主义的范式，理论视野和分析框架也变得多元化了。

然而，上述任何一种学术流派，都承认非西方国家是贫困落后的、欠发达（underdevelopment）或未发达（undevelopment）的①，都承认发展（或现代化）作为非西方国家人民的奋斗目标所具有的价值，各个流派之间的差异只是表现在贫困落后的原因、消除贫困的具体措施（而非总体方案）等方面。换言之，不论左派右派如何界定，它们都以肯定发展的意义为前提，它们的区分不在于发展经济与否，而在于谁的方针能给此目标的实现带来更大的希望，哪一途径能够达到这一目标。因而，尽管在理论之间，后者是在批判前者的基础之上形成的，但都属于有限的、维持范式的批判。②

最后，发展主义还特指第二次世界大战以后由特定意识形态和理论转化而成的西方阵营的第三世界发展战略，是第二次世界大战以后资本主义经济体系又一轮全球性扩张的产物③。当发展主义作为一种发展战略和（或）模式时，在其实践过程中，具体化为代价论、阶段论、唯 GDP 主义、消费主义等说法和做法。

代价论在发展过程中忽视环境—生态问题，把环境的代价、健康的代价排除在成本—效益分析之外，并且赋予牺牲环境—生态以合法地位，即

---

①　在弗兰克的眼里，对这两个概念进行区分是非常重要的。undevelopment 是指前发展阶段，或者说还没有经历过罗斯托所指的起飞阶段，更不用说经济增长的正常化或相对自动化阶段了。而 underdevelopment 是指经历了发展过程但是没有实现发展（即经济、社会、政治的改善）的一种社会状态或阶段，换言之，指的是一国或地区经济—社会发展扭曲与滞后的状态，犹如生物成长的"发育不良"，而不仅仅是未发展的状态。而且这种状态的出现是发达国家与第三世界国家之间的依附性生产关系和不平等的交换关系所致的。参见弗兰克《依附性积累与不发达》，高铦等译，译林出版社 1999 年版。

②　参见周穗民《挑战发展主义》，载《读书》2001 年 12 月，第 92—98 页。

③　参见许宝强《知识、权力与"现代化"发展论述》，《读书》1999 年第 2 期，第 19—25 页；周穗民《挑战发展主义》，《读书》2001 年 12 月，第 92—98 页；黄平等《南山纪要：我们为什么要谈环境—生态》，《天涯》2000 年第 2 期，第 153—161 页。

认为污染环境、破坏生态是发展当中不可避免的事情，是必须付出的代价。

阶段论将"先污染后治理"合法化，甚至倾向于为了经济效益而可以"暂时"牺牲社会公平，迷信库兹涅茨曲线。

唯GDP主义则将发展主义"以经济增长作为主要目标"的观点推向极端，表现为对GDP、人均收入等数据的狂热崇拜，对金钱至上的文化统识推波助澜，而忽略人文协调和社会整合问题，使社会的伦理、信任、安全、亲情、团结、互助等社会得以维系和延续的基础日益崩溃。

消费主义是指这样一种生活方式：消费的目的不是为了实际需要的满足，而是在于不断追求被制造出来、被刺激起来的欲望的满足；不是消费商品和服务的使用价值，而是追求它们的符号象征意义①。消费主义与发展主义相伴相生。在发展主义话语框架内，稀缺/匮乏不断被建构，自然物不断被"资源化"（即成为有"价值"的资源）②，需求的难以满足性和无限性随之产生，于是，消费主义作为一种观念文化而诞生。而在消费主义的盛行背景中，发展主义更有其实践的合法性和场景。③

不能忘记的是，无论作为意识形态、理论学说还是战略模式，发展主义拥有以下三个明显而且值得"警惕"的特点。

一是以经济增长作为主要目标，并且将工业化置于经济增长以及发展的中心位置。极端的情形是：发展主义将"发展"简单地还原为经济增长，将经济增长又简单地等同于GDP或人均收入的提高，进而陷入经济主义和化约主义的误区④。这种处理表现出对经济增长或者工业化的迷信。这种迷信是源于对18—19世纪欧洲（主要是英国）的工业革命的误

---

① 黄平：《误导与发展》，中国人民大学出版社2006年版，第92—109页。

② 发展主义所到之处，是更多的自然物变成了发展主义体制和话语下的"资源"，而一旦具有了这种"资源"的价值，这些自然物就在被迅速商品化和市场化的过程中，通过各种本土的或全球的资本—技术的依附关系，越来越集中到了各种权势集团和资本集团的手中。参见黄平编选《与地球重新签约——哥本哈根社会发展论坛文选之一》，人民文学出版社2003年版，第1—7页。

③ 还需要说明的是，发展主义对消费的建构包括几个维度：其一，倡导唯物质主义而牺牲了多维度的"幸福"概念；其二，倡导少数的奢侈消费而压抑普遍需求，并因此而使得经济社会的可持续性发展受到影响。详见李少君《南山纪要：我们为什么要谈环境—生态?》，《天涯》2000年第1期。

④ Yapa Lakshman, "Reply: Why Discourse Matters, Materially" in *Annals of Association of American Geographers*, Vol. 87, No. 4 (Dec., 1997); Yapa Lakshman, "What Causes Poverty? A Postmodern View" in *Annals of the Association of American Geographers*, Vol. 86, No. 4 (Dec., 1996).

解，以为工业（技术）革命确曾带来了快速的经济增长和人民生活水平的提升。但事实上，18—19 世纪的（英国）工业革命对经济增长（以人均国民收入计算）的贡献并不十分大。此外，这种处理基本上忘记了这样一个现实问题：经济活动不但包括生产、交换、流通、分配和消费等环节，而且这些环节都不仅仅是纯经济的活动，它们当中包含了各类文化、社会和政治因素。①

需要指出的是，在经济主义和化约主义视野中，认为贫困问题即是欠（未）发达和（或）收入低下问题，发展经济即是解决贫困问题不可置疑的方法，以工业化、城镇化为特点的现代化即是解决贫困的万应灵药，而忽视通过动员社会资源、采用地方性知识等途径来解决贫困问题，更有甚者，有意无意地以牺牲社会资源、地方传统、劳动者素质、实质性生活水平乃至社区整合为代价来促进经济增长。②

二是坚持社会进步论。社会进步这一理念源自启蒙时代的线性进步观和历史阶段论。具体而言，发展主义语境下的"发展"包括诸如工业化、城市化等内容，它所指向的是"现代化"，它所预示的是"西方世界的今天就是后发国家的明天"，"发展"只不过是欧洲的现代性制度安排的实现或西方的经济类型的扩展过程，它所强调的是落后地区若能采取有效的方法是可以慢慢追上发达国家的，关于落后地区发展的研究主要应该关注什么才是有效的追赶方法③。或者说，发展主义语境下的"发展"暗含青蛙变蝌蚪的逻辑，实是发达地区的发言人制造出来的一套"引诱"别人努力模仿他们的成就并设法达到他们的地位的说辞。④

三是习惯采用"传统—现代"⑤"贫困—富裕"等二元对立方法理解和描述西方与非西方、发达与不发达国家的差异。类似的二元结构还包括

---

① 许宝强：《知识、权力与"现代化"发展论述》，《读书》1999 年第 2 期，第 19—25 页。
② 黄平：《关于"发展主义"的笔记》，《天涯》2000 年第 1 期，第 37—39 页。
③ 同上。
④ ［美］德尼·古莱：《残酷的选择——发展理念与伦理价值》，高铦、高戈译，社会科学文献出版社 2007 年版，第 321 页。
⑤ （传统）古代/现代的习惯对比形成于文艺复兴时期，但直到 18 世纪现代基本上还是一个贬义的概念，经常指服装、建筑、语言的时尚。这种贬义用法直到 19 世纪尤其是 20 世纪才发生根本变化。参见汪晖《我们如何成为现代的？》，《中国现代文学研究丛刊》1996 年第 1 期，第 1—8 页。

"农业—工业""乡村—都市""政府—市场""国家—社会""个人—集体""国有—私有"等。这种二元对立式的划分，不但与阶段进步论密切关联，而且还忽略了社会建构过程的多元性问题以及在此过程中能动者与社会结构之间交互作用和彼此渗透的问题①。同时应该关注的是，发展主义所包含的这种二元对立，还表达了一种东方主义姿态和路径，一种将异域（指非西方世界）异质化（指赋予其不发达等特点）的路径（关于这一点详见本书接下来的相关分析）。

（三）发展主义实施导致的问题

尽管发展主义存在上述这样那样的问题，发展主义还是实现了抽离于其特定的社会脉络、成为凌驾一切的普遍真理的目标。与此密切相关，建基于发展主义之上的西方主流贫困话语，自第二次世界大战之后就一直处于霸权地位，以至无力也无意对其进行检讨。② 伴随话语霸权的建立，发展主义在世界范围内的实践，包括在发达国家和地区以及欠发达国家和地区的实践，导致了发展主义的悖论，正如下列引文所示：

> 一方面是生活在经济发达的社会中的部分人已经患有发展的"疲劳综合征"，他们普遍感到无休止的追求财富增加和收入增长并没有意义，同时又感到无能为力和无所适从；另一方面是欠发达社会老是发展不起来的苦恼，它们差不多已经把所有能想到的方案都想到了，所有能实施的项目都实施了，却发现"发展"还是那么遥远；或者，虽然 GNP 和人均收入确有增加，但是大多数人实际的生活质量并没有改善，在许多情况下，甚至反而是下降了；并且，由于在计算投入—产出、成本—效益的时候，每每是把社会成本（如安全—信任，福利—保障等等）和环境成本（生态—污染等）排除在外，或者充其量叫"外部成本"，在许多地区，普通人实际的生活质量实际上是下降了。③

① 黄平：《关于"发展主义"的笔记》，《天涯》2000 年第 1 期，第 37—39 页。
② 周穗民：《挑战发展主义》，《读书》2001 年 12 月，第 92—98 页。
③ 黄平编选：《与地球重新签约——哥本哈根社会发展论坛文选之一》，人民文学出版社 2003 年版，第 6 页。

为什么会出现悖论？因为，发展主义的实施，不但表现出明显的局限性，而且还表现出严重的破坏性。

局限性主要包括：其一，不发达国家和地区可能出现了工业化和经济发展，但通常并未改变本土区域范围内的阶级关系、社会贫富状况和权力差别。其二，不发达国家和地区的经济发展成就通常是通过维护高压政权而取得的。其三，美国等西方发达国家所提供的援助似乎只有在那些紧跟他们外交政策的国家和地区才会发挥作用。①

破坏性主要包括：一是导致了自然生态的破坏，自然资源减少、生态环境逐渐恶化。在冷战结束以后，在发展主义最为风行的南亚、非洲、南美洲等地区，是世界公认的环境—生态最为恶化的地区；在发展主义最受尊奉的20世纪90年代，也是全球臭氧层破坏、酸雨增多、海水污染、土地荒漠化最为严重的时代。②

二是导致了人文生态的破坏，包括人们的欲望被无限建构而消费主义逐渐盛行，地方文化和习俗遭到破坏而逐渐走向消亡，社会整体逐渐出现非整合状态等。而容易被人忽视的更深层次的问题是，伴随发展主义的实施尤其是实施过程中对市场机制的崇拜和使用，市场和市场价值观渐渐地以一种前所未有的方式开始主宰我们的社会，整个社会变成了待价而沽的社会。而待价而沽的社会（至少）导致若干严重问题：第一有钱与否变得至关重要，一般收入群体的生活变得更加艰难，人与人之间的不平等矛盾变得更加尖锐。第二（因为）给好东西进行明码标价而侵蚀了好东西，同时，把值得人们关切的非市场价值观排挤之外。第三（因为）市场化加剧社会不平等，社会不平等加剧生活"包厢化"，生活"包厢化"则严重阻碍民主的培育和发展。换言之，伴随主张对价值不加道德判断的市场逻辑的扩张，我们已然从"拥有一种市场逻辑（having a market economy）"最终滑入了一个"成为一个市场社会（being a market economy）"的境地，一种金钱和市场越来越侵入此前由非市场规范所调控的各个生活

---

① ［美］德尼·古莱：《残酷的选择——发展理念与伦理价值》，高铦、高戈译，社会科学文献出版社2007年版，第6页。

② 参见李少君《南山纪要：我们为什么要谈环境——生态？》，《天涯》2000年第1期，第153—161页。

领域的境地。①

三是导致了既有国际政治生态的破坏，或者说，促使了政治生态的"重建"。一方面，发展主义再生产出一种不均衡的经济格局和不合理交换—分配体系，世界范围内的贫富差距愈加明显，不少国家和地区的经济社会地位发生巨大（下行性的）变化；另一方面第一世界对第三世界的殖民与被殖民关系以新的方式得到延续②。资料显示，在 1967 年进行的关贸总协定（GATT）谈判中，作为能源主要供应者的秘鲁扮演着非常重要的角色；在 1987 年进行的关贸总协定谈判中，因为会议主要关注制造业及其技术问题，秘鲁只能坐在场外区域，逐渐失去了谈判能力；而时至20 世纪末期，世界银行已然将秘鲁划入世界上最贫穷的 12 个国家之列。③

发展主义的上述局限性和破坏性逐渐为不少人士所觉察到。一些包括学者在内的人们甚至发出了打破发展主义共识、寻找新的发展道路的声音④。然而，发展主义已然成为社会普遍共识，而且，如前所述，发展主义有着多维面向，不但是一种学术理论，还是一种意识形态，更是一种发展战略和模式，因此，打破发展主义共识，不但任重道远而且极其复杂。不过，我们不能因为这种情况而放弃超越发展主义的理论和实践努力，更不能停止对发展主义（以及包括贫困话语在内的相关话语）的反思和检讨。

小　结

现行（西方）主流贫困话语指的是在当今世界范围内流行的、在多数国家和地区政府决策中发挥主导作用的，并因此深刻影响人们日常生活

---

① ［美］迈克尔·桑德尔：《金钱不能买什么——金钱与公正的正面交锋》，邓正来译，中信出版社 2012 年版，第 X—XXIV 页。需要补充的是，桑德尔在该文中还强调，市场经济指的是组织生产活动的一种工具，市场社会则指的是一个社会关系按照市场规律加以改变的社会。此外，桑德尔在论述生活"包厢化"不利于民主培育和发展时指出：民主的并不要求完全的平等，但是需要公民们能够分享公共生活。而分享公共生活是具有不同背景和社会地位的公民可以在日常生活中彼此相遇、相互碰面，学会商议以及学会容忍彼此差异的有效方式。显然，生活"包厢化"因为与公共生活背道而驰而失去了这种功效。

② 黄平：《关于"发展主义"的笔记》，《天涯》2000 年第 1 期，第 37—39 页。

③ Oswaldo de Rivero, The Myth of Development——Non-Viable Economies of the 21st Century, London and New York: Zed Books, 2001, pp. 1 – 2.

④ 汪晖：《环保是未来的"大政治"》，《新华日报》2015 年第 6 期，第 29—32 页。

的贫困话语。通过考察，我们发现，就西方贫困话语而言，它在历史上大致发生了两次断裂。

第一次断裂发生在欧洲启蒙运动前后。也就是说，启蒙运动之前和之后的贫困叙述发生了重大变化。在启蒙运动之前，西方主流贫困话语与关于"自由"的叙述联系密切。在启蒙运动之后，贫困呈现四个新的特点：贫困人口大规模出现，贫困问题实行现代化处置，贫困定义以及穷人地位发生变化，穷人开始被看作低能甚至是无能。这套贫困话语一直持续沿用到第二次世界大战前后。第二次断裂发生在第二次世界大战结束之后即冷战开始之际。新的主流贫困话语因为具有以下几个特点而与之前的相关话语明显区别开来：一是贫困测量标准化，二是贫困规模全球化，三是贫困治理的专业化和经济化，四是贫困的同质化，五是贫困的问题化。五个环节（层面）之间密切关联，使得贫困成了一个具有组织力的概念。

通过考察，我们还发现，在现行西方主流贫困话语中，贫困一般涉及生存性贫困、基本需要之贫困、相对剥夺式贫困三种类型，测量贫困通常采用收入标准、人类发展指数、多维贫困指数三种指标。这些情况表明，西方主流贫困话语在界定贫困时，强调贫困主要指的是物质（相对）匮乏和收入（相对）低下，尽管人类发展指数和多维贫困指数等"新式"指标试图超越这种倾向，但是物质、收入在指标当中仍然占据很大权重，收入标准始终是使用最广泛的指标，收入始终被认为是脱贫的重要工具；在测量贫困时，强调贫困是可以进行数字化和标准化处理的，因此也是可以同质化处理的。关于世界宣明会的援助发展策略以及具体实践模式的考察则表明，西方主流贫困话语在解释致贫原因时，尽管关注生态资源因素，但是主要强调导致贫困的原因是生产技术落后，而生产技术落后的原因是思想观念陈旧、文化教育落后以及学习能力低下等；在提出脱贫减贫建议时，则强调增加收入是实现脱贫的重要工具，消除贫困的（甚至是唯一）有效办法是提高技术、融入市场和发展经济，主要包括农业经济与工业经济。

西方主流贫困话语的四个要义充分显示，这套话语的理论基础具有明显的发展主义（也称"开发主义"）倾向。发展主义既是一种意识形态也是一种理论学说，还是一种战略模式。无论作为哪种面向，发展主义具有以下三个明显而且值得"警惕"的特点：一是以经济增长作为主要目标，并且将工业化置于经济增长以及发展的中心位置。二是坚持社会进步论。

三是习惯采用"传统—现代"等二元对立方法理解和描述西方与非西方、发达与不发达国家的差异。而发展主义的实施，不但表现出明显的局限性，而且还表现出严重的破坏性。其中破坏性表现为：不但导致了自然生态的破坏，自然资源减少、生态环境逐渐恶化，而且导致了人文生态的破坏，包括人们的欲望被无限建构而消费主义逐渐盛行，地方文化和习俗遭到破坏而逐渐走向消亡，社会整体逐渐出现非整合状态等，与此同时，还导致了既有国际政治生态的破坏，或者说，促使了政治生态的"重建"。纵然"破绽百出"，发展主义最终还是成为社会普遍共识。以西方主流贫困话语为代表的发展主义，或者说，以发展主义为内核的西方主流贫困话语，深刻影响我们的生活、建构具体的社会现实。

第 二 章

现行主流贫困话语的建构

　　我们知道，任何一套话语实际上都是权力/知识的一种具体载体和形态。而且，话语与实践之间存在相互建构、相互生产的关系。在关注现行主流贫困话语是如何建构相关实践之前，弄清现行主流贫困话语本身是怎样被生产出来的，也是非常必要的。当然，这是一项相当复杂的工程，其间，既要回答为什么是这套贫困话语而不是其他相关话语占据了主流地位，还要回答这套贫困话语与其他相关话语之间的关系以及这套贫困话语的存在条件等。本书在此重点关注现行主流贫困话语的建构策略问题，从文化、历史、科学、政治等几个维度考察西方主流社会是通过怎样的策略成功建构这套话语的。

一　文化维度的建构策略

　　现行主流贫困话语主要是西方主流社会从各方面、各维度加以建构而形成的（当然，这一建构过程也受制于它所处的特定历史条件和环境），而且，任何一个维度的建构都是极其复杂的。文化维度的建构也不例外。本书在此重点关注文化建构中的策略问题，具体讨论建构过程中西方主流社会所表现出来的东方主义和现代布尔乔亚我族中心主义倾向。

（一）东方主义式的建构

　　不少研究表明，在现行主流贫困话语建构过程中，西方主流社会采取的是东方主义（orientalism）式的建构策略。何谓东方主义？东方主义式的建构具有哪些特点？知名学者萨义德（Edward Wadie Said, 1935—

2003）在其著作《东方学》中较好地回答了这两个问题。①

　　萨义德认为，东方学主要有着三种含义或者维度，即作为一种学科的东方学，作为一种思维方式或观念的东方学，作为一种方式、一种西方用以控制、重建和君临东方的方式的东方学。这些含义或维度是相互联系在一起的②。需要注意的是，当强调 orientalism 作为学科的维度时，我们可以将其译为东方学，而当强调其他两种维度时，我们可以将其译为东方主义。

　　当 orientalism 作为一种学科时，东方学一词因为带有 19 世纪和 20 世纪早期欧洲殖民主义强烈且专横的政治色彩而在今天不太受欢迎，因此更多地为东方研究（oriental studies）、区域研究（area studies）等词所取代。不过，这种"改头换面"只是一个技术变更问题，东方学的研究传统始终得到了承袭，它"归根到底是一种强加于东方之上的政治学说"。③

　　当 orientalism 作为思维方式或观念维度时，东方主义坚持"东方"（Orient）与"西方"（Occident）两者之间的相对立，坚持它们在本体论和认识论意义上的区分④。具体而言，东方主义在本体论意义上认为"东方"与"西方"是明显不平等的；东方主义在认识论上不但受制于二元对立，而且还表现出明显的"文本性态度"和明显的"削足适履"倾向。正是在此基础之上，东方主义成了一组具有内在相似性的观念（a family of ideas）和一套具有整合力的价值或真理体系。当然，这些观念、价值或真理之类的东西"最终都几乎是一个种族主义者，一个帝国主义者，

---

　　①　在该著述中，萨义德采用历史分析的方法，对东方学的发展和演变进行了追溯，同时，借鉴福柯的话语观念和话语分析方法，对东方学的结构基础及其重构机制进行了探讨，并在此基础上，对东方学的实质进行了剖析。此外，萨义德还由对当代，对东方学的局限性、发展现状和影响后果进行了分析。详见［美］爱德华·W. 萨义德《东方学》，王宇根译，生活·读书·新知三联书店 1999 年版。

　　②　［美］爱德华·W. 萨义德：《东方学》，王宇根译，生活·读书·新知三联书店 1999 年版，第 2—5、51—52 页。

　　③　同上书，第 260 页。

　　④　值得注意的是，直到 19 世纪早期，东方指的实际上仅是印度和圣经所述之地。但是，萨义德所强调的是，东方不仅是一种地理的、文化的和历史的实体，而且是一种非自然的存在，一个被论述的主题（topic）。尤其重要的，西方与东方之间存在着一种权力关系、支配关系、霸权关系，从东到西存在一个虚拟的控制链。详见［美］爱德华·W. 萨义德《东方学》，王宇根译，生活·读书·新知三联书店 1999 年版，第 193—194 页。

一个彻头彻尾的民族中心主义者"的看法。①

当 orientalism 作为一种机制时，东方主义通过做出与东方有关的陈述，对有关东方的观点进行权威裁断，对东方进行描述、教授、殖民、统治等方式来处理东方。从这个意义上讲，东方主义也是一种权力话语方式或机制。

此外，萨义德还指出，orientalism 来源于英法与东方之间所经历的一种特殊的亲密关系。自 19 世纪早期到第二次世界大战结束，是法国和英国主导着 orientalism，orientalism 是英国和法国的文化事业。在 19 世纪和 20 世纪期间，orientalism 从历史上继承了大量与东方有关的作品，但是近东与欧洲关系的主调由拿破仑 1798 年对埃及的入侵所奠定。这一入侵体现了一种文化被另一种（强）文化以科学的方式加以掠夺的实际模式。另外，在此期间，orientalism 还经历了被"现代化"和"政治化"的过程，但它始终是以语言学为基础的。其中：orientalism 的"现代化"指的是东方学者将他们的发现和洞见用现代词汇表现出来，使与东方有关的观念与当代现实紧密地联系在一起；orientalism 的"政治化"指的是将东方之专业知识服务于殖民的目的。事实上，这些"化"在拿破仑入侵埃及的过程中就已经得到实现。②

时至第二次世界大战开始，美国逐步在 orientalism 领域占据主导地位。美国对 orientalism 的"特殊贡献"在于使 orientalism "非语言化"（指将文学排除在外）和"非人化"（指被简化为"态度""趋势"、统计数字之类的东西），从而使 orientalism 成为"社会科学的一个分支"。然而，在这高度精细化的社会科学技巧背后仍然是欧洲东方研究的学术传统和 orientalism 的信条。真可谓"新瓶装老酒"！③ 值得注意的是，第二次世界大战之后，美国的近东研究全面繁荣，orientalism 在美国广为传播，它"已经成功地汇入新的帝国主义之中，它的那些起支配作用的范式与控制亚洲这一经久不衰的帝国主义设计并不发生冲突，甚至是不谋而合

---

① ［美］爱德华·W. 萨义德：《东方学》，王宇根译，生活·读书·新知三联书店 1999 年版，第 260 页。

② 同上书，第 5—6 页。

③ 同上书，第 371—386 页。

的"。①

那么，东方主义式的建构策略表现出哪些特点？下列引文反映了萨义德的观点：

> 与所有那些被赋予诸如落后、堕落、不开化和迟缓这些名称的民族一样，东方人是在一个生物决定论和道德—政治劝谕的结构框架中被加以审视的。因此东方就和西方社会中的某些特殊因素（罪犯、疯子、女人、穷人）联系在一起。这些因素有一显著的共同特征：与主流社会相比，具有强烈的异质性。东方人很少被观看和（或）凝视；他们不是作为公民甚至不是作为人被审视和分析，而是作为有待解决的问题，有待限定或——当欧洲殖民强力公开觊觎他们的领土时——有待接管的对象。②

可见，审视化、异质化、问题化、限定化等都是东方主义式建构的明显特点。除了关注这些具体策略之外，萨义德反复指出，正是借由 orientalism 所呈现的这种学术传统、思维方式以及话语机制，正是借由这种主体论意义上的不平等和认识论意义上的特有倾向，东方的相对贫困才可以在语言学、生物学、历史学、人类学、哲学或经济学中，得到学术的、科学的处理③。还需要强调的是，萨义德关于东方学和东方主义的研究，尽管备受争议却流传广泛，因为它确实在一定意义上阐释了西方主流社会建构东方包括东方贫困、东方人形象（往往与贫困落后相联系）的方法、特点和机制。

（二）现代布尔乔亚我族中心主义式的建构

不少研究表明，在现行主流贫困话语建构过程中，西方主流社会表现出比较明显的布尔乔亚我族中心主义倾向。如何理解这种倾向？知名学者萨林斯（Marshell Sahlins，1930—　　）于 1968 年发表的"原初丰裕社会"

---

① ［美］爱德华·W. 萨义德：《东方学》，王宇根译，生活·读书·新知三联书店 1999 年版，第 451 页。
② 同上书，第 263—264 页。
③ 同上书，第 194 页。

一文（*La Prerie Societe D abonda*）较为深刻地回答了这一问题。①

萨林斯的研究是从一个广为接受的、已经教科书化的假设开始的。这个假设就是：旧石器时代的狩猎社会是一种以绝对贫穷为印记的"糊口经济"（也译"生存经济"，subsistence economy），缺乏用以"建立文化"的闲暇，无穷尽的生产劳动仅足以维持生存。然而，在萨林斯看来，这个假设是一种错误观念，错误观念的根源之一在于布尔乔亚我族中心主义和现存商业经济的相互作用。具体说来，一方面，"市场—工业"这个体系设置了短缺：一旦生产与分配通过价格的活动而得以安排，生计全仗收入与支出之时，物质媒介不足之虑就成了所有经济活动明显且可依据的起点②。另一方面，在短缺成为经济学公理的同时，它也成了公认的文化设定，并且，还成了现代人衡量狩猎民族的标尺。而当布尔乔亚的无限欲望与狩猎民族的有限工具（指弓箭等）遭遇之时，一个似是而非的导论"顺乎情理"地产生了：既然作为一个现代人的我们，具备了种种技术却仍然没有办法随心所欲，手执弱弓轻弩、半裸原始的猎人不可能有什么机会，他们的境况肯定是无望的。萨林斯想强调的是，正是因为现代人没有懂得短缺只是手段和目的之间的关系，才有对狩猎低效的"夸张"和对狩猎民族的"非难"。

错误观念的第二个根源在于一些人类学、民族学研究本身。不少人类学、民族学"成果"基本是欧洲人对现存采猎者的研究，因而文化差异以及差异导致的文化偏见在研究中发挥了不少的作用。换个角度讲，这种研究是对在别的民族管理下的"前野蛮人"的时空倒错的研究，是对一个社会的尸体进行验尸。③

除了从认识论和方法论上对上述假设和观念进行分析之外，萨林斯还在人类学经验研究基础之上回答了两个问题。

第一个问题：采猎时期是物质丰盛还是匮乏贫穷的？萨林斯揭示，大量对住在卡拉哈里沙漠的布虚曼人（Bushman）等的研究表明，狩猎者的

---

① 在这篇文章中，萨林斯通过揭示采猎经济的真相来探求现代社会建构贫困的机制以及贫穷概念的实质。详见［美］萨林斯《原初丰裕社会》，丘延亮译，载许宝强、汪晖选编《发展的幻象》，中央编译出版社 2001 年版，第 56—77 页。

② ［美］萨林斯：《原初丰裕社会》，丘延亮译，载许宝强、汪晖选编《发展的幻象》，中央编译出版社 2001 年版，第 60 页。

③ 同上书，第 61 页。

物质，不管是维持生存的部类还是非维持生存的部类，都是丰盛的。这部分由于生产上的简易、技术上的单纯，部分则由于所有制上的民主，而且，这种丰足也是建立在客观上较低的生活水准之上的。①

至于为什么狩猎族能够满足于"那么少"的东西，这既是一种文化的设定，也是一种策略和原则。一方面，文化上设定了一个适中的水平：不需要就不缺乏。另一方面，"财富"对于经常游动而言是一种累赘和负担。于是对物质需求的节制成了制度化的东西，而且它作为一种积极文化体现在各种形式的经济安排当中。从这个角度来讲，狩猎者是"非经济人"。而当我们断言他们的需求"受制"、欲求"被限"以及财富"有限"时，实际上是用一个现代社会"经济人"的假设去质疑一个"非经济人"的事实，这显然是错误的。

第二个问题：生存经济的真相到底是什么？萨林斯揭示，区别于他们"在其岌岌可危的处境下，只有对资源最集约的应用，生存才成为可能"的观点，大量研究表明，澳洲的阿姆纳地土著"并不努力工作""并不持续工作""并不充分利用他们客观的经济可能性"，而且，"经济对人们在体力上的要求并不大"，"他们的闲暇可说是货真价实的，用来休歇和睡觉"。②

此外，布虚曼人的状况与阿姆纳地土著相似，他们用于生存所余的大量时间都在闲暇和消闲活动中度过。非洲的哈札人（Hadza）也是从事着漫不经心且相当有限的经济活动，但仍然可以获得足够的食物。而且，为了保持闲暇他们拒绝农耕。他们永远只针对现在的观念、"挥霍"（将营中所有食物一下子吃光，即使在困难时期）的取向以及"不收藏剩余、不建立仓储"的习惯看似荒谬，实际上是一种自信的文化风习和权衡利弊之后的理性选择。因此，对生存经济的歪曲和误解是我们本身的问题而不是狩猎者的问题。

概而言之，萨林斯认为，采猎经济和狩猎者所遵循的是这样一种生活逻辑：为了避免"报酬递减现象"，必须保持有利的生产条件（涉及食物和距离等因素）；为了保持有利的生产条件就必须保持游动；为了能够游

---

① ［美］萨林斯：《原初丰裕社会》，丘延亮译，载许宝强、汪晖选编《发展的幻象》，中央编译出版社2001年版，第64页。

② 同上书，第66—67页。

动,就必须提倡禁欲,包括节制装备和节制人口等。毫无疑问,这些分析有力地攻击甚至摧毁了采猎经济是物质匮乏的、没有闲暇的等错误观念,同时也无情地揭露了现代布尔乔亚我族中心主义建构贫困的策略与机制。

既然包括采猎经济在内的贫困是现代布尔乔亚我族中心主义所建构而成的产物,那么,贫困的本质到底是什么?萨林斯认为,首先,贫穷不是指少数量的财货。因为世界上最原始的人们拥有很少的对象,但他们并不穷。其次,贫穷不仅仅是手段和目标之间的关系。人类有如服苦役的囚犯,自困在自身欲求之无穷与自身手段之不足的永恒悬殊之中。再次,贫穷最根本是一种人与人之间的关系,是一种社会地位,是文化的创造物,它与文明同生共长。最后,贫穷是阶级之间一种为人怨愤的区分,是一种朝贡式的关系——匮乏与贫穷之所以独独在现代工业世界及其边缘区域广为散布,不但因为市场体制的扩散,还在于手段与目标之间产生了无法跨越的鸿沟,更由于这种经济中所维系的朝贡关系(也就是阶级关系)造成了广大生产者的悲惨境域。①

二 历史维度的建构策略

包括贫困话语在内的西方主流话语霸权地位的获得和巩固还涉及历史建构问题。用弗兰克的话来说,在历史维度的建构上,西方主流社会通常采取"普洛克路斯忒斯"式的态度和做法。普洛克路斯忒斯是希腊神话中的强盗,他把抢劫来的人放在一张铁床上,把身材矮小者拉长,把身材高大者截短。何谓"普洛克路斯忒斯"式?即在描述西方世界从贫困迈向发展、富足(或实现现代化)时,对西方历史采取去历史化的手段,意在"把身材矮小者拉长"以凸显自己的"伟岸",对非西方世界的历史则采取歪曲和贬低两种手段,意在"把身材高大者截短"以反衬自己的"伟岸"②。而且,对非西方世界的历史进行歪曲、贬低化处理与对西方世界历史进行去历史化处理两种路径通常相加使用。弗

---

① [美]萨林斯:《原初丰裕社会》,丘延亮译,载许宝强、汪晖选编《发展的幻象》,中央编译出版社2001年版,第77页。

② [德]贡德·弗兰克:《白银资本》,刘北成译,中央编译出版社2000年版,第435页。

兰克、彭慕兰（Kenneth Pomeranz，1958—　）、加莱亚诺（Eduardo Galeano，1940—　）等学者的相关研究较好呈现了这一场景、揭示了这一逻辑。

（一）歪曲贬低

西方主流话语习惯于将非西方世界定位为和描述成经济上贫困、文化科技上落后。但是，大量"另类"研究成果显示，这种处理手法显然是对广大非西方世界历史的歪曲和贬低。

弗兰克在其著作《白银资本》中提出并回答了两个问题。一是，亚洲在历史上果真是经济贫困的世界吗？弗兰克指出，从 1400 年到 1750 年，甚至到 1800 年，无论是人口增长速度、人口预期寿命还是人均生产力，亚洲都要高于欧洲。1800 年中国的人均收入为 228 美元，法国和英国的人均收入则只是 150—200 美元①。1750—1800 年亚洲的生产力和竞争力也强于欧洲和美洲加在一起的力量②。1400—1800 年的世界贸易被亚洲主宰着，世界经济中最"核心"的两个重要地区是印度和中国，美洲、非洲和欧洲在世界经济中只是较小的角色。简言之，后来"胜出"的欧洲，在 1500 年以后的 3 个世纪里，他们一直是一个小角色，而且不得不适应——而不是制定——亚洲世界经济的游戏规则③。二是，亚洲在历史上果真是科技落后的世界吗？弗兰克认为，贬低亚洲科技的欧洲中心论是没有历史依据的。因为从公元 500 年到 1500 年，西方几乎没有传给东方任何东西。技术的流向是相反的。④

弗兰克想表达的是，东方学/东方主义和欧洲特殊论的各种观点在经验上和描述上都歪曲了亚洲的经济和社会情况，欧洲人所拥有的只不过是亚历山大·格申克龙（Alexander Gerschenkron，1904—1978）所说的"后发优势"，它"先是买了亚洲列车上的一个座位，然后买了一节车厢"，

---

① ［德］贡德·弗兰克：《白银资本》，刘北成译，中央编译出版社 2000 年版，第 240 页。
② 同上书，第 239 页。
③ ［德］贡德·弗兰克：《白银资本》，刘北成译，中央编译出版社 2000 年版，第 256 页。此外，关于西方"胜出"的原因，弗兰克在该著作中尝试从世界经济体系本身的周期性、欧洲所采取的系列适宜措施、欧洲人"获得"了美洲的金银矿以及 1800 年前后西欧和美国先后出现的技术进步和运用等方面展开了讨论。
④ ［德］贡德·弗兰克：《白银资本》，刘北成译，中央编译出版社 2000 年版，第 258 页。

是爬上"亚洲的肩膀"起步的，因此，所谓的欧洲天生优越性和霸权地位论调显然是没有事实依据的。与此同时，弗兰克的研究还证伪了以往社会理论所坚持的一个假设或论断，即亚洲原来是一个"传统社会"，欧洲先是凭借自己的力量使自身"现代化"，脱颖之后又慷慨地把这种"现代化"送给亚洲和其他地区。①

彭慕兰的《大分流——欧洲、中国及现代世界经济的发展》呼应和支持了弗兰克的研究。彭慕兰以中国与整个欧洲（而不是具体哪个欧洲国家）为研究单位，以"交互比较"为研究方法，对世界历史进行了一次"重估"或解构。他在著作中指出：

> 对于从 1400 年前后开始到 1800 年的这一阶段，我们已有的记述是，一些大体相似并且只有松散的相互关联的帝国、"文明"或"世界体系"，沿着在很多方面并行的路线发展。然而，对 19 世纪和 20 世纪，大部分世界史学家告诉我们的历史是，一个单一的北大西洋核心成为变革的发动机，世界其余部分以不同方式作出"反应"；自由主义的历史观（即认为现代性的"扩散"极为有益）和反自由主义的历史观（即认为把非欧洲区域纳入一个资本主义体系是不幸的"合并"，如伊曼纽尔·沃勒斯坦的追随者们的著作）在这一点上都是同样的。在这些史学著作中，中国在经济上落后于西方及清朝的政治形象与军事形象低下，成为西方和"其余地方"完全分离的信号。②

针对这一情形，一方面，彭慕兰驳斥了主流历史所认定的中国落后观。他指出："中国比较富裕的地区迟至 18 世纪中后期，在相对意义上极具经济活力，相当繁荣。那种认为中国或是由于人口压力，或是由于其社会所有制关系的性质而'闭塞'并极为贫穷的旧观点，现在在我看来

---

① ［德］贡德·弗兰克：《白银资本》，刘北成译，中央编译出版社 2000 年版，第 373—349 页。

② ［美］彭慕兰：《大分流——欧洲、中国及现代世界经济的发展》，史建云译，江苏人民出版社 2003 年版，第 7—8 页。

完全处于守势地位。"① 而且，"正如杉原薰所说，如果世界结束于 1820 年，一部此前 300 年全球经济史的主体就会是东亚的奇迹：迅速增长的人口中生活水平有节制但稳定的提高；结尾的简短的一章可能提到遥远的大西洋沿海有相当少量的人口似乎享有甚至更快的人均增长率（尽管或许不是太快）"。②

另一方面，彭慕兰的研究发现：工业革命之前的欧洲并不比亚洲具备更多的现代化优势，实际的情况是，无论是从农业技术、生活状况还是人口条件角度来看，欧洲与亚洲在 1750 年左右都有着"无数令人惊异的相似之处"。只是由于在欧洲核心区，煤的大量开采和海外殖民地的拓展等极其偶然的因素才将西欧的发展推上了与中国不同的道路。而"一个单一的、占支配地位的欧洲'中心'只是在 19 世纪工业化充分发展之后才有意义"。③

（二）去历史化

西方主流话语在描述西方世界从贫困迈向发展、富足（或实现现代化）时，习惯于采取去历史化的方法，即基本不涉及西方世界对内剥削、对外殖民并通过战争转移国内矛盾的历史，而突出强调"西方独特的"、引以为骄傲的资本主义精神以及技术进步。④

西方世界的历史本来面目到底是怎样的？弗兰克在《白银资本》中指出，从 1500 年到 1800 年，欧洲殖民掠夺的总值为 10 亿英镑金币，其中，仅在 1750—1800 年，英国从印度掠夺了 1 亿—1.5 亿英镑金币⑤。再者，加莱亚诺在其著作《拉丁美洲被切开的血管》中，以西方对拉丁美洲的掠夺为例，呈现了西方世界历史乃至现实的真相。

---

① ［美］彭慕兰：《大分流——欧洲、中国及现代世界经济的发展》，史建云译，江苏人民出版社 2003 年版，第 5 页。

② 同上书，第 8 页。

③ 同上书，第 3 页。

④ 这种骄傲可从韦伯主义命题——"只有欧洲才是科学的社会温床"中看出，还可以从韦伯的若干个"东方……，唯有西方……"的排比句中看出。详见韦伯《新教伦理于资本主义精神》，彭强等译，陕西师范大学出版社 2002 年版。这种骄傲显然具有东方主义色彩，缺乏扎实的历史分析，是一种主观主义论调。

⑤ ［德］贡德·弗兰克：《白银资本》，刘北成译，中央编译出版社 2000 年版，第395 页。

　　加莱亚诺指出，就矿产业而言，从 15 世纪至今，拉美充当着西方发达资本主义国家工业发展的原料、能源基地。15—18 世纪，西班牙和葡萄牙驰骋拉美；19 世纪中期—20 世纪早期，英国称霸拉美；20 世纪中期之后，美国实行新殖民主义手段，继续榨取拉美。拉美地区可谓饱受西方列强的轮番掠夺。而且，西方殖民势力对拉美矿产资源的掠夺在范围和品种上是相当广泛的，没有一个资源富有国家可以逃脱此种厄运。①

　　就种植业而言，对于广大的拉美国家来说，蔗糖、可可、咖啡、橡胶有如"屠刀"，帝国则是"凶手"。最初，西方帝国为了满足国内需求，通过种种手段强迫巴西、古巴等国种植单一的品种。后来，还是出于帝国利益需要，英国等放弃了在拉美的粗放性经营，转而在非洲开始有组织有规模地种植。于是，拉美的咖啡、可可等所有热带产品的价格就像"疯子的脑电图"②。与此同时，西方殖民势力在拉美种植业方面的所作所为导致了拉美地区在生态、经济和社会诸方面的变化、波动甚至是衰败。具体而言：单一品种的种植导致了大规模森林的砍伐、（作为结果）动植物品种的灭绝、土地腐殖层的破坏；单一产业的发展导致了拉美经济结构的畸形化——对国际市场依赖大，连粮食都要靠进口；更为严重的是，导致了庄园制的形成并进而导致了拉美社会结构的畸形化——庄园制进一步导致了贫富差距，不利于小业主的形成，反倒是促进了寡头的出现。

　　尤其不能忽略和忘记的是：西方列强掠夺拉美地区矿产资源和农业产品的过程还包含了一个屠杀印第安人以及消灭其文化的过程。加莱亚诺指出，从哥伦布开始，对印第安人的屠杀从未停止过，到 1581 年，"美洲有三分之一的印第安人已被消灭"③。加莱亚诺想要表达的是：西方发达国家的发达是建立在拉美国家的"不发达"基础之上的，发达国家的富有

---

　　① ［乌拉圭］爱德华多·加莱亚诺：《拉丁美洲被切开的血管》，王玖等译，人民文学出版社 2001 年版。此外，加莱亚诺在该著作中指出，北美 13 个殖民地没有遭受像玻利维亚、巴西这样的厄运是因为他们的资源相对贫乏或者说"出身卑贱"。

　　② ［乌拉圭］爱德华多·加莱亚诺：《拉丁美洲被切开的血管》，王玖等译，人民文学出版社 2001 年版，第 100 页。

　　③ ［乌拉圭］爱德华多·加莱亚诺：《拉丁美洲被切开的血管》，王玖等译，人民文学出版社 2001 年版，第 29 页。与此相关的补充是，近年来不少研究对哥伦布作为美洲大陆的发现者、"人类文明的推进者"的"荣誉"表示了质疑。因为他的大西洋探险目的与攫取荣誉、地位和占有他人土地的欲望紧紧联结在一起，是他吹响了"殖民者的进军号"。在洪都拉斯就出现了"审判哥伦布"的声音和作为。详见：乌热尔图《发现者还是殖民开拓者》，《读书》1999 年第 4 期，第 27—35 页；黄洋《历史的尺度》，《读书》1999 年第 11 期，第 38—43 页。

是以拉美大部分地区和大部分人（从更广意义上是非西方国家及其人们）的贫困为代价的。发展因而是"遇难者多于航行者的航行"。换句弗兰克的话来说，"欧洲的兴起不是自己拔着自己的头发跃起的"。[①]

需要强调的是，对非西方世界的历史进行歪曲和贬低，以及对西方世界的历史进行去历史化处理，表现出的是明显的"欧洲特殊"论色彩。弗兰克、彭慕兰等学者均从正面或者侧面提出了类似看法。其中，弗兰克还指出，理解"欧洲特殊"论必须把握以下六个要点：第一，它从经验和描述上歪曲了亚洲的经济和社会情况；第二，实际上，在1400—1700年，欧洲并无什么特殊之处，除了其在当时的世界经济体系中所处的边缘位置之外；第三，它在进行比较时，坚守了"欧洲特殊"或"优越"的先验假设，从而导致具体研究的牵强附会；第四，它强调（欧洲的）"历史传统"和地方因素，而实际上，这些因素是该地、该民族、该地区参与世界经济体系进程时所作出的回应；第五，它违背了整体主义原则；第六，由于它没有先运用"望远镜"来获得一个全球整体及其世界经济体系的整体图像，（因此）比较研究中所选择的（哪怕是用放大镜选择的）分析目标是没有价值的。[②]

三　科学维度的建构策略

科学维度的建构涉及社会科学和专业技术等维度的努力。其中，社会科学维度的努力主要解决宏观理念以及学术知识的生产问题，专业技术方面的努力主要解决宏观理念的落实以及具体专业知识的应用问题。两个维度的建构齐头并进、相辅相成，合力建构和加固了现行主流贫困话语。

（一）社会科学视角的生产

从社会科学角度来看，现行主流贫困话语是怎样被生产出来的？学术学者雅帕（Lakshman Yapa）的回答尤其值得关注。雅帕的研究，开始于对"经济发展公理"（the axiom of economic development）的质疑，建基于

---

① ［德］贡德·弗兰克：《白银资本》，刘北成译，中央编译出版社2000年版，第443页。
② 同上书，第430—434页。

三个核心概念，侧重于话语与非话语权力问题，展开于贫困话语生产关系的关系网络之中。①

首先，雅帕指出，"经济发展公理"主要由三个要点构成：其一，在食物、衣服、住房、健康方面不能满足其基本需求的人们被认为是贫困的。其二，这种贫困被认为反映了国家经济的欠发达（underdeveloped），即土地、资本和劳动力之类的生产力阻碍了经济的增长。（自然地，）其三，经济发展被视为明显的解决办法。具体而言，倾向于主张通过加大对发展项目、基础设施、农业现代化和扩大出口的投资来创造就业岗位和增加收入，并借此消除贫困。②

针对"经济发展公理"的三个要点，雅帕提出了三个基本假设，作为与前者展开论争的基础。这些假设是：其一，穷人所经历的物质性贫乏是社会建构的匮乏。其二，贫困并不独立存在于对其进行界定的学术话语之外的世界，话语在制造贫困上发挥如此重要的作用以至它隐藏了匮乏的社会性来源。其三，尽管经历饥饿和营养不良是直接的物质性的，但"贫困"是一种"话语唯物主义"（discursive materialist）的产物，在这里，思想、物质、话语和权力相互纠缠不清在一起而不可分离。③

为了验证上述假设，雅帕主张超越社会科学的极限、想象和语言，转而采用后现代话语分析方法（postmodern discursive approach）。在雅帕看来，这种方法的采用可以揭示因果联系的多维性和指出行动的多种可能性，可以离开贫困专家的领域转而关注无数的导致社会变迁的主体，还可以对我们所拥有的并借之以行动的权力进行重新地理解。具体而言，雅帕

---

① 需要补充的是，雅帕不但揭示了主流社会科学建构现行贫困的逻辑和机制，而且还对其进行了深刻检讨。具体而言，雅帕尝试从后现代主义视角出发回答一个问题，即贫困是如何形成的，并且希望借此对社会科学进行一次后现代化式的检讨。雅帕的相关研究主要包括：Yapa Lakshman，"What Causes Poverty? A Postmodern View" in *Annals of the Association of American Geographers*，Vol. 86，No. 4（Dec.，1996）；Yapa Lakshman，"Reply：Why Discourse Matters，Materially" in *Annals of Association of American Geographers*，Vol. 87，No. 4（Dec.，1997）；Yapa Lakshman，"The Poverty Discourse and the Poor in Sri Lanka" in *Transaction of the Institute of British Geographers*，New Series，Vol. 23，No. 1（1998）。

② Yapa Lakshman，"What Causes Poverty? A Postmodern View" in *Annals of the Association of American Geographers*，Vol. 86，No. 4（Dec.，1996），p. 707.

③ Yapa Lakshman，"What Causes Poverty? A Postmodern View" in *Annals of the Association of American Geographers*，Vol. 86，No. 4（Dec.，1996），p. 710. 需要补充的是，雅帕在该文中指出，话语的唯物主义认为，语言和话语使我们知晓物质的实践，但我们理解的方式既受到物质实践也受到语言选择的影响。

首先倡导对社会科学保持一种后现代主义态度，反对社会科学是"社会之镜"（a mirror of society）的说法，而是强调社会科学和社会之间具有一种相互依赖的（codependent）、共生（symbiotic）的关系，它们常常互为主体和客体。①

其次，雅帕借鉴马克思的生产关系概念，提出了生产关系的关系（the nexus of production relations）概念，并设计了一个名叫"贫困的生产关系的关系"分析框架。雅帕认为，生产并不只是一种经济活动，它是在一个话语和非话语的关系网络中进行的。这个网络由技术性的（technical）、社会性的（social）、生态性的（ecological）、文化性的（cultural）、政治性的（political）和学术性的（academic）生产关系组成。这些生产关系没有哪个被认为是更具决定性的或本质性的，它们之间相互作用与反作用，始终保持着一个互为建构性元素的动力系统。关系的每一个节点（node）都是话语和非话语实践的场所。②

基于上述分析，雅帕指出，在后现代主义视角中，就贫困问题而言，学术性的生产关系居于中心位置。学术性的生产关系分为两类：内部的和外部的。内部关系涉及自身生产知识的问题，外部关系则指在其他关系场景中生产出来的话语。就贫困的学术关系而言，它涉及三个相互建构的元素，它们分别是：主体（subject），即思考者和观察者；客体（object），即被研究的人或事物；话语（discourse）。一般认为，在社会科学中，主体对客体的描述和研究是中立的、没有偏见的、客观的和价值无涉的。但是，后现代主义认为，传统社会科学对客体的表达（represent）是无效的，因为客体并不具有所给定的特点，相反，这些特点和所使用的语言都是由话语所供应的。换言之，客体是特定话语的产物，由话语决定其形

①　Yapa Lakshman, "What Causes Poverty? A Postmodern View" in *Annals of the Association of American Geographers*, Vol. 86, No. 4（Dec., 1996），pp. 708 - 709. 此外，雅帕在该文中指出，后现代主义可以理解为一种目标（object）和（或）态度（attitude），这两种情况既相关联又相区别。作为目标的后现代主义涉及本体论问题，作为态度的后现代主义涉及认识论问题。雅帕接受和采用的是后者。但是，作为态度的后现代主义也有两个面相：怀疑的和肯定的。怀疑的后现代主义对当代世界的看法是阴郁的、否定的，明显受到欧洲大陆哲学尤其是尼采的影响。肯定的后现代主义承认启蒙承诺的失败却对未来保持了一份乐观和希望。

②　Yapa Lakshman, "What Causes Poverty? A Postmodern View" in *Annals of the Association of American Geographers*, Vol. 86, No. 4（Dec., 1996），p. 710. 不过，雅帕还给出了补充说明，即对一个给定的结果而言，不是所有的关系节点都具有同等的重要性，其关系的相关排序是一件由具体的个案情境来决定的事情。

象、形式和构造；话语由主体在观察、建构和管理客体的行动中生产出来。①

在重点关注贫困形成过程中的学术性的生产关系同时，雅帕指出，贫困/发展话语的建构是通过一些关键概念的建构来实现的。雅帕不但展示了三个最基本的关键词，而且还逐一对其进行了驳斥和分析。具体情况如下。

匮乏/稀缺（scarcity）。广义的稀缺概念是现代经济学的基础。人类所想要的是无限的，而资源是有限的，经济学就是一门描述和分析一个社会中的人们如何选择使用匮乏的资源去满足他们的所需和所想的社会科学。但是，雅帕提出，匮乏/稀缺是一种社会性的具体的情境，它是由特别的而不是广泛的社会群体所经历和体验。此外，稀缺/匮乏的被建构中还有一个技巧问题：取消替代，即当对某一具体新商品的需求被制造出来时，满足这种需求的另类方式被消除，于是，人们只能花费比原来更高的价格来满足这种需求。正因为如此，雅帕提出：如果稀缺/匮乏卷入话语之中，那么不将主导性话语（dominant discourse）作为研究客体，我们是不能够消除贫困的。②

资源。区别于传统社会科学的界定，雅帕认为，资源不是经济学家眼中的诸如土地、劳动力和资本之类的投入要素（input factors），而是社会关系。它是一种有价值的东西，但其价值不在于事物本身，而是由关系的关系根据具体情境决定的。③

需求。雅帕认为，所谓的基本需求（basic needs）是发展留下来的最阴险的遗产（the most insidious legacy），它模糊了文化差异，建立了一种对科层体制的期望（期望分发营养和健康医疗）。另外，无限的需求（unlimited wants）是社会建构的，这种建构是资本主义生产中的一个基本社会关系。经济的增长依赖于为新市场生产新产品，为此，制造新需求的

---

① Yapa Lakshman, "What Causes Poverty? A Postmodern View" in *Annals of the Association of American Geographers*, Vol. 86, No. 4（Dec. , 1996）, pp. 712 – 713. 在该文中，雅帕指出，在目前的贫困/发展话语中，主/客体是以一种统计方法建构而成的，表达的是一种二元论。这体现为：贫困部分/非贫困部分，贫困的研究者作为主体/穷人作为被研究的客体，问题/非问题等。这实际上是一种官方的分类练习（dividing practices）。

② Yapa Lakshman, "What Causes Poverty? A Postmodern View" in *Annals of the Association of American Geographers*, Vol. 86, No. 4（Dec. , 1996）, pp. 716 – 717.

③ Ibid. , p. 714.

同时要制造对既有满足需求方式的不满，这一孪生过程（twin processes）是经济增长的重要马达（motor）（Lakshman Yapa，1996：715）。[1]

那么，在关于贫困的学术性生产关系网络中，话语、权力与贫困之间到底存在什么样的关系？雅帕借用福柯的规训（disciplinary）概念和毛细血管式的（nonsovereign/capillary）权力概念进一步阐释了三者之间的关系。雅帕首先指出，传统社会科学关于贫困的表述一般包括三个步骤：陈述贫困，辨识原因，（针对早已假定的原因）寻求解决办法。其次，传统表述表现出了对经济的强调，认为贫困在本质上是一个经济问题，并倾向于通过经济增长来解决贫困问题。最后，传统表述一般无视穷人所体验的物质匮乏与社会科学学术著作中表达之间的区别。总之，这其中既涉及经济主义、本质主义（essentialism）问题，还涉及决定论（determinism）和化约主义（reductionism）问题。

继而，雅帕提出以超决定论（overdetermination）取代上述作为规训结果的种种"主义"。超决定论认为，任何社会的一个方面都没有赋予优越于其他方面的特权，经济也不例外，而是社会的所有方面相互形塑的结果。另外，理论的选择会导致不同的研究设计、变量和对问题的诊断。关于因果关系的每一个社会理论它同时也是一个分配和使用权力的命令。更值得注意的是，将"发展（development）"等同于"解决（solution）"是一种简单的错误，因为它们是一对相互对抗的概念（antagonistic concepts）。如果发展制造了稀缺/匮乏，那么欠发达是贫困的原因就不能成立。因此，我们要对解决方案（solutions）保持批判态度。[2]

最后，雅帕指出，贫困还是一种实质性的网络。因为"贫困的因果关系存在于一个深邃的网络之中，这是一个制造匮乏/稀缺的话语和非话语关系网络"[3]。但是，因为没有明白这层道理，社会科学的话语在许多层面上实际上阻碍了贫困的消除。针对这一问题，雅帕主张运用实质性方法（substantive approach）来研究贫困问题。这种方法认为，（导致历史）变迁的主体不是通过一般意义上的权力操作来行动，而是通过在特定的实质性问题上，诸如食物、营养、住房、教育、交通、文化和地理分布之类

---

[1]　Yapa Lakshman，"What Causes Poverty? A Postmodern View" in *Annals of the Association of American Geographers*，Vol. 86，No. 4（Dec.，1996），p. 715.

[2]　Ibid.，pp. 717－720.

[3]　Ibid.，p. 721.

的问题上，在一个网状的组织（a netlike organization）中施加他们的意愿来行动。在这个网络中，有多少反抗的点就有多少权力的点。因此，将复数（无论从实质上还是数量上）简化为单项的针对政府的斗争是无益的。而且，每个实质性的问题都是由权力话语所知会（inform）的。是故，解决贫困问题的权力必须有能力反对建构匮乏/稀缺话语的权力，问题的解决需要贯穿整个生产关系的关系的多维度的实质性的行动。①

至此，雅帕所提出的三个假设得到了论证，同时对"经济发展公理"也进行了鞭辟入里的批判，对后现代化社会科学也做出了有益的尝试。在后来的研究中，雅帕还继续了这种尝试和努力。雅帕反对常常从因果理论开始的传统社会科学的逻辑，断言贫困事实上没有根本的原因（root causes），而是由原因—行动—主体—权力四个因素相互建构的，社会科学寻找根本原因的假设就是问题的一部分②。另外，反贫困的措施是以政策制定者所理解的贫困来形成的，这种理解又是建立在学者对贫困的表述之上的，于是这些措施是建立在正是使这个问题永存的基础之上。因此，反贫困措施不能解决（斯里兰卡的）贫困问题。雅帕呼吁要建立社会理论来帮助穷人，而且必须从批评作为问题的一部分的现有话语开始。③

（二）专业技术视角的生产

与社会科学视角的生产同时推进的是专业技术视角的生产。而专业技术视角的生产包括技术的推广和应用两个具体过程。不少研究表明，在现行主流贫困话语的建构过程中，现代农学知识的推广应用，杂交玉米、化肥等高科技农业技术的推广应用，计划生育思想和技术的推广应用，发挥了不可或缺的重要作用④。这些专业技术的推广应用，充分体现了现行主流贫困话语所主张的减贫理念，逐步固化了在这种理念指导下所形成的减贫模式，而且，在一定程度上实现了现行主流贫困话语所界定的减贫

---

① Yapa Lakshman, "What Causes Poverty? A Postmodern View" in *Annals of the Association of American Geographers*, Vol. 86, No. 4（Dec., 1996）, pp. 722 – 723.

② Yapa Lakshman, "The Poverty Discourse and the Poor in Sri Lanka" in *Transaction of the Institute of British Geographers*, New Series, Vol. 23, No. 1（1998）, p. 111.

③ Yapa Lakshman, "The Poverty Discourse and the Poor in Sri Lanka" in *Transaction of the Institute of British Geographers*, New Series, Vol. 23, No. 1（1998）, pp. 96, 112. 需要补充指出的是，雅帕后来的研究以经验研究为主，包括以斯里兰卡等国家和地区为分析对象的研究。

④ 关于这一问题，本书在第一章"现行主流贫困话语的要义"中也有所涉及。

目标。

但是，我们必须注意的是，现代农学知识的推广应用以及农业商业化的推行扩张，在发挥上述"正面"作用的同时，还迫使地方技艺淘汰、社群自身知识结构在日益式微的状态下生存，迫使个人和团体的选择机会减少、风险增加以及中心文化价值被破坏，最终导致价值性合作转变为策略性合作①。杂交玉米、化肥等高科技农业技术推广应用，在提高所谓的农作物产量的同时，一则使得农作物品种减少以及农作物抗灾能力降低，二则使得环境遭受污染以及农业生产关系发生变化，三则使得政治不稳定以及"土技术和土知识"消失殆尽②。计划生育技术名义上是消除贫困的良策，而有资料显示，在西方殖民势力入侵拉美的早期，计划生育思想和方法甚至在人烟稀少的地区还被强力推行，为的是避免当地人与殖民者之间的竞争。③

此外，还需注意的是，专业技术维度的建构过程还是一个各类利益主体合作或者说合谋的过程。例如，"绿色革命"得以成功普及就是种籽商、美国政府（农业部）和科学家三种利益主体"合作"的结果。种籽商要的是垄断地位，美国政府要的是经济利益和冷战的考虑（主要指的是：以大规模生产粮食的承诺来取消共产主义对第三世界的吸引力），科学家想的是社会和学术界的地位。但是，在这种合作过程中，科学知识运作过程的政治性常常被遮掩，专家学者所扮演的不光彩角色也常常被遮掩。④

四　政治维度的建构策略

如前所述，西方主流贫困话语的第二次断裂发生在第二次世界大战结束之后的冷战开始之际。这一时期的主流贫困话语因为以下几个特点而与之前的相关话语明显区别开来：贫困测量标准化、贫困规模全球化、贫困

---

① ［印度］阿柏杜雷：《印度西部农村技术与价值的再生产》，载许宝强、汪晖选编《发展的幻象》，中央编译出版社 2001 年版，第 205—244 页。

② ［美］马格林：《农民、种籽商和科学家：农业体系与知识体系》，载许宝强、汪晖选编《发展的幻象》，中央编译出版社 2001 年版，第 245—339 页。

③ ［德］贡德·弗兰克：《白银资本》，刘北成译，中央编译出版社 2000 年版，第 109 页。

④ ［美］马格林：《农民、种籽商和科学家：农业体系与知识体系》，载许宝强、汪晖选编《发展的幻象》，中央编译出版社 2001 年版，第 245—339 页。

治理的专业化和经济化、贫困的同质化以及贫困的问题化。为什么断裂会发生在这个时间点上？当时，分别以美国和苏联为中心的两大阵营已经基本形成。为了争夺支持力量以建构有利于自身国家利益的国际政治经济秩序，双方都采取了不少策略和措施。其中，"在 1950 年代早期，一个广为接受的观点是：如果不帮助贫穷国家摆脱贫困，他们就会进入共产主义阵营"①。可见，新的贫困话语的建构背后有着强烈的政治动因。但是，政治维度的建构并不意味赤裸裸的强权式的推进，而主要地采取了以下三种耐人寻味的策略。

（一）让权力湮没在体系之中

让权力湮没在系统之中的目的在于淡化政治动因，使得一切可以以"真理"和"科学"的名义开始进行。因此，在话语建构过程中，打造一个严谨的逻辑体系至关重要。在这个问题上，我们不得不再次聚焦知名学者埃斯科巴的研究。埃斯科巴认为，现行主流贫困话语的形成是"知识形式""权力体系""主体性形式"三个轴的运作过程和结果②。围绕这三个轴发生的则是一个严谨的逻辑体系，整个链条的主要环节大致如下。

一是，通过"统计手术"（statistical operation）"发现"规模化的贫困。（为什么需要"发现"规模化的贫困？→）二是，通过渲染规模化贫困的严重性使得贫困问题化。（为什么需要贫困问题化？→）三是，通过强调解决问题化贫困的重要性使得"发展"话语——作为减少和消除贫困的灵丹妙药的出现迫切化。（怎样实现"发展"话语的合法化？→）四是，通过技术化界定和技术化处理问题化的贫困使得"发展"话语合法化。（为什么需要"发展"实现合法化？→）五是，通过实现"发展"的合法化使得西方发达国家对欠发达国家的"援助"合法化。（为什么需要"援助"合法化？→）六是，通过合法化"援助"使得西方发达国家对欠发达国家的干预和控制正当化。（为什么需要干预和控制正当化？→）七是，通过非战争手段以最小代价重构有利于西方发达国家的世界政治经济

---

① 见 Escobar Arturo, 1995, *Encountering Development: The Making and Unmaking of the Third World*, New Jersey: Princeton University Press, p. 34.

② Ibid., p. 10.

格局。①

　　换言之,埃斯科巴想要强调的是:贫困是新问题,贫困地区/第三世界国家是需要帮助的对象,经济增长和发展是解决贫困问题的唯一办法。于是,经济增长和发展具有了不言自明的、必要的和普遍的真理性,第一世界对第三世界的援助和管理具有了合法性,形形色色的干预具有了社会性。最终,第三世界以及第三世界的反贫困战争话语取代了战争话语并得以正当化和占据重要地位,贫困以及解决贫困问题的发展话语逐步成为一种在全世界范围内发挥支配作用的观念,渗透和改变了第三世界城市和村庄的经济、社会和文化组织。②

　　需要再次提醒注意的是,在埃斯科巴的这个严谨体系中,"发现"贫困实际上是为全球政治、经济、文化的重要重建提供了一个不可或缺的"锚"。只有"锚"定了,后面的"精彩故事"才能得以继续和展开。而且,经过严谨的"修饰",或者说,经过"科学"的建构,权力尤其是政治权力湮没在体系之中,巨大的政治经济谋略隐藏在"精彩故事"之中。

(二) 去政治化

　　一套话语要想成为主流叙述和(或)最大"共识"和(或)基本"常识",势必经历和完成一个去政治化的过程。为什么要进行去政治化处理?原因很简单:一套话语,作为"纯粹的"知识较之作为政治宣言或施政纲领,更容易为大众所认可和所接受。关于现行主流贫困话语建构过程中的去政治化的策略和艺术,我们可以通过分析前美国总统杜鲁门于1949 年 1 月 20 日所发表的就职演说词尤其是其中的"第四点计划"获得了解。

　　……第四,我们必须开始实施一项大胆的新计划以使我们的科学发展和工业进步成果造福于不发达地区的改良和发展。全球半数以上的人民生活相当困苦。他们食不果腹,疾病缠身。他们的经济生活原始落后,停滞不前。他们的贫穷不仅对他们自己,而且对较繁荣的地

---

　　① Escobar Arturo, 1995, *Encountering Development: The Making and Unmaking of the Third World*, New Jersey: Princeton University Press.

　　② Escobar Arturo, 1995, *Encountering Development: The Making and Unmaking of the Third World*, New Jersey: Princeton University Press, pp. 23 – 53.

区是一种障碍和威胁。历史上人类第一次有了把这些人从痛苦中解救出来的知识和技能。在工业和科学技术的发展方面美国走在各国的前列。我们可用于支持别国人民的物质资本有限，但我们在技术知识方面无法估量的资源正不断增长，取之不尽用之不竭。我认为，我们应当让我们丰富的技术知识造福于爱好和平的各国人民，以帮助他们实现改善生活的愿望。而且，我们应当与其他国家合作，促进对需要发展的地区的投资。我们的目标是帮助世界自由的各国人民通过他们自己的努力去生产更多的食品、更多的衣服、更多的建筑材料，以及更多的用以减轻他们劳累的机械力量。我们吁请其他国家汇集他们的技术力量以进行这项工作。我们热烈欢迎他们作出贡献。这应该是一种合作事业，所有国家通过联合国及其专门机构在任何可行的方面为此共同工作。这必须是在世界范围内为实现和平、繁荣和自由而作出的努力。……老牌帝国主义——剥削外国的利润——在我们的计划中没有位置。我们所正视的是一项建立在民主的公平交易基础之上的计划。……发展生产是繁荣与和平的关键。而发展生产的关键在于更广泛、更积极地应用现代科技知识。①

从上述引文我们可以看到，去政治化（至少）包括以下几种具体做法。

一是进行经济化处理，将贫困问题表述为物质问题和经济问题（而不是政治问题），指出"他们食不果腹，疾病缠身。他们的经济生活原始落后，停滞不前"，强调"发展生产是繁荣与和平的关键"。

二是进行技术化处理，将贫困问题表述为技术问题，将工业和科学技术看作是减少和消除贫困的重要的甚至是唯一的办法，指出"历史上人类第一次有了把这些人从痛苦中解救出来的知识和技能"，强调"发展生产的关键在于更广泛、更积极地应用现代科技知识"。

三是进行一体化处理，将解决贫困问题表述为一种追求人类福祉的共同行动，将减少和消除贫困表述为是出于各国共同利益的需要，指出"他们的贫穷不仅对他们自己，而且对较繁荣的地区是一种障碍和威胁"，强调"这应该是一种合作事业，所有国家通过联合国及其专门机构在任

① 《杜鲁门总统就职演说》，外语教育网 2006 年 1 月 13 日。原文是英文。

何可行的方面为此共同工作"。

四是进行道义化处理,将美国表述为能够解决贫困问题的"不二"人选和"当仁不让"的角色,将美国发起和主导的援助和复兴计划表述为造福计划,指出"在工业和科学技术的发展方面美国走在各国的前列。……取之不尽用之不竭",提出"我们应当让我们丰富的技术知识造福于爱好和平的各国人民,以帮助他们实现改善生活的愿望",强调"老牌帝国主义——剥削外国的利润——在我们的计划中没有位置",重申"我们所正视的是一项建立在民主的公平交易基础之上的计划"。

正是通过上述处理,"第四点计划"及其所归属的贫困、发展话语不但逐渐变成了一套主流话语而且还逐渐成了一种"共识"和"常识",不但影响着(了)地方经济、政治、社会和文化而且还影响着(了)人们的微观、日常生活。

(三) 实施"援助计划"

"援助计划"既可算作去政治化范畴内的一种具体办法,也可看作完成和巩固去政治化工程的一种特别的辅助行动。"援助计划"的实施最终促使贫困和发展话语获得更加"客观"和更加"权威"的地位,而淡化了甚至是漂洗了其中的政治色彩。不过,在"援助计划"实施过程中,有两个情况值得注意。

其一,非政府组织和专家学者在"援助计划"实施过程中扮演了"协作者"的角色,这使得去政治化似乎更加彻底。资料显示,在1949—1970年,前往哥伦比亚的组织和专家名单如下:库瑞(L. Currie)/世界银行,1949年;黑胥曼(A. Hirschman),20世纪50年代早期;李瑞特(Lebret),1975年;沃特森(Watterson)/世界银行,1963—1964年;一个哈佛大学的代表团,1960—1970年;一个联合国的代表团,1959—1962年;艾弗麻(D. Avramovic)/世界银行,1970年;西子(D. Seers)/国际劳工组织(ILO),1970年①。这些信息显示,世界银行在其中扮演了重要角色。不过,实际上,世界银行以及于1944年成立的国际货币基金组织,

---

① 〔美〕埃斯科巴:《权力与能见性:发展与第三世界的发明与管理》,卢思骋译,载许宝强、汪晖选编《发展的幻象》,中央编译出版社2001年版,第101页。

都是成就这些需要和推行这些新策略的主要工具。①

其二，"援助计划"的去政治化色彩最终发生了变化。以日本为例，日本自冷战以来就开始实施"援助计划"，援助对象主要包括印度尼西亚、中国、菲律宾、印度、泰国、孟加拉国、缅甸、马来西亚、韩国和巴基斯坦等亚洲国家。时至 1989 年，援助话语即 ODA（Official Development Assistance）已在日本国内获得合法地位。但是，日本国内存在两套援助话语，一套被称作 MITI（Ministry of International Trade and Industry），另一套被称作 MFA（Ministry of Foreign Affairs）。MITI 和 MFA 在内容上和主张上各有侧重，两套话语之间展开了长期争论，在 1992 年以前 MITI 呈强势，在 1992 年之后 MFA 占上风，时至 1998 年两套话语则实现了相互融合，均赞同发展援助是推动日本经济复兴的工具。②

具体而言，日本最初也对其援助话语作了去政治化的处理。例如，援助话语中的 MITI 话语，认为援助计划是第二次世界大战之后政府重建地区经济联系的重要部分，强调援助计划是政府的"资本主义导向"的宏观经济政策的一部分，主张政府和公司精英必须瞄准最具前途的经济部门并通过贸易保护、研发补贴等手段给予支持。日本 1955 年对缅甸、1956 年对菲律宾、1958 年对印度尼西亚的援助都属于这种性质，而且，当时的援助是以赔偿金/修复金（reparation payments）的形式进行的，目的是希望援助计划能够发挥"水灌注于泵之上"的作用。③

但是，伴随冷战的结束以及世界政治格局的变化，日本掀掉了"温情脉脉的面纱"，废弃了去政治化的策略。援助话语中的 MFA 话语占据了主导地位。MFA 的重要特点是在援助发展中加入了政治条件。这些政治条件包括：环境保护，民主和人权的提升，军费开支的限制（仅限于亚洲国家）以及引入市场导向的经济。因为政治条件的引入，援助政策成为日本外交工作中的"胡萝卜"和（或）"大棒"。换言之，日本往往在"审察"受援国是否达致了所附加的政治条件之后，对后者进行选择

---

① ［美］埃斯科巴：《权力与能见性：发展与第三世界的发明与管理》，卢思骋译，载许宝强、汪晖选编《发展的幻象》，中央编译出版社 2001 年版，第 87 页。

② Steven Guang Zhang, W. Hook, Japan's Aid Policy since the Cold War: Rhetoric and Reality, in Asian Survey, Vol. 38, No. 11（Nov. 1998），pp. 1051 – 1066.

③ Ibid. , p. 1053.

性的制裁。①

　　然而，时至 20 世纪 90 年代，即便人们看出和懂得了贫困和发展话语背后所包含的政治意图也已经无关紧要了，因为伴随援助计划的长时间、广范围的实施，贫困和发展话语已然成为主流叙述，（绝大多数）人们已然（在很大程度上）认同和接受了这套叙述。

小　结

　　研究显示，包括现行主流贫困话语在内的主流话语，主要是西方主流社会从各方面、各维度加以建构而形成的。当然，这一建构过程也受制于它所处的特定历史条件和环境。具体情况是:

　　从文化维度来看，西方主流社会在建构过程中表现出明显的萨义德等所指出的东方主义倾向，以及萨林斯等所揭示的现代布尔乔亚我族中心主义倾向。从历史维度来看，西方主流社会通常采取"普洛克路斯忒斯"式的建构策略。具体做法包括弗兰克、彭慕兰等指出的歪曲和贬低手法，以及加莱亚诺等所介绍的去历史化手法，等等。从科学维度来看，涉及社会科学和专业技术两个方面的建构问题，其中，正如雅帕等所揭示的:社会科学解决的是通过建构一张"贫困的生产关系的关系"网络来生产相关理念和学术知识;专业技术视角的生产则包括技术的推广和应用两个具体过程。从政治维度来看，具有强烈政治动因的话语建构并没有采取赤裸裸的、强权式的推进方式，而是采取了让权力湮没在系统之中、去政治化以及实施"援助计划"三种耐人寻味的策略。其中，对"第四点计划"的分析显示，去政治化策略主要包括进行经济化、技术化、一体化和道义化等几种具体手法。

　　正是通过上述策略和机制，现行西方主流贫困话语得以建构而成，并占据了主流地位，最终成为一种具有特定内容和强大建构力量的权力/知识。

---

　　①　Steven W. Hook, Guang Zhang, Japan's Aid Policy since the Cold War: Rhetoric and Reality, *Asian Survey*, Vol. 38, No. 11 （Nov. 1998）, pp. 1057 – 1062.

第 三 章

现行主流贫困话语的建构与实践:样本 I

如前所述,本书认为,进行社会科学取向的话语研究时必须注意三个问题:一是要着重从话语实践和社会实践两个维度进行分析;二是要注意将话语置于现实结构中,对话语与非话语相互重叠的情景进行分析;三是要坚持将话语当作事件来进行分析。本章坚持上述三个观点,在梳理我国扶贫开发发展历程基础上,揭示我国主流贫困话语变迁过程,与此同时,呈现西方现行主流贫困话语在我国相关领域的实践图景,包括建构与反建构两个面向的问题。①

一 中国扶贫开发:大致历程

在认真研究和充分考虑我国国情基础上,我国政府确定了扶贫开发的基本目标和中心任务,制定了系列符合我国国情的扶贫开发政策,划定了扶贫开发重点并分阶段加以实施和推进。根据不同标准,我们可以将我国扶贫开发历程划分为不同阶段②。通过对文献梳理发现,我国官方文件,

① 需要注意的是,囿于各种因素,本书在此暂且仅处理农村贫困话语而不涉及城市贫困话语问题。

② 有的人根据贫困类型的演变将扶贫开发历程划分为三个阶段:一是改革开放之前的全国范围内大规模的绝对贫困阶段,二是 20 世纪 80 年代至 90 年代中期的以区域性贫困为焦点的阶段,三是 90 年代中期以来的相对贫困阶段。有的人根据减少和消除贫困手段的演变划分为三个阶段:一是政府通过组织一个集体主义体制为人们提供福利保障的阶段,二是政府以区域发展为导向、把救助特殊贫困群体与推动整体经济发展协调起来的阶段,三是政府通过建立各类社会保障制度、使用再分配手段来减少和消除贫困的阶段。还有的人根据扶贫开发目标的演变划分为三个阶段:一是始于 1986 年的以解决食品保障为目标的阶段,二是始于 1994 年的以消除收入贫困为目标的阶段,三是始于 2008 年的以强化社会救助为重点的阶段。详见:林卡、范晓光《贫困和反贫困——对中国贫困类型变迁及反贫困政策的研究》,《社会科学战线》2006 年第 1 期,第 187—194 页;朱玲《应对极端贫困和边缘化:来自中国农村的经验》,《经济学动态》2011 年第 7 期,第 27—34 页。

一般根据扶贫开发战略目标转移，将扶贫开发历程划分为四个阶段：体制改革推动扶贫阶段（1978—1985），大规模开发式扶贫阶段（1986—1993），扶贫攻坚阶段（1994—2000）以及2001年以来启动和实施的扶贫开发新阶段①。本书同样选择以扶贫开发战略目标的转移为依据，将我国扶贫开发历程大致划分为四个阶段。不同的是，本书认为，自1949年至今，我国主流贫困话语发生了一次断裂，其拐点大致出现在1986年前后。因为本书坚持自1986年起，我国才出现了现行西方主流贫困话语意义上的贫困。因此，本书在此不处理1986年之前的贫困话语，而重点关注1986年之后的贫困话语。

（一）扶贫开发启动阶段（1986—1993）

事实上，自1984年起，我国政府就启动了以促进区域经济发展为核心任务的"反贫困计划"②。但是，从严格意义上讲，在全国范围内实施的、以解决贫困人口温饱问题为主要目标的、有计划有组织的大规模扶贫开发工作大致启动于1986年前后。在1986年前后，我国政府作出了重要的战略部署，而且，配合新的战略部署，制定了新的贫困标准、划定了新的扶助对象，设立了一系列新的工作机构，出台了一系列新的相关政策，拉开了我国扶贫开发事业的大幕。

其一，启动和执行新的扶贫方针。

20世纪80年代中期，在改革开放政策的推动下，我国农村绝大多数地区凭借自身的发展优势，经济得到快速增长，但少数地区由于经济、社会、历史、自然、地理等方面的制约，发展相对滞后。贫困地区与其他地区，特别是与东部沿海发达地区在经济、社会、文化等方面的差距逐步扩大。中国农村发展不平衡问题凸显出来，低收入人口中有相当一部

---

① 《中国的农村扶贫开发》白皮书，国务院扶贫开发领导小组办公室网站 http://www.cpad.gov.cn，2006年3月3日。

② 这个"反贫困计划"的发展导向主要反映在资金的使用上。它改变了以往国家对贫困地区的资金投入主要用于支付个人的生活救济金的方式，而是把该资金作为发展投资，投向道路、饮水和农田等基础设施建设上。不过，后来的反贫困工作逐渐从经济援助扩展到对教育、公共卫生、技术和文化等领域的支持。见林卡、范晓光《贫困和反贫困——对中国贫困类型变迁及反贫困政策的研究》，《社会科学战线》2006年第1期，第191页。

分人经济收入甚至不能维持其生存的基本需要①。针对这一情况，我国政府做出了重要的战略调整，一改传统的分散救济式扶贫的做法，而启动了计划性和组织性更强的、规模更大的开发式扶贫工作，并将开发式扶贫作为当时（以及今后很长时期之内）我国政府农村扶贫政策的核心和基础。

所谓开发式扶贫，强调的是以经济建设为中心，支持、鼓励贫困地区干部群众改善生产条件，开发当地资源，发展商品生产，增强自我积累和自我发展能力。这一方针主要包括五个方面的内容：第一，针对普遍存在的"等、靠、要"思想，国家倡导和鼓励贫困地区的干部群众自力更生、艰苦奋斗的精神。第二，针对贫困地区基础设施薄弱、抵御自然灾害能力较差的实际情况，国家安排必要的以工代赈资金，鼓励、支持贫困农户投工投劳，开展农田、水利、公路等方面的基础设施建设，改善生产条件。第三，针对贫困地区、贫困农户收入低下的实际情况，国家安排优惠的扶贫专项贴息贷款，制定相关优惠政策，重点帮助贫困地区、贫困农户发展以市场为导向的种植业、养殖业以及相应的加工业项目，促进增产增收。第四，针对贫困农户科技文化素质低下的实际情况，国家安排开展农业先进实用技术培训，提高贫困农户的科技文化素质，增强自我发展能力。第五，坚持扶贫开发与水土保持、环境保护、生态建设相结合，实施可持续发展战略，增强贫困地区和贫困农户的发展后劲。②

此外，开发式扶贫方针还强调有计划、有组织地实施自愿移民扶贫开发，实施贫困地区劳动力输出工程，以及实行计划生育政策。而在开发式扶贫这一基本方针指导下，从中央到地方的各级政府在这一时期以及后来的阶段里出台了不少具体的、新的扶贫开发政策。

其二，确定新标准、划定新对象。

一是确立了划定贫困人口的标准。1986年，国家统计局和国务院扶贫办合作制定了第一个正式的贫困标准。这个标准是在对6.7万户农村居民家庭消费支出进行调查的基础上得出的。计算结果表明：当年（即

①　《中国的农村扶贫开发》白皮书，国务院扶贫开发领导小组办公室网站 http：//www. cpad. gov. cn，2006年3月3日。

②　同上。

1985 年）农村年人均纯收入 206 元是一个能够维持基本生存的最低费用标准，低于这一收入标准的人口即为贫困人口①。1986 年，贫困标准调整为 213 元，根据这一标准，当年划定的扶持对象合计 1.25 亿人。时至1993 年，贫困标准调整为 317 元，根据这一标准，当年划定的扶持对象合计 0.8 亿人。②

二是确定了一批国家重点扶持贫困县。为了集中使用扶贫资金，有效扶持贫困人口，我国政府决定确定一批国家重点扶持贫困县（也称国定贫困县），并于 1986 年第一次确定了国定贫困县标准。具体标准是：以县为单位，1985 年年人均纯收入低于 150 元的县；1985 年年人均纯收入低于 200 元的少数民族自治县；在民主革命时期做出过重大贡献、在海内外有较大影响的以及 1985 年年人均纯收入低于 300 元的老区县③。根据这一标准，当年共有 258 个县划为国定贫困县。

其三，设立新机构。

一是新设国务院贫困地区经济开发领导小组。1986 年 5 月 16 日，我国成立了国务院贫困地区经济开发领导小组。1993 年 12 月 28 日，该小组改名为国务院扶贫开发领导小组，一直沿用至今。国务院扶贫开发领导小组是国务院的议事协调机构，一般由国务院副总理兼任组长，由国务院办公厅、国家计委、经贸委、财政部、人民银行、教育部、科技部、民委、民政部、劳动和社会保障部、国土资源部、交通部、水利部、农业部、卫生部、计生委、环保总局、统计局、林业局、农业银行、全国总工会、团中央、全国妇联、供销总社、中国残联等有关部门的负责同志担任成员。该领导小组的基本任务是：组织调查研究；拟订贫困地区经济开发的方针、政策和规划；协调解决开发建设中的重要问题；督促、检查和总结交流经验。该领导小组还下设办公室，负责办理日常工作④。具体日常

---

① 《中国农村扶贫开发概要》，国务院扶贫开发领导小组办公室网站 http：//www. cpad. gov. cn，2006 年 11 月 20 日。

② 见：中华人民共和国国务院新闻办公室《中国政府白皮书（2000—2001）》，外文出版社 2003 年版，第 417—441 页。

③ 《中国农村扶贫开发概要》，国务院扶贫开发领导小组办公室网站 http：//www. cpad. gov. cn，2006 年 11 月 20 日。

④ 同上。

工作如下列引文所示:①

> 研究拟定扶贫开发工作的政策、规划并组织实施；协调社会各界
> 的扶贫工作，协调组织中央国家机关定点扶贫工作和东部发达地区支
> 持西部贫困地区的扶贫协作工作；拟定农村贫困人口和国家扶贫开发
> 工作重点县的扶持标准，研究提出确定和撤销重点县的意见；组织对
> 扶贫开发情况进行统计和动态监测，指导扶贫系统的统计监测工作；
> 协调拟定中央扶贫资金分配方案，指导、检查和监督扶贫资金的使
> 用，指导跨省区重点扶贫项目；组织开展扶贫开发宣传工作；负责有
> 关扶贫的国际交流与合作；承担全国贫困地区干部扶贫开发培训工
> 作；承办国务院扶贫开发领导小组交办的其他事项。②

此外，相关省、自治区、直辖市，和地（市）、县级政府也成立了相应的组织机构，负责本地的扶贫开发工作。

二是新设中国贫困地区经济开发服务中心。1988 年 4 月，国务院扶贫开发领导小组设立了一个直属事业单位即中国贫困地区经济开发服务中心。该中心的主要职责是对贫困地区的经济开发提供具体服务，主要包括：为贫困地区提供劳务、人才、技术、产品和资金等方面的信息服务，逐步建立面向贫困地区的技术市场、人才市场、物资市场；组织劳务培训、输出；沟通贫困地区与外界的经济联系，组织商品流通，发展内外贸易；推广适合贫困地区情况的农业适用技术；等等。③

三是新设中国扶贫基金会。1989 年 3 月 13 日，中国贫困地区发展基金会成立。该基金会是国务院扶贫办指导下的全国性非营利社团法人，并于 1990 年 3 月 24 日经中国人民银行同意改名为中国扶贫基金会。中国扶贫基金会的主要任务是：动员国内外各方面力量支持贫困地区发展，通过项目援助、受援人参与等方式，扶持贫困社区的弱势群体改善生产、生活

---

① 《中国农村扶贫开发概要》，国务院扶贫开发领导小组办公室网站 http：//www. cpad. gov. cn，2006 年 11 月 20 日。

② 同上。

③ 同上。

和健康条件并提高其素质和能力，实现脱贫致富。①

四是新设全国贫困地区干部培训中心。1990 年 2 月，国务院扶贫开发领导小组办公室新设了一个直属的事业单位即全国贫困地区干部培训中心。培训中心主要职责是对全国贫困地区党政领导干部进行扶贫开发方面的培训，对贫困地区乡村干部培训和农民实用技术培训进行指导。自成立以来，培训中心根据国务院扶贫办与中央组织部、财政部所制定的《全国贫困地区扶贫开发干部培训规划》等相关文件，围绕国家扶贫开发的主要目标和中心任务，对全国贫困地区县级党政领导干部开展了若干次大规模的轮训。同时，培训中心也承担了一些国际合作项目和调查研究工作。②

这些工作为下一阶段的扶贫开发的稳步推进以及工作机构机制的逐步完善打开了局面、奠定了基础。更为重要的是，经过 8 年的不懈努力，国家重点扶持贫困县农民人均纯收入从 1986 年的 206 元增加到 1993 年的483.7 元；农村贫困人口由 1.25 亿人减少到 8000 万人，平均每年减少640 万人（年均递减 6.2%），贫困人口占农村总人口的比重从 14.8% 下降到 8.7%。③

（二）扶贫开发攻坚阶段（1994—2000）

1994 年 4 月 15 日，国务院颁布了《国家八七扶贫攻坚计划》（以下简称"八七计划"）。该计划是新中国历史上第一个有明确目标、明确对象、明确措施和明确期限的扶贫开发行动纲领。"八七计划"的公布实施，标志我国的扶贫开发进入一个新的历史阶段——攻坚阶段④。在这一个阶段，我国政府有关部门适时调整了扶贫开发战略，及时修正了贫困标准，不断创新扶贫开发方式，逐步完善了相关工作机构和机制，进行了一场难度很大的攻坚之战。

其一，调整战略目标。

---

① 《中国农村扶贫开发概要》，国务院扶贫开发领导小组办公室网站 http：//www. cpad. gov. cn，2006 年 11 月 20 日。

② 同上。

③ 《中国的农村扶贫开发》白皮书，国务院扶贫开发领导小组办公室网站 http：//www. cpad. gov. cn，2006 年 3 月 3 日。

④ 《中国农村扶贫开发概要》，国务院扶贫开发领导小组办公室网站 http：//www. cpad. gov. cn，2006 年 11 月 20 日。

　　时至 1994 年，我国贫困问题发生了新变化、出现了新情况。首先，一方面农村的贫困问题已经明显缓解，没有完全稳定解决温饱的贫困人口已经减少到 8000 万人；另一方面解决这些贫困人口的温饱问题难度较之以往更大，因为这些贫困人口集中分布在西南大石山区（缺土）、西北黄土高原区（严重缺水）、秦巴贫困山区（土地落差大、耕地少、交通状况恶劣、水土流失严重）以及青藏高寒区（积温严重不足）等几类地区，导致既有的开发式扶贫做法在短时间内难以见效。其次，随着社会主义市场经济的建立和实施，尽管贫困地区也获得了前所未有的发展机遇，但是，中西部地区尤其是其中的贫困地区与沿海发达地区的差距逐步扩大。[①]

　　基于这些实际情况，以及根据社会主义制度的本质要求，我国政府调整了扶贫开发战略目标，提出了通过打好扶贫开发攻坚之战解决农村贫困人口基本温饱问题的奋斗目标，"决定从 1994 年到 2000 年，集中人力、物力、财力，动员社会各界力量，力争用七年左右的时间，基本解决目前全国农村 8000 万贫困人口的温饱问题"[②]。与之配套，我国政府启动和实施了科技教育扶贫、东西部地区结对开展扶贫协作等系列新政策、新项目，以确保扶贫开发攻坚之战的顺利和圆满成功（详见本章接下来的分析）。

　　其二，修正贫困标准。

　　一是调整贫困人口的标准。1994 年，我国政府将贫困标准调整为 440 元，也就是说，当年农村年人均纯收入低于 440 元的即为农村贫困人口。

---

　　① 《中国农村扶贫开发概要》，国务院扶贫开发领导小组办公室网站 http://www. cpad. gov. cn，2006 年 11 月 20 日。

　　② 参见《国家八七扶贫攻坚计划（1994—2000）》，国务院扶贫开发领导小组办公室网站 http://www. cpad. gov. cn，2006 年 3 月 3 日；《中国的农村扶贫开发》白皮书，国务院扶贫开发领导小组办公室网站 http://www. cpad. gov. cn，2006 年 3 月 3 日。此外，时至 20 世纪 90 年代中后期，经验观察表明，受国企改制等因素的影响，下岗失业人员增多，城市贫困发生率出现增高趋势。中国贫困问题呈现农村贫困与城市贫困并存的局面。基于这个新情况，除了致力于进一步解决农村贫困问题之外，我国政府在这个时期还开始关注城镇人口的贫困问题并开始尝试通过强化再分配型社会政策来解决城镇贫困问题。例如，1998 年 6 月，中共中央、国务院下发了《关于切实做好国有企业下岗职工基本生活保障和再就业工作的通知》，为失业下岗人员建立起包括失业保险、下岗职工基本生活保障和城市居民最低生活保障在内的"三条保障线"。进一步了解请参见：林卡、范晓光《贫困和反贫困——对中国贫困类型变迁及反贫困政策的研究》，《社会科学战线》2006 年第 1 期，第 187—194 页；《中共中央、国务院关于切实做好国有企业下岗职工基本生活保障和再就业工作的通知》，中国共产党新闻网 http://cpc. people. com. cn。

时至 2000 年, 贫困标准调整为 625 元①。而且, 这一时期, 我国政府有关职能部门不但调整了贫困标准, 而且还修正了计算贫困标准的方法（详见接下来的分析）。

二是调整国定贫困县的标准。制订《国家八七扶贫攻坚计划》时, 我国政府重新调整了国定贫困县的标准。具体情况是: 以县为单位, 凡是 1992 年年人均纯收入低于 400 元的县全部纳入国定贫困县扶持范围, 凡是 1992 年年人均纯收入高于 700 元的原国定贫困县, 一律退出国家扶持范围。根据这个标准, 列入《国家八七扶贫攻坚计划》的国家重点扶持的贫困县共有 592 个, 分布在 27 个省、自治区、直辖市。其中: 国家重点扶持贫困县数量较多的省区是云南（73 个）、陕西（50 个）、贵州（48 个）、四川（43 个）、甘肃（41 个）; 数量较少的省区是广东（3 个）、浙江（3 个）、吉林（5 个）、海南（5 个）、西藏（5 个）。②

其三, 不断创新扶贫方式和完善工作机构机制。

一是启动和推进国际合作。这一时期, 我国政府更加积极探索和借鉴国际扶贫经验, 不断扩大同国际组织在扶贫领域的交流与合作, 希望国际社会和海外华人能够了解我国贫困地区的经济发展状况和扶贫工作, 希望能够更加广泛地争取他们对实施《国家八七扶贫攻坚计划》的支持。为更好地开展国际合作, 更充分地利用国内外资金、信息、技术及管理经验, 国务院扶贫开发领导小组办公室于 1995 年再次增设了一个新的直属事业单位——国务院扶贫办外资项目管理中心（其前身是于 1993 年成立的国务院扶贫开发领导小组办公室世界银行项目管理办公室）。资料显示, 该中心的工作职责和任务是: 组织、管理、协调外资贷款扶贫项目的准备和实施; 加强和扩大国际社会在扶贫领域的合作; 积极发展与外国政府及非政府组织在扶贫领域的合作; 争取和寻求其他国际资本、国外厂商在扶贫领域的合作; 组织、准备并实施国家委托的各类扶贫项目; 等等。③

国际合作也确实取得了明显进展。资料同时显示, 世界银行与我国政府在扶贫方面的合作最早, 投入规模最大。其中, 世界银行与我国合作开

---

① 国家统计局农村社会经济调查总队:《中国农村贫困监测报告·2004》, 中国统计出版社 2004 年版, 第 1—10 页。

② 《中国农村扶贫开发概要》, 国务院扶贫开发领导小组办公室网站 http://www.cpad.gov.cn, 2006 年 11 月 20 日。

③ 同上。

展的西南（于 1995 年 7 月正式开始）、秦巴（于 1997 年正式开始）、西部三期扶贫贷款项目，援助总规模达 6.1 亿美元，项目区覆盖 9 个省区、91 个贫困县，受益贫困人口达 800 多万人，项目建设内容涉及大农业、基础设施建设、第二产业和第三产业开发、劳务输出、教育、卫生、机构建设和贫困监测等八个方面。① 随后，联合国开发计划署也在我国开展了一些扶贫开发项目和研究项目。在这一时期以及接下来的时间里，欧盟、英国政府、荷兰政府、日本政府、德国技术合作公司、亚洲开发银行、福特基金会、日本凯尔、日本协力银行、世界宣明会、香港乐施会等也都在中国开展了扶贫开发项目，并取得了很好的成效。②

二是启动和实行科技教育扶贫。为了加强对科技扶贫的政策指导工作，1996 年，国家科委等部门制定、发布了《1996—2000 年全国科技扶贫规划纲要》。根据有关精神以及这一文件具体要求，有关政府职能部门还安排了专项科技扶贫资金，用于优良品种和先进实用技术的引进、试验、示范、推广，以及科技培训等；与此同时，广泛动员大专院校、科研院所在贫困地区积极推广农业先进实用技术，组织科技人员到贫困地区挂职任教，组织科研单位到贫困乡、村宣传普及农业技术。而 1995 年以来，国家教委和财政部则联合组织实施了"国家贫困地区义务教育工程"，投入资金超过 100 亿元，帮助贫困地区普及九年义务教育。③

三是启动和实行东西部扶贫协作工作。东西部扶贫协作即东部发达省、市与西部贫困地区结对开展扶贫协作。自 1996 年开始，我国政府作出部署，安排东部 15 个经济较发达省、市与西部 11 个省（区、市）开展东西扶贫协作工作。具体执行情况是：北京帮扶内蒙古，天津帮扶甘肃，上海帮扶云南，广东帮扶广西，江苏帮扶陕西，浙江帮扶四川，山东帮扶新疆，辽宁帮扶青海，福建帮扶宁夏，大连、青岛、深圳、宁波帮扶

① 《中国农村扶贫开发概要》，国务院扶贫开发领导小组办公室网站 http：//www. cpad. gov. cn，2006 年 11 月 20 日。

② 《中国的农村扶贫开发》白皮书，国务院扶贫开发领导小组办公室网站 http：//www. cpad. gov. cn，2006 年 3 月 3 日。

③ 《中国农村扶贫开发概要》，国务院扶贫开发领导小组办公室网站 http：//www. cpad. gov. cn，2006 年 11 月 20 日。实际上，从 1986 年起，我国政府提出科技扶贫的口号，安排专项科技扶贫资金，用于优良品种和先进使用技术的引进、试验、示范、推广以及科技培训。但是，《1996—2000 年全国科技扶贫规划纲要》颁布实施之后，科技扶贫的计划性、组织性和有效性进一步得到加强。

贵州。协作双方根据"优势互补、互惠互利、长期合作、共同发展"的原则，在企业合作、项目援助、人才交流等方面开展了多层次、全方位的扶贫协作，形成了政府援助、企业合作、社会帮扶、人才支持为主的基本工作框架。①

　　四是逐步加强扶贫开发专项资金管理。我国政府专项扶贫资金主要包括两大类：财政扶贫资金（财政扶贫资金又包括支援不发达地区发展资金、新增财政扶贫资金、以工代赈资金等）和信贷扶贫资金。其中：财政扶贫资金主要用于建设基本农田、兴修小型水利工程、解决人畜饮水困难、修建乡村道路、科技培训和推广农业实用技术等；信贷扶贫资金主要用于增加贫困户当年收入的种养业项目。在这一时期，各级政府安排的专项扶贫投入不断增加，其中，仅中央政府累计投入资金就达到 1127 亿元，相当于 1986 年到 1993 年 8 年投入总量的 3 倍。为了加强对包括专项扶贫资金在内的各类扶贫资金的管理，提高使用效益，国务院于 1997 年制定了统一的《国家扶贫资金管理办法》。该办法对各类扶贫资金的扶持对象、条件等作了明确规定，强调各类扶贫资金要根据扶贫攻坚的总体目标和要求，配套使用，形成合力，发挥整体效益。同时，该办法还要求各级扶贫工作专门机构要加强对扶贫资金管理使用的检查、监督工作，审计部门要对扶贫资金的使用情况进行严格审计，发现问题及时查处。②

　　五是继续明确和规范行业扶贫工作。这一时期，计划部门、内贸和外贸部门、农林水部门、科教部门、公交部门、劳动部门、民政部门、民族工作部门、文化卫生和计划生育部门、财政金融部门、工商和海关等部门，按照"八七计划"的要求和部署，分别制订了本部门、本系统的八七扶贫攻坚实施方案，充分利用和发挥各自优势，有计划、有组织地在资

---

　　① 见：《中国的农村扶贫开发》白皮书，国务院扶贫开发领导小组办公室网站 http：//www. cpad. gov. cn，2006 年 3 月 3 日；《中国农村扶贫开发概要》，国务院扶贫开发领导小组办公室网站 http：//www. cpad. gov. cn，2006 年 11 月 20 日；《中国农村扶贫开发的新进展》白皮书，国务院扶贫开发领导小组办公室网站 http：//www. cpad. gov. cn，2012 年 2 月 8 日。补充指出的是，2010 年 6 月，东西部结对扶贫协作关系进行了部分调整，其中，山东省帮扶重庆市，福建省厦门市帮扶甘肃省临夏回族自治州，广东省珠海市帮扶四川省凉山彝族自治州。
　　② 见：《中国的农村扶贫开发》白皮书，国务院扶贫开发领导小组办公室网站 http：//www. cpad. gov. cn，2006 年 3 月 3 日；《中国农村扶贫开发概要》，国务院扶贫开发领导小组办公室网站 http：//www. cpad. gov. cn，2006 年 11 月 20 日；《国家扶贫资金管理办法》，国务院扶贫开发领导小组办公室网站 http：//www. cpad. gov. cn，2011 年 3 月 16 日。

金、物资、技术上向贫困地区给予倾斜①,为扶贫开发工作付出了扎实的努力。行业扶贫逐渐成形、日臻成熟。

六是继续搭建和完善扶贫开发政策保障框架。为了确保扶贫开发的顺利推进以及提升扶贫开发效果,我国政府逐步搭建和完善了以信贷优惠政策、财税优惠政策和经济开发优惠政策为主线的政策保障框架。其中,政策明确规定:国有商业银行每年要安排一定的信贷资金,稳步提高发放扶贫信贷资金的灵活性;对国家确定的"老、少、边、穷"地区新办的企业,其所得税可在 3 年内予以征后返还或部分返还;中央和地方安排开发项目时应向资源条件较好的贫困地区倾斜,国家制定和执行产业政策时要考虑贫困地区的特殊性并给予支持和照顾;等等。②

经过 7 年的努力,时至 20 世纪末,我国扶贫开发取得了显著成效,贫困地区的面貌发生了很大变化。贫困地区生产生活条件明显改善,各项社会事业全面发展,经济发展速度明显加快。资料显示,国定贫困县:农业增加值增长 54%,年均增长 7.5%;工业增加值增长 99.3%,年均增长 12.2%;地方财政收入增加近 1 倍,年均增长 12.9%;粮食产量增长 12.3%,年均增长 1.9%;农民人均纯收入从 648 元增长到 1337 元,年均增长 12.8%。所有这些指标都快于全国平均水平。同时,全国农村地区没有解决温饱的贫困人口减少到 3000 万人左右,贫困发生率下降到 3%左右。"八七计划"确定的战略目标已经基本实现③。目标的如期实现,对中国的社会、经济、文化发展产生了广泛而深远的影响,不仅保证了民族团结、边疆巩固和社会稳定,而且对于实现现代化建设的第二步战略目标、使人民生活总体达到小康水平起到了重要作用④。而且,我国扶贫工作经验更加丰富,扶贫工作机制逐步日臻成熟。

(三) 解决和巩固温饱并重阶段 (2001—2010)

伴随"八七计划"的基本实现,我国扶贫开发历程再次出现拐点。

---

① 《国家八七扶贫攻坚计划 (1994—2000)》,国务院扶贫开发领导小组办公室网站 http://www. cpad. gov. cn, 2006 年 3 月 3 日。

② 同上。

③ 温家宝:《在中央扶贫开发工作会议上的讲话》,新华网 http://www. xinhuanet. com, 2001 年 9 月 20 日。

④ 《中国的农村扶贫开发》白皮书,国务院扶贫开发领导小组办公室网站 http://www. cpad. gov. cn, 2006 年 3 月 3 日。

2001 年 5 月 24 日，中央扶贫开发工作会议在北京召开。会议总结了"八七计划"实施以来的成就和经验，讨论了《中国农村扶贫开发纲要（2001—2010 年）》，部署了今后十年的扶贫开发工作。这个纲要是继"八七计划"之后又一个指导全国扶贫开发的纲领性文件。以此纲要的颁布实施为标志，我国的扶贫开发工作进入新一轮攻坚阶段。在这一阶段，我国政府再次调整了战略目标，并相应地制定和实施了一系列新政策。

其一，提出了解决温饱与巩固温饱并重的战略目标。

这一时期，我国政府提出了尽快解决少数贫困人口温饱问题、努力帮助脱贫人口巩固温饱成果进而过上比较宽裕生活的奋斗目标。资料显示，截至 2000 年年底，全国农村没有解决温饱的贫困人口是 3000 万人（占农村人口的比例在 3% 左右），另有低收入人口 6000 多万人。这 9000 多万农村人口是新阶段农村扶贫开发的基本对象[1]。另有资料显示，时至 2005 年前后，全国农村仍有 2365 万人没有解决温饱问题，另有处于年收入 683 元至 944 元的低收入群体 4067 万人，两者合计 6432 万人[2]。基于这一实际情况，我国政府重新调整和制定了扶贫开发战略目标（如下列引文所示）。

> 我国 2001—2010 年扶贫开发总的奋斗目标是：尽快解决少数贫困人口温饱问题，进一步改善贫困地区的基本生产生活条件，巩固温饱成果，提高贫困人口的生活质量和综合素质，加强贫困乡村的基础设施建设，改善生态环境，逐步改变贫困地区经济、社会、文化的落后状况，为达到小康水平创造条件。[3]

根据上述目标，一是调整扶助对象和贫困人口标准。我国政府确定的扶贫开发首要对象是贫困地区尚未解决温饱问题的贫困人口，扶贫开发的

---

① 《中国农村扶贫开发概要》，国务院扶贫开发领导小组办公室网站 http：//www. cpad. gov. cn，2006 年 11 月 20 日。

② 《我国扶贫工作转入解决温饱和巩固温饱并重的新阶段》，国务院扶贫开发领导小组办公室网站 http：//www. cpad. gov. cn，2011 年 3 月 16 日。

③ 《国务院关于印发中国农村扶贫开发纲要（2001—2010 年）的通知》，中华人民共和国中央人民政府网站 http：//www. gov. cn，2001 年 6 月 13 日。

其次对象是初步解决温饱问题的贫困人口即低收入人口。对低收入人口，我国政府将继续帮助增加收入，进一步改善他们的生产生活条件[①]。资料显示，2000 年，我国政府确定的贫困标准是 865 元，处于这一标准之下的贫困人口共计 9422 万人。2010 年，我国政府将贫困标准调整为 1274 元，处于这一标准之下的贫困人口共计 2688 万人。[②]

二是调整了"八七计划"确定国定贫困县的做法，确定了一批国家扶贫开发工作重点县（也称国定重点县）。这一时期，按照集中连片的原则，把贫困人口集中的中西部少数民族地区、革命老区、边疆地区和特困地区作为扶贫开发的重点，并在上述四类地区确定扶贫开发工作重点县。确定国定重点县是我国政府关于新阶段扶贫开发工作的一大决策。确定扶贫开发工作重点县的原则是：明确责任，覆盖多数，科学测算，相对稳定，省负总责。确定扶贫开发工作重点县数量的方法是"631 指数法"，即贫困人口（占全国比例）占 60% 权重（其中绝对贫困人口与低收入人口各占 80% 与 20% 比例）、农民人均纯收入较低的县数（占全国比例）占 30% 权重、人均 GDP 低的县数和人均财政收入低的县数占 10% 权重。根据以上原则和方法，在全国中西部 21 个省区市确定了 592 个县（旗、市）为国定重点县。其中，"八七计划"所确定的国定贫困县有 51 个出列，而另有 89 个符合条件的县（旗、市）成了国定重点县。[③]

三是确定了一批村级扶贫对象，启动和实行了整村推进扶贫开发计划。为促进贫困地区经济社会全面发展，2001 年我国政府在全国确定了14.8 万个贫困村，逐村制定包括基本农田、人畜饮水、道路、贫困农户收入、社会事业等内容的扶贫规划，以村为单位整合和统筹各类支农惠农资金和扶贫专项资金，按年度组织实施，努力实现贫困人口增收、基础设

---

① 《国务院关于印发〈中国农村扶贫开发纲要（2001—2010 年）〉的通知》，中央门户网站 http：//www. gov. cn，2001 年 6 月 13 日。

② 《中国农村扶贫开发的新进展》白皮书，国务院扶贫开发领导小组办公室官网 http：//www. cpad. gov. cn，2012 年 2 月 8 日。

③ 《中国农村扶贫开发概要》，国务院扶贫开发领导小组办公室网站 http：//www. cpad. gov. cn，2006 年 11 月 20 日。需要补充的是，确定国家扶贫开发工作重点县时所依据的是：年人均低收入以 1300 元为标准，但老区、少数民族边疆地区以 1500 元为标准；年人均 GDP 以 2700 元为标准；年人均财政收入以 120 元为标准。此外，统计显示，国定重点县所覆盖的贫困人口（以 625 元为标准）占全国贫困人口的 61.9%，所覆盖的低收入人口（以 865 元为标准）占全国低收入人口的 63.3%。

施提升、社会公益事业发展、当地群众生产生活条件改善的目标。资料显示，截至 2010 年年底，已在 12.6 万个贫困村实施整村推进，其中，国定重点县中的革命老区、人口较少民族聚居区和边境一线地区贫困村的整村推进已基本完成。①

其二，逐步实行开发式扶贫与社会保护式扶贫相结合的方针。

时至 21 世纪初期，尽管贫困人口的数量减少了，但贫困问题依然严重、扶贫工作难度甚至加大。一方面，由于自然条件恶劣、自身综合能力较差等因素，已经解决温饱问题的贫困人口实际很是脆弱，容易重新返回贫困状态；另一方面，由于尚未解决温饱的贫困人口一般都生活在自然条件恶劣、社会发展程度很低和社会服务水平较差的地区，这些地区投入与产出效益反差较大，扶贫开发措施难以起到应有作用②。开发式扶贫的局限呼吁新扶贫方式的出现，以解决扶贫开发过程中遇到的难题。此外，中国人口基数巨大，由此而导致的巨大就业压力是一个必须长期面对和亟待解决的严峻问题，及时出台必需的社会保护政策，充分发挥这些政策的兜底和保护作用，也是一件势在必行的事情。基于这些情况，我国政府在坚持开发式扶贫方针同时，自这一阶段的中后期开始，尝试实行社会保护政策，稳步推行农村社会保障制度，积极发挥社会政策的扶贫作用。

具体做法主要包括：第一，自 2002 年 10 月起，逐步实行新型农村合作医疗制度。该制度是由政府组织、引导、支持，农民自愿参加，个人、集体和政府多方筹资，以大病统筹为主的农民医疗互助共济制度，对于减少和防止因病致贫状况发挥了积极作用。第二，自 2006 年 3 月起，《农村五保供养工作条例》开始施行。该条例的颁布实施标志五保供养制度逐步完成了由集体福利事业向现代社会保障制度转型的过程，实现了五保供养所需资金由农民分摊转为由国家财政负担，基本实现了对农村丧失劳动能力和生活没有依靠的老、弱、孤、寡、残农民的"应保尽保"③。第三，自 2007 年起，决定在全国农村全面建立最低生活保障制度，将家庭年人

---

① 见：《中国农村扶贫开发概要》，国务院扶贫开发领导小组办公室网站 http://www. cpad. gov. cn, 2006 年 11 月 20 日；《中国的农村扶贫开发》白皮书，国务院扶贫开发领导小组办公室网站 http://www. cpad. gov. cn, 2006 年 3 月 3 日；《关于共同做好整村推进扶贫开发构建和谐文明新村工作的意见》，《人民日报》2005 年 8 月 13 日第 5 版。

② 《中国农村扶贫开发概要》，国务院扶贫开发领导小组办公室网站 http://www. cpad. gov. cn, 2006 年 11 月 20 日。

③ 《农村五保供养工作条例》，中央政府门户网站 http://www. gov. cn, 2006 年 1 月 26 日。

均纯收入低于规定标准的所有农村居民纳入保障范围。农村最低生活保障标准，由县级以上地方政府按照能够维持当地农村居民全年基本生活所必需的吃饭、穿衣、用水、用电等费用确定。第四，自 2009 年起，开展新型农村社会养老保险试点工作。新型农村社会养老保险所实行的筹资方式是：个人缴费、集体补助、政府补贴相结合，所实行的待遇支付方式是：基础养老金和个人账户养老金相结合。中央财政对中西部地区按中央确定的基础养老金给予全额补助，对东部地区给予 50% 的补助。此外，2004年，我国政府还出台了规范的最低工资制度，对保障以农民工为主体的劳动者的劳动报酬权益发挥了积极作用。①

其三，继续完善扶贫开发管理工作，及时出台实施有效政策。

一是不断强化扶贫开发规划工作。根据《中国农村扶贫开发纲要（2001—2010 年）》精神，按照"实事求是、综合设计、因地制宜、分类指导"以及"统一评估，统一论证，一次批准，分年实施，分期投入，分期分批地解决问题"的原则，各地分别制定了省、县、村三级扶贫规划并按部就班组织实施。这一阶段的规划设计和制定具有两个明显特点：一方面，各地扶贫规划纳入了各地国民经济和社会总体发展规划。例如，省级扶贫规划纳入省级国民经济和社会总体发展规划。另一方面，各级规划之间密切关联、有机衔接。例如，县级扶贫规划是在充分考虑村级扶贫工作基础上形成的，省级扶贫规划是在县级规划的基础上形成的，西部地区的扶贫开发规划则与西部大开发的总体部署实现了衔接。②

二是继续探索扶贫开发有效方式方法。主要包括：第一，启动贫困村互助资金试点以及扶贫贷款财政贴息改革工作，积极发挥金融扶贫作用。自 2006 年起，我国政府在全国 1.36 万个贫困村开展了贫困村互助资金试点，每个试点村安排财政扶贫资金 15 万元，按照"民有、民用、民管、民享、周转使用、滚动发展"的方式支持村民发展生产，建立起财政扶贫资金使用长效机制。与此同时，开展扶贫贷款财政贴息改革，引导和撬动金融机构扩大贴息贷款投放规模，努力解决资金短缺制约贫困人口生存

---

① 《中国农村扶贫开发的新进展》白皮书，国务院扶贫开发领导小组办公室网站 http://www.cpad.gov.cn，2012 年 2 月 8 日。

② 参见《中国农村扶贫开发概要》，国务院扶贫开发领导小组办公室网站 http://www.cpad.gov.cn，2006 年 11 月 20 日；《中国的农村扶贫开发》白皮书，国务院扶贫开发领导小组办公室网站 http://www.cpad.gov.cn，2006 年 3 月 3 日。

和发展的问题①。第二，启动和开展特殊地区扶贫试点工作，有效解决制约贫困地区发展的突出问题。例如，在广西壮族自治区的东兰县、巴马县、凤山县，集中力量开展了解决基础设施建设的大会战。在四川省阿坝藏族羌族自治州，开展了扶贫开发与综合防治大骨节病相结合的试点。在贵州省晴隆县开展了石漠化地区的扶贫开发与生态环境建设相结合的试点。在新疆维吾尔自治区的阿合奇县开展了边境扶贫的试点。对云南省的布朗族及瑶族山瑶支系开展全面扶贫。在汶川、玉树地震灾区，把贫困地区的防灾减灾与灾后恢复重建有机结合，全面推进灾后恢复重建等②。第三，实施"雨露计划"等项目，切实提高农民尤其是贫困人口的生产技能。自 2004 年起，中央政府累计安排财政扶贫资金 30 亿元，实施以劳动力转移为主要内容的"雨露计划"，对贫困家庭劳动力开展务工技能和农业实用技术培训。自 2006 年起，农业部、财政部联合组织实施"新型农民科技培训工程"，每年根据优势农产品区域布局规划和地方特色农业发展要求，在全国选择 1 万个村实施。中央财政每年安排 1 亿元专项资金，按每村 1 万元的标准给予培训补助。自 2010 年起，以促进就业为导向，我国政府开展了对贫困家庭的初高中毕业生参加职业教育给予直接补助的试点工作。③

　　三是继续完善扶贫开发相关管理工作。例如，为了抓好国定重点县工作，制定了《国家扶贫开发工作重点县管理办法》，建立了科学的准入、激励、退出机制以及严格的管理监督制度，实施了国定重点县联系人制度④。再例如，启动和实行贫困状况监测工作。自 2000 年起，国家统计局正式启动了对贫困状况的检测工作，并且由国家统计局定期公开出版《中国农村贫困监测报告》，向社会各界发布我国农村贫困状况，展示贫困变化的宏观背景，介绍各部门和全社会的扶贫实践及其扶贫效果。

---

　　① 《中国农村扶贫开发的新进展》白皮书，国务院扶贫开发领导小组办公室网站 http：//www. cpad. gov. cn，2012 年 2 月 8 日。

　　② 同上。

　　③ 参见《中国农村扶贫开发的新进展》白皮书，国务院扶贫开发领导小组办公室网站 ht-tp：//www. cpad. gov. cn，2012 年 2 月 8 日；《我国启动新型农民科技培训工程，中央财政今年补贴 1 亿元专项资金》，国务院扶贫开发领导小组办公室网站 http：//www. cpad. gov. cn，2011 年 3 月 16 日。

　　④ 参见《中国农村扶贫开发概要》，国务院扶贫开发领导小组办公室网站 http：//www. cpad. gov. cn，2006 年 11 月 20 日。

四是继续加强和深化国际交流与合作。主要包括:第一,2001 年国务院新闻办公室发布了《中国的农村扶贫开发》白皮书,首次对我国农村扶贫开发的历程和有关情况做出了梳理、进行了介绍。第二,自 2007 年起,我国政府和联合国驻华系统在每年 10 月 17 日"国际消除贫困日"期间联合组织举办"减贫与发展高层论坛",探讨国际减贫的形势和问题。第三,2007 年,首届"中国—东盟社会发展与减贫论坛"在南宁成功举办。这一论坛已经成为我国和东盟国家之间促进社会发展与减贫的重要年度交流机制,对促进区域稳定与繁荣产生了积极影响。第四,2010 年,我国政府与有关国家和国际机构共同举办了"中非减贫与发展会议",强调通过"在变革中求发展"的方式削减贫穷,推动千年发展目标在非洲的进程①。第五,加大引入国际非政府组织参与扶贫开发的工作力度。例如,2006 年 5 月 31 日,国务院扶贫办外资项目管理中心在广西南宁分别与国际计划、国际行动援助、世界宣明会等国际非政府组织签订合作协议,以发挥 NGO 在我国的"社区主导型发展试点"项目中的作用,探索 NGO 与政府合作开展扶贫工作的方式。②

经过十年多的努力,扶贫开发工作取得了新的进展。农村居民的生存和温饱问题基本得到解决,贫困地区经济获得比较全面的发展,贫困地区生产生活条件得到明显改善,贫困地区社会事业获得了不断进步,贫困地区生态恶化趋势也初步得到遏制。资料显示,这一期间,大约 6700 万农村人口脱贫,农村贫困人口占农村人口的比重从 10.2% 下降到 2.8%③。我国提前实现了联合国千年发展目标中贫困人口减半目标,为全球减贫事业作出了重大贡献。同样重要的是,初步形成了具有一定中国特色的扶贫开发工作方针和操作框架。

(四) 扶贫开发深入推进阶段 (2011 年至今)

2011 年 11 月 16 日,国务院新闻办发布了《中国农村扶贫开发的

---

① 《中国农村扶贫开发的新进展》白皮书,国务院扶贫开发领导小组办公室网站 http://www.cpad.gov.cn,2012 年 2 月 8 日。

② 《我国引入国际非政府组织参与扶贫开发工作》,国务院扶贫开发领导小组办公室网站 http://www.cpad.gov.cn,2011 年 3 月 16 日。

③ 《中国农村扶贫开发的新进展》白皮书,国务院扶贫开发领导小组办公室网站 http://www.cpad.gov.cn,2012 年 2 月 8 日。

新进展》,对《中国农村扶贫开发纲要 (2001—2010 年)》实施以来我国农村扶贫开发取得的进展进行了系统介绍。2011 年 11 月 29 日,中央扶贫开发工作会议在北京召开。会议总结了我国扶贫开发取得的成就和经验,分析了当前和今后一个时期扶贫开发形势和任务,全面部署了《中国农村扶贫开发纲要 (2011—2020 年)》贯彻落实工作①。新的纲要是今后十年我国农村扶贫开发工作的纲领性文件。以这次会议的召开以及这一纲要的颁布实施为标志,我国的扶贫开发再次进入一个新阶段——深入推进扶贫开发各项事业和工作的阶段。在这一阶段,我国政府再次调整了战略目标,并在完善扶贫开发方针和创新工作方式方法上加大了力度。

其一,大幅度调整贫困标准,再次调整扶助范围。

一是大幅度调整贫困标准,扩大了受助人口规模。2011 年,我国政府决定将农民人均纯收入 2300 元 (2010 年不变价) 作为新的国家扶贫标准,这个标准比 2009 年提高了 92%。大幅度提高扶贫标准,把更多低收入人口纳入扶贫范围,同时注重经济社会全面发展,是这一时期扶贫开发新目标和新特点 (如下列引文所示)。②

> 高举中国特色社会主义伟大旗帜,以邓小平理论和"三个代表"重要思想为指导,深入贯彻落实科学发展观,提高扶贫标准,加大投入力度,把连片特困地区作为主战场,把稳定解决扶贫对象温饱、尽快实现脱贫致富作为首要任务,坚持政府主导,坚持统筹发展,更加注重转变经济发展方式,更加注重增强扶贫对象自我发展能力,更加注重基本公共服务均等化,更加注重解决制约发展的突出问题,努力推动贫困地区经济社会更好更快发展。……到 2020 年,稳定实现扶贫对象不愁吃、不愁穿,保障其义务教育、基本医疗和住房。贫困地区农民人均纯收入增长幅度高于全国平均水平,基本公共服务主要领

---

① 值得注意的是,这一时期我国政府还颁布实施了《农村残疾人扶贫开发纲要 (2011—2020 年)》。进一步了解请参见《国务院办公厅关于印发〈农村残疾人扶贫开发纲要 (2011—2020 年)〉的通知》,中央政府门户网站 http://www.gov.cn,2012 年 1 月 19 日。

② 《中央扶贫开发工作会议在北京召开》,中央政府门户网站 http://www.gov.cn,2011 年 11 月 29 日。需要补充的是,我国政府还指出,考虑到全国各地发展不平衡,经济发达地区可根据自身实际和能力确定更高的本地扶贫标准。

域指标接近全国平均水平，扭转发展差距扩大趋势。①

二是确定了六盘山区、秦巴山区、武陵山区、乌蒙山区、滇桂黔石漠化区、滇西边境山区、大兴安岭南麓山区、燕山—太行山区、吕梁山区、大别山区、罗霄山区等区域的连片特困地区和已明确实施特殊政策的西藏、四省藏区、新疆南疆三地州是扶贫攻坚主战场。与此同时，连片特困地区以外的重点县和贫困村仍是重要扶贫范围，而且原定重点县支持政策不变②。不过，14 个连片特困地区与 592 个贫困县有交叉，两项共计覆盖 832 个县。就村级层面而言，2014 年一共认定了 12.8 万个贫困村。③

其二，明确了开发式扶贫与社会保障制度有效衔接的工作方针。

经过多年的探索和实践，在这一时期我国政府"最终"形成了"比较成熟"的扶贫开发工作方针，即坚持开发式扶贫方针，实行扶贫开发和农村最低生活保障等社会保障制度有效衔接。《中国农村扶贫开发纲要（2011—2020 年）》指出，要把扶贫开发作为脱贫致富的主要途径，鼓励和帮助有劳动能力的扶贫对象通过自身努力摆脱贫困；同时，把社会保障作为解决温饱问题的基本手段，逐步完善社会保障体系，充分发挥社会保障制度稳定、持久、有效地解决贫困人口温饱问题的基础作用。④

其三，不断创新工作机制，扎实解决突出问题。

一是深化改革，不断创新扶贫开发工作机制。截至目前，主要涉及六项机制的改革和创新。⑤

第一，改进贫困县考核机制。主要做法包括：由主要考核地区生产总

---

① 《中国农村扶贫开发纲要（2011—2020 年）》，新华网 http://www.xinhuanet.com，2011 年 12 月 1 日。

② 同上。

③ 《2020 年所有贫困县都要摘帽》，新华网 http://www.xinhuanet.com，2015 年 3 月 13 日。

④ 《中国农村扶贫开发纲要（2011—2020 年）》，新华网 http://www.xinhuanet.com，2011 年 12 月 1 日。此外，资料显示，2010 年 5 月 7 日，国务院扶贫办与民政部等部门联合发布了《关于做好农村最低生活保障制度和扶贫开发政策有效衔接扩大试点工作的意见》。文件指出，通过探索两项制度在程序上、政策上和管理上的有效衔接，充分发挥农村低保制度和扶贫开发政策的作用，保障农村贫困人口基本生活，提高收入水平和自我发展能力，从而稳定解决温饱并实现脱贫致富，为全面实施两项制度有效衔接、实现到 2020 年基本消除绝对贫困现象的目标奠定基础。进一步了解请参见《关于做好农村最低生活保障制度和扶贫开发政策有效衔接扩大试点工作的意见》，国务院扶贫开发领导小组办公室网站 http://www.cpad.gov.cn，2011 年 3 月 16 日。

⑤ 《关于创新机制扎实推进农村扶贫开发工作的意见》，《人民日报》2014 年 1 月 26 日第 1 版。

值向主要考核扶贫开发工作成效转变，对限制开发区域和生态脆弱的国家扶贫开发工作重点县取消地区生产总值考核，把提高贫困人口生活水平和减少贫困人口数量作为主要指标等。

第二，建立精准扶贫工作机制。主要做法包括：统一制定扶贫对象识别办法，对每个贫困村、贫困户进行建档立卡，积极开发全国扶贫信息网络系统。科学制定与贫困识别结果相衔接的专项扶贫措施以及逐村逐户的帮扶措施。积极培育和推进包括"雨露计划"、扶贫小额信贷、易地扶贫搬迁在内的精准扶贫三大品牌等。具体情况是：实施"雨露计划"，拔穷根。对建档立卡贫困户中未升学、未就业的初高中毕业生提供现金补助，帮助他们接受两三年职业教育培训以掌握一门技能和提高就业创业能力。发展扶贫小额信贷，换穷业。对建档立卡贫困户发展产业实施特惠金融政策，提供金额5万元以下、期限3年以内"无担保、无抵押"信用贷款，金融机构按国家基准利率放贷，中央和省级财政扶贫资金贴息，县级建立风险补偿基金和扶贫小额信贷保险。易地扶贫搬迁，挪穷窝。对居住在生存环境恶劣、不具备基本生产生活条件地区的贫困户，组织实施易地扶贫搬迁①。此外，配合精准扶贫开发的推进，这一时期还加强了扶贫开发的统计和监测工作。其中，2011年7月22日，有关部门制定出台了《关于加强新时期扶贫统计监测工作的指导意见》。②

第三，健全干部驻村帮扶机制。各省（自治区、直辖市）在现有工作的基础上，普遍建立驻村工作队（组）制度，确保每个贫困村都有驻村工作队（组），每个贫困户都有帮扶责任人。资料显示，2014年上半年，省、市、县三级共派出工作队9.83万个（每个工作队由3名左右成员组成），驻村帮扶干部近40万人。驻村帮扶干部被要求要连续驻村1年以上，做到不脱贫不脱钩。③

第四，改革财政专项扶贫资金管理机制。主要改革内容包括：实行项目资金到村到户，简化资金拨付流程，整合扶贫和相关涉农资金，积极

---

① 《培育精准扶贫三大品牌》，国务院扶贫开发领导小组办公室网站 http：//www. cpad. gov. cn，2014年10月2日。

② 《关于加强新时期扶贫统计监测工作的指导意见》，国务院扶贫开发领导小组办公室网站 http：//www. cpad. gov. cn，2011年8月17日。

③ 《40万干部驻村精准扶贫》，国务院扶贫开发领导小组办公室网站 http：//www. cpad. gov. cn，2014年10月2日。

探索政府购买公共服务等。其中，为了进一步加强和规范财政专项扶贫资金使用与管理，促进提升资金使用效益，2011 年 11 月 7 日，财政部、国家发展改革委和国务院扶贫办对《财政扶贫资金管理办法（试行）》（财农字〔2000〕18 号）进行了修订，制定了《财政专项扶贫资金管理办法》。①

第五，完善金融服务机制。主要改革方向包括：加快推动农村合作金融发展，增强农村信用社支农服务功能，规范发展村镇银行、小额贷款公司和贫困村资金互助组织。完善扶贫贴息贷款政策，增加财政贴息资金，扩大扶贫贴息贷款规模。进一步推广小额信用贷款，推进农村青年创业小额贷款和妇女小额担保贷款工作。推动金融机构网点向贫困乡镇和社区延伸，改善农村支付环境，加快信用户、信用村、信用乡（镇）建设，发展农业担保机构，扩大农业保险覆盖面。改善对农业产业化龙头企业、家庭农场、农民合作社、农村残疾人扶贫基地等经营组织的金融服务等。

第六，创新社会参与机制。主要内容涉及：充分发挥定点扶贫、东西部扶贫协作在社会扶贫中的引领作用。支持各民主党派中央、全国工商联和无党派人士参与扶贫开发工作，鼓励引导各类企业、社会组织和个人以多种形式参与扶贫开发。全面落实企业扶贫捐赠税前扣除、各类市场主体到贫困地区投资兴业等相关支持政策。支持军队和武警部队积极参与地方扶贫开发，实现军地优势互补。资料还显示，从 2014 年起，我国政府将每年的 10 月 17 日设为"扶贫日"。此举主要目的是引导社会各界关注贫困问题，关爱贫困人口，关心扶贫工作，核心内容是学习身边榜样，宣传凡人善举，动员广泛参与，培育良好风尚②。此外，继续深入推进与国外相关 NGO 的交流合作，争取国际社会的广泛支持。其中，国务院扶贫办外资中心与丹麦绫致基金共同合作的"中国贫困片区儿童减贫与综合发

---

① 《财政专项扶贫资金管理办法》，国务院扶贫开发领导小组办公室网站 http：//www. cpad. gov. cn，2011 年 11 月 17 日。需要补充的是，按照使用方向，中央财政预算安排的财政专项扶贫资金可以分为发展资金、以工代赈资金、少数民族发展资金、"三西"农业建设专项补助资金、国有贫困农场扶贫资金、国有贫困林场扶贫资金和扶贫贷款贴息资金。

② 《我国将 10 月 17 日设为"扶贫日"》，新华网 http：//www. xinhuanet. com，2014 年 10 月 14 日。需要补充的是，10 月 17 日也是国际消除贫困日。1992 年 12 月 22 日，联合国通过了将 10 月 17 日设为国际消除贫困日的决议，旨在促进全世界尤其是发展中国家的减贫意识。

展试点项目"是该阶段的重要合作项目之一。①

二是注重实效,扎实解决突出问题。这一时期正在和已经组织实施的扶贫开发十项重点工作包括:村级道路畅通工作,饮水安全工作,农村电力保障工作,危房改造工作,特色产业增收工作,乡村旅游扶贫工作,教育扶贫工作,卫生和计划生育工作,文化建设工作和贫困村信息化工作。实施重点工作的目的在于以此全面带动和推进各项扶贫开发工作。②

截至目前,扶贫开发深入推进阶段已经时间过半。本书尚未获得系统、准确的数据来评价这一时期的扶贫开发成效。但是,经验观察表明,这一阶段的扶贫开发已经取得可喜进展。不过,可以预测的是,随着2020年的到来以及全面小康社会的建成,贫困县是必须全面摘帽的。当然,要想"全面完成扶贫的任务很不容易"。③

二 中国扶贫开发:基本判断

以上对我国扶贫开发历程的考察显示:一方面,我国为解决贫困问题付出了艰辛的努力;另一方面,我国扶贫开发工作取得了举世瞩目的成就,并在学习借鉴西方主要减贫经验基础上走出了一条具有鲜明中国特色的扶贫开发道路。

(一) 我国扶贫开发事业取得巨大成就

自改革开放以来,尤其是1986年有计划、有组织地启动大规模扶贫开发计划以来,随着《国家八七扶贫攻坚计划 (1994—2000 年)》和《中国农村扶贫开发纲要 (2001—2010 年)》的 (基本) 完成以及《中国

---

① 《中国贫困片区儿童减贫与综合发展试点项目正式启动实施》,国务院扶贫开发领导小组办公室网站 http://www.cpad.gov.cn,2014 年 2 月 19 日。需要补充的是,"中国贫困片区儿童减贫与综合发展试点项目"涉及湖北省武陵山、秦巴山、大别山和幕阜山连片特困地区 8 个县。项目建设期 3 年 (2014—2016),总投资人民币 2.91 亿元,其中绫致基金资金投入人民币 4243 万元。项目内容包括生产生活条件改善、贫困儿童发展促进、社区综合服务体系建设、项目管理与能力建设四个方面。

② 《关于创新机制扎实推进农村扶贫开发工作的意见》,《人民日报》2014 年 1 月 26 日第 1 版。

③ 《2020 年所有贫困县都要摘帽》,新华网 http://www.xinhuanet.com,2015 年 3 月 13 日。

农村扶贫开发纲要（2011—2020年）》的正在实施，我国扶贫开发事业取得了巨大成就。如上所述，除了农村贫困人口大幅度减少、收入水平稳步提高、贫困地区基础设施明显改善、社会事业不断进步、最低生活保障制度全面建立以及农村居民生存和温饱问题基本解决之外，还有两项成就值得关注和总结。

其一，扶贫开发事业为促进我国经济发展、政治稳定、民族团结、边疆巩固、社会和谐发挥了重要作用，为小康社会的全面建成奠定了良好基础。正如有识之士指出的：第一，扶贫开发决策的制定和实施，向全国人民和国际社会表明了党和政府消除贫困、共同富裕的政治意愿，凝聚了民心，稳定了社会。第二，扶贫开发满足了贫困人口最基本的需求，解决了他们最关心、最直接、最现实的利益问题，促进了农村广大群众与政府的和谐。第三，扶贫开发重点支持革命老区、少数民族地区、中西部自然条件特别恶劣地区，为不同地区和不同民族之间的和谐做出了贡献。第四，通过机关定点扶贫、东西部扶贫协作和社会力量参与等方式，加深了社会不同成员之间的了解和信任，促进了社会谅解和沟通。第五，扶贫开发坚持自然资源开发和人力资源开发同步进行，坚持开发与资源保护、生态建设相结合、与计划生育相结合，促进了资源、人口和环境的良性循环，推动资源开发与环境保护双重目标的实现。①

其二，我国扶贫开发事业为推动全球减贫事业发展做出了重大贡献。资料显示，从1990—2002年来看，根据世界银行1990—2002年的全球最新贫困数据，按照每天消费1美元的标准，我国的贫困人口减少了1.95亿人，所占全球贫困人口减少总数（总数为2.07亿人）比例超过90%。从1990—2006年来看，我国减少的贫困人口占世界贫困人口的70%以上②。从1990—2008年来看，按照世界银行每人每天消费1美元的标准，我国贫困人口从5亿人减少到1亿人。概言之，我国是第一个实现联合国千年发展目标使贫困人口比例减半的国家，我国的成功减贫加速了世界减

---

① 刘坚：《加大扶贫开发力度，促进社会和谐发展》，国务院扶贫开发领导小组办公室网站http：//www.cpad.gov.cn，2011年3月16日。

② 《中国成功减贫加速世界减贫进程》，新华网 http：//www.xinhuanet.com，2007年10月17日。

贫进程,为千年目标的实现奠定了坚实基础。[1]

(二) 我国扶贫开发与西方减贫主流做法实现了交会对接

如本书第一章所述,要想弄懂西方主流贫困话语必须把握几个要点。从我国扶贫开发历程来看,我国扶贫减贫实践借鉴了不少西方相关经验,或者说,与西方主流做法实现了交会对接[2]。具体情况如下。

其一,在界定贫困时,强调贫困主要指的是物质(相对)匮乏、收入(相对)低下。同时,在测量贫困时,强调贫困是可以进行数字化、标准化和同质化处理的。

资料显示,国家统计局和国务院扶贫办于 1986 年合作制定和颁布了第一个正式的贫困标准。自此,我国一直采用贫困标准来圈定扶贫范围和确定扶助对象,虽然贫困标准的数值在不同历史时期有所变化。而且,贫困标准是所依据的是绝对贫困理论,所关注的是人们的基本生存问题,所强调的是物质因素,并始终以居民人均纯收入作为标示线。贫困标准的计算过程大致如下列引文所示:

> 首先是确定食物贫困线,包括根据当年中国农村住户抽样调查分户资料计算低收入组的食品消费清单,根据营养学家建议的每人每天 2100 大卡必需的营养标准调整食品消费量,再乘以对应的价格并求和,便得到食物贫困线。其次是确定非食物贫困线。1995 年以前,主要根据非食品消费支出比重(合理的食品支出占生活消费支出的比例即"合理的恩格尔系数")来计算非食物贫困线,但是究竟多大比重属于"合理的",缺乏经验的基础,容易导致主观的、武断的判断。因此,自 1995 年起,采纳世界银行的建议,根据食品消费支出函数回归模型来计算低收入人群的非食物消费支出。在实际计算时,同时考虑了不同地区人们的消费习惯、家庭结构、生产结构等因素也

---

① 《中国首个实现联合国千年发展目标,贫困人口减半》,中国新闻网 http://www.chinanews.com, 2012 年 6 月 21 日。

② 需要说明的是,空间交会对接本指两个航天器在空间轨道上会合并在结构上连成一个整体的技术。本书尝试借用该词描述我国现行主流贫困话语与西方现行主流贫困话语的交互作用。不过,正如本章接下来的分析所显示的,我国扶贫开发的确借鉴了西方减贫主要经验,但同时也保留和表现了自己的鲜明特色,中西方两套贫困话语并未成为一个实现了无缝对接的整体。

对居民的消费支出、特别是食品支出产生影响。最后,食物贫困线
(约占 60%) 和非食物贫困线 (约占 40%) 之和就是贫困标准①。

　　其二,在描述和解释致贫原因时,主要强调导致贫困的原因是生产技
术落后,而生产技术落后的原因是思想观念陈旧、文化教育落后以及学习
能力低下等。以下两段引文完全可以充分支持这一判断。

　　　　《国家八七扶贫攻坚计划 (1994—2000 年)》:……尽管目前的
　　贫困人口只占全国农村总人口的 8.87%,但是扶贫开发的任务十分
　　艰巨。这些贫困人口主要集中在国家重点扶持的 592 个贫困县,分布
　　在中西部的深山区、石山区、荒漠区、高寒山区、黄土高原区、地方
　　病高发区以及水库区,而且多为革命老区和少数民族地区。共同特征
　　是,地域偏远,交通不便,生态失调,经济发展缓慢,文化教育落
　　后,人畜饮水困难,生产生活条件极为恶劣。这是扶贫攻坚的主战
　　场,与前一阶段扶贫工作比较,解决这些地区群众的温饱问题难度
　　更大。②
　　　　《中国的农村扶贫开发》白皮书:……中国是一个发展中国家,
　　人口多,底子薄,经济不发达,农村尤其不发达。就中国的贫困地区
　　而言,这种不发达主要表现在:一是基础设施薄弱。贫困地区较为集
　　中的西部地区,虽然土地面积占全国的三分之二以上,但铁路、公路
　　和民航设施所占比重却相对偏低。二是人口增长过快,教育、卫生等
　　基本社会服务水平低。与经济落后成为对比的是,贫困地区往往又是
　　人口增长最快的地区。办学条件差,教育设施落后,适龄儿童失学和
　　辍学率较高,青壮年文盲比例较大。卫生保健水平也很低。三是农业
　　生产条件差,财政收入水平低,公共投入严重不足。1986 年国家重
　　点扶持贫困县人均拥有农业机械总动力仅为全国平均水平的 50%。

----

①　参见国家统计局农村社会经济调查总队《中国农村贫困监测报告 2001》,中国统计出版
社 2001 年版,第 8 页;《中国农村扶贫开发概要》,国务院扶贫开发领导小组办公室网站 ht-
tp://www.cpad.gov.cn,2006 年 11 月 20 日;顾昕《贫困度量的国际探索与中国贫困线的确
定》,《天津社会科学》2011 年第 1 期,第 51—62 页。
②　《国家八七扶贫攻坚计划 (1994—2000 年)》,国务院扶贫开发领导小组办公室网站 ht-
tp://www.cpad.gov.cn,2006 年 3 月 3 日。

1993 年国家重点扶持贫困县人均财政收入仅为 60 元，只相当于全国平均水平的 30% 左右。①

其三，在提出脱贫减贫建议时，强调增加收入是实现脱贫的重要工具，消除贫困的（甚至是唯一）有效办法是提高技术、融入市场和发展经济，主要包括农业经济与工业经济。

如上所述，扶贫开发启动阶段（1986—1993），我国政府作出了重要的战略调整，一改传统的分散救济式扶贫的做法，而启动了计划性、组织性更强的大规模的开发式扶贫。开发式扶贫，强调的是以经济建设为中心，支持、鼓励贫困地区干部群众改善生产条件，开发当地资源，发展商品生产，增强自我积累和自我发展能力。在扶贫开发攻坚阶段（1994—2000），我国政府仍将开发式扶贫作为农村扶贫政策的核心和基础。自扶贫开发新一轮攻坚阶段（2001—2010）的中后期起，我国政府开始尝试实行社会保护政策，稳步推行农村社会保障制度，积极发挥社会政策的扶贫作用，但仍然坚持以开发式扶贫为基本方针（如下列引文所示）。

> 《中国农村扶贫开发纲要（2001—2010 年）》：……以经济建设为中心，引导贫困地区群众在国家必要的帮助和扶持下，以市场为导向，调整经济结构，开发当地资源，发展商品生产，改善生产条件，走出一条符合实际的、有自己特色的发展道路。通过发展生产力，提高贫困农户自我积累、自我发展能力。这是贫困地区脱贫致富的根本出路，也是扶贫工作必须长期坚持的基本方针。②

《中国农村扶贫开发纲要（2001—2010 年）》还指出，扶贫开发的内容和途径主要包括：继续把发展种养业作为扶贫开发的重点，积极推进农业产业化经营，进一步改善贫困地区的基本生产生活条件，加大科技扶贫力度，努力提高贫困地区群众的科技文化素质，积极稳妥地扩大贫困地区劳务输出，稳步推进自愿移民搬迁，以及鼓励多种所有制经济组织参与扶

---

① 《中国的农村扶贫开发》白皮书，国务院扶贫开发领导小组办公室网站 http：//www.cpad. gov. cn，2006 年 3 月 3 日。

② 《国务院关于印发〈中国农村扶贫开发纲要（2001—2010 年）〉的通知》，中华人民共和国中央人民政府网站 http：//www. gov. cn，2001 年 6 月 13 日。

贫开发①。在扶贫开发深入推进阶段（2011年至今），我国政府进一步明确要把社会保障作为解决温饱问题的基本手段，逐步完善社会保障体系，充分发挥社会保障制度解决贫困人口温饱问题的基础作用，但与此同时，仍然强调要把扶贫开发作为脱贫致富的主要途径，鼓励和帮助有劳动能力的扶贫对象通过自身努力摆脱贫困，提出了"坚持开发式扶贫方针，实行扶贫开发和农村最低生活保障等社会保障制度有效衔接"，力求以最低保障来兜底、以开放式扶贫谋发展②。可见，扶贫式开发这一理念和方针在我国扶贫开发工作上始终占有重要位置。

不过，大约在2006年前后，是否继续"坚持以扶贫式开发为方针"，也是经历了一番争论的。引发争论原因大致包括两类：一是开发式扶贫以及其他以经济增长为导向的项目的实施导致了一些问题。例如，项目的优先受益者或者获得项目投资的人往往是贫困地区的非贫困人口，率先脱贫的人往往并非最贫困的人等。二是开发式扶贫在实践中凸显了一定的局限性。突发灾难、重病、残疾和主要劳力死亡等因素都会使一个已经通过扶贫开发脱贫的家庭重新陷入困境，而社会保障和社会救助不失为一种能够及时缓解家庭收入冲击的有效保护措施。③

时任国务院扶贫办主任刘坚先生曾经撰文平息争论。他在文中指出：开发、救济救助和社会保障三者必须相辅相成、互为补充，并非相互排斥和替代，而其中开发式扶贫方针是根本。我们绝不能因为强调救济救助和社会保障而弱化或者否定开发式扶贫。在新阶段乃至一个更长的时期，我们必须继续坚持开发式扶贫为主的方针。因为开发式扶贫不仅是为了解决贫困农户的温饱问题，而且是为农村全面建设小康社会奠定基础。而解决贫困问题，最根本的要靠发展。当然，完整的减贫战略应该是相关政策的组合，而不仅仅是简单的替代或选择。目前实行的开发式扶贫为主，配合救济救助、社会保障等综合措施，是我国扶贫理论与实践的发展和丰富，表明我们对发展理论和扶贫模式的认识达到了一个新高度，我们已经走在

---

① 《国务院关于印发〈中国农村扶贫开发纲要（2001—2010年）〉的通知》，中华人民共和国中央人民政府网站 http：//www. gov. cn，2001年6月13日。

② 《中国农村扶贫开发纲要（2011—2020年）》，新华网 http：//www. xinhuanet. com，2011年12月1日。

③ 朱玲：《应对极端贫困和边缘化：来自中国农村的经验》，《经济学动态》2011年第7期，第27—34页。

了正确的道路上。如果我们在扶贫过程中淡化、弱化甚至否定开发式扶贫，就会步入歧途。①

综上所述，我国扶贫开发借鉴了不少西方减贫主流经验，两种做法实现了交会对接，或者说，我国主流贫困话语与现行西方主流贫困话语在要义上是一致的，进一步说，就贫困问题而言，我国与西方发达国家是处于同一个话语社区的。其中重要原因（至少）在于：我国政府在强调致力于依靠自身力量解决贫困问题的同时，积极主动开展国际交流与合作，十分注意借鉴国际社会先进的减贫理念和成果，及时把国际上一些先进的减贫理念和方法，例如参与式扶贫、小额信贷、项目评估和管理、贫困监测评价等，逐步应用于中国扶贫实践中②。资料显示，为了提高和保证国际交流与合作的稳定性和长效性，2005 年 5 月，我国政府和联合国开发计划署等国际机构在北京成立了中国国际扶贫中心，专门负责组织和开展国际减贫培训、交流和研究工作。截至 2007 年，这个平台累计为 58 个国家培训了 191 名高中级扶贫官员，先后组织了 7 次国际扶贫交流会议，邀请了近百个国家和国际机构的扶贫官员、实际工作者和研究人员到中国交流、学习、考察扶贫经验。③

（三）我国走出了一条中国特色扶贫开发道路

如上所述，我国扶贫开发借鉴了不少西方主流减贫经验，我国主流贫困话语与现行西方主流贫困话语在要义上是一致的，在贫困问题上我国与西方发达国家大致是处于同一个话语社区的。但是，不能忽视的另一个情况是：在扶贫开发实践过程中，我国政府注意将借鉴西方主流减贫经验与充分考虑本国实际情况、有效发挥自身优势尤其是制度优势相结合，不断推进扶贫开发的理论创新、组织创新和制度创新，逐步完善国家扶贫战略和政策体系，走出了一条中国特色扶贫开发道路，建构了一套保有自身特色的贫困话语。

---

① 刘坚：《开发式扶贫是消除贫困的根本方针》，中央政府门户网站 http：//www. gov. cn，2006 年 11 月 29 日。

② 《中国农村扶贫开发的新进展》白皮书，国务院扶贫开发领导小组办公室官网 http：//www. cpad. gov. cn，2012 年 2 月 8 日。

③ 《中国成功减贫加速世界减贫进程》，新华网 http：//www. xinhuanet. com，2007 年 10 月 17 日。

那么，我国扶贫开发道路的"中国特色"具体包括哪些内容？关于这一问题存在不小讨论空间。有人认为，"中国特色"可以概括为：以经济发展为带动力量，以增强扶贫对象自我发展能力为根本途径，注意政府主导、社会帮扶与农民主体作用相结合，注意普惠性政策与特惠性政策相配套，注意扶贫开发与社会保障相衔接。[①]

有人认为，"中国特色"主要表现为：第一，坚持政府主导推动减贫事业。例如，在扶贫工作每个重要历史关头，都召开中央扶贫开发工作会议，作出全面部署等。第二，坚持发展经济带动贫困人口脱贫致富。国民经济快速发展不仅创造了大量就业机会，使千百万农民通过转移就业增加了收入、解决了温饱问题，还为增加扶贫投入提供了有力保障。第三，坚持实施区域发展总体战略促进贫困地区发展。实施了西部开发等计划，形成了"以区域发展带动扶贫开发，以扶贫开发促进区域发展的良性互动新格局"。第四，将农村最低生活保障制度与开放式扶贫相结合，以最低保障兜底，以开放式扶贫谋发展。第五，坚持开展减贫领域的国际交流与合作。积极参与国际减贫事业，致力于构建国际减贫交流合作平台，与广大发展中国家共享减贫经验，共同发展进步。[②]

在综合考察我国扶贫开发实践与英国等西方国家的减贫实践基础上，本书认为，"充分发挥党政部门在扶贫开发中的主导作用"是我国主流贫困话语的核心内容，是我国扶贫开发的核心特征。这是因为，一方面，我国扶贫开发巨大成就的取得，正是我国各级党政部门充分发挥自身主导作用且有效动员社会力量广泛参与的结果。另一方面，我国各级党政部门在扶贫开发中所扮演的角色以及所发挥的作用确实有别于英国等西方发达国家，呈现出"集中力量办大事"的"强硬"色彩。当然，这一特征是由我国体制的顶层设计特征所决定的。具体而言，除了及时出台和实施普惠性和特惠性扶贫开发政策之外，我国党政部门在扶贫开发中所扮演的角色以及所发挥的作用主要表现在以下几个方面。

其一，赋予扶贫开发关乎全局乃至根本制度的意义。

关于这一判断，我们可以从《国家八七扶贫攻坚计划（1994—2000

---

① 《中央扶贫开发工作会议在北京召开》，中国政府网 http：//www.gov.cn，2011 年 11 月 29 日。

② 《中国首个实现联合国千年发展目标，贫困人口减半》，中国新闻网 http：//www.chinanews.com，2012 年 6 月 21 日。

年)》《中国农村扶贫开发纲要（2001—2010 年)》以及《中国农村扶贫
开发纲要（2011—2020 年)》三个国家中长期减贫规划中找到足够的支撑
论据。

《国家八七扶贫攻坚计划（1994—2000 年)》开篇即指出:

> 社会主义要消灭贫穷。为进一步解决农村贫困问题，缩小东西部
> 地区差距，实现共同富裕的目标，……在这种新形势下，抓紧扶贫开
> 发，尽快解决贫困地区群众的温饱问题，改变经济、文化、社会的落
> 后状态，解决以至彻底消灭贫困，不仅关系到中西部地区经济的振
> 兴、市场的开拓、资源的开发利用和整个国民经济的持续、快速、健
> 康发展，而且也关系到社会安定、民族团结、共同富裕以及为全国深
> 化改革创造条件，这是一项具有重大的、深远的经济意义和政治意义
> 的伟大事业。[①]

《中国农村扶贫开发纲要（2001—2010 年)》强调指出:

> 缓解和消除贫困，最终实现全国人民的共同富裕，是社会主义的
> 本质要求，是中国共产党和人民政府义不容辞的历史责任。……扶贫
> 开发实现了贫困地区广大农民群众千百年来吃饱穿暖的愿望，为促进
> 我国经济的发展、民族的团结、边疆的巩固和社会的稳定发挥了重要
> 作用。在短短 20 多年时间里，我们解决了两亿多贫困人口的温饱问
> 题，这在中国历史上和世界范围内都是了不起的成就，充分体现了有
> 中国特色社会主义制度的优越性。[②]

《中国农村扶贫开发纲要（2011—2020 年)》再次指出:

> 深入推进扶贫开发意义重大。扶贫开发事关巩固党的执政基础，
> 事关国家长治久安，事关社会主义现代化大局。深入推进扶贫开发，

---

① 《国家八七扶贫攻坚计划（1994—2000 年)》，国务院扶贫开发领导小组办公室网站 ht-
tp://www.cpad.gov.cn，2006 年 3 月 3 日。
② 《国务院关于印发〈中国农村扶贫开发纲要（2001—2010 年)〉的通知》，中华人民共和
国中央人民政府网站 http://www.gov.cn，2001 年 6 月 13 日。

是建设中国特色社会主义的重要任务,是深入贯彻落实科学发展观的必然要求,是坚持以人为本、执政为民的重要体现,是统筹城乡区域发展、保障和改善民生、缩小发展差距、促进全体人民共享改革发展成果的重大举措,是全面建设小康社会、构建社会主义和谐社会的迫切需要。必须以更大的决心、更强的力度、更有效的举措,打好新一轮扶贫开发攻坚战,确保全国人民共同实现全面小康。①

其二,统一制定和实行合宜的扶贫开发规划。

国务院牵头组织力量制定全国性的扶贫开发规划。1994 年 4 月,国务院颁布了《国家八七扶贫攻坚计划》(以下简称"八七计划")。2001 年 5 月,国务院颁布了《中国农村扶贫开发纲要 (2001—2010 年)》。2011 年 11 月,国务院颁布了《中国农村扶贫开发纲要 (2011—2020 年)》。这些计划和纲要不但明确了当时的扶贫开发目标、对象、措施和期限,是不同时期指导我国扶贫开发的行动纲领,而且也是国民经济和社会发展计划的重要组成部分。

省、县、村三级则按照"实事求是、综合设计、因地制宜、分类指导"以及"统一评估,统一论证,一次批准,分年实施,分期投入,分期分批地解决问题"的原则,分别制定了扶贫规划并按部就班组织实施。而且,各级规划之间密切关联、有机衔接。县级扶贫规划是在充分考虑村级扶贫工作基础上形成的,省级扶贫规划是在县级规划的基础上形成的,西部地区的扶贫开发规划则与西部大开发的总体部署实现了衔接。

其三,调度和安排巨额公共资金投入扶贫开发。

我国政府把扶贫投入作为公共财政预算安排的优先领域,把贫困地区作为公共财政支持的重点区域,而且,不断加大对贫困地区的扶持力度。资料显示,从 1980 年到 2000 年,我国政府安排的扶贫专项资金累计达到了 1680 多亿元,其中财政资金 800 多亿元(含以工代赈资金 390 多亿元),信贷扶贫资金 880 亿元。其中,2000 年中央各项扶贫专项资金达到

---

① 《中国农村扶贫开发纲要 (2011—2020 年)》,新华网 http://www.xinhuanet.com,2011 年 12 月 1 日。

了 248 亿元,与 1980 年相比,增加了 30 倍①。另有资料显示,中央财政用于"三农"的支出,从 2003 年的 2144.2 亿元增加到 2010 年的 8579.7 亿元,年均增长 21.9%,公共财政覆盖农村步伐明显加快②。而《中国农村扶贫开发纲要(2011—2020 年)》再次强调指出:中央和地方财政要逐步增加扶贫开发投入;中央财政扶贫资金的新增部分主要要用于连片特困地区;要加大中央和省级财政对贫困地区的一般性转移支付力度;要加大中央集中彩票公益金支持扶贫开发事业的力度。③

其四,建立和实行严格的扶贫开发工作责任制。

我国政府把建立工作责任制作为保障扶贫政策执行力的关键,采取有效措施保证扶贫政策的落实。责任制的总体框架是:省负总责,县抓落实,工作到村,扶贫到户。其中特别值得注意的是:一是扶贫开发工作责任在省。扶贫开发工作责任到省、任务到省、资金到省、权力到省。中央政府要求省级政府以高度的责任感和使命感切实做好扶贫开发工作。二是扶贫开发工作关键在县。各县尤其是扶贫开发工作重点县,一般都将扶贫开发作为党委和政府的中心任务,以扶贫开发工作统揽全局,负责把扶贫开发的政策措施真正落实到贫困村、贫困户。三是扶贫工作实行党政"一把手"负责制。上级党政部门一般都将扶贫开发的实际效果作为考核下级地方党政主要负责人政绩的重要依据。④

其五,要求和整合党政部门等单位资源积极开展行业扶贫和定点扶贫。

坚持专项扶贫和行业扶贫、社会扶贫相结合是我国扶贫开发政策的重要特征之一。其中,行业扶贫指的是:各级党政部门以及企事业单位充分发挥各行业部门职责,将贫困地区作为本部门本行业发展重点,积极促进贫困地区水利、交通、电力、国土资源、教育、卫生、科技、文化、人口

---

① 《中国的农村扶贫开发》白皮书,国务院扶贫开发领导小组办公室网站 http://www.cpad.gov.cn,2006 年 3 月 3 日。

② 《中国农村扶贫开发的新进展》白皮书,国务院扶贫开发领导小组办公室官网 http://www.cpad.gov.cn,2012 年 2 月 8 日。

③ 《中国农村扶贫开发纲要(2011—2020 年)》,新华网 http://www.xinhuanet.com,2011 年 12 月 1 日。

④ 《国务院关于印发〈中国农村扶贫开发纲要(2001—2010 年)〉的通知》,中国政府网 http://www.gov.cn,2001 年 6 月 13 日。

和计划生育等各项事业的发展①。我国的三个国家中长期减贫规划均明确了各部门的扶贫职责，要求各行业各部门要把改善贫困地区发展环境和条件作为本行业发展规划的重要内容，在资金、项目等方面向贫困地区倾斜，并完成本行业国家确定的扶贫任务。例如，"八七计划"明确规定：农业部门要继续在贫困地区组织和实施"温饱工程"；推广"丰收计划"，发展高产优质高效农业；加强农业技术推广体系建设，农民技术培训、实用技术的推广；搞好农村能源建设；农业院校应在贫困地区定向招生，定向分配，培养一批稳定的农业技术骨干；采取有力措施，加快贫困地区乡镇企业发展；等等。②

　　与此同时，为加大对革命老区、民族地区、边疆地区、贫困地区发展的扶持力度，我国大力开展定点扶贫工作。国家确定的定点帮扶单位主要包括中央和国家机关各部门各单位、人民团体、参照公务员法管理的事业单位、国有大型骨干企业、国有控股金融机构、各民主党派中央及全国工商联、国家重点科研院校等，定点帮扶对象为国家扶贫开发工作重点县。多年来，定点帮扶单位采取干部挂职、基础设施建设、产业化扶贫、劳务培训和输出、文化教育扶贫、科技扶贫、引资扶贫、生态建设扶贫、医疗卫生扶贫、救灾送温暖等多种措施开展定点帮扶。③

　　其六，安排和部署东西部扶贫协作和实行人口较少民族专项扶持。

　　自1996年起，我国政府作出部署，安排东部15个经济较发达省、市与西部11个省（区、市）开展东西部扶贫协作工作。东西部扶贫协作形式多样，形成了政府援助、企业合作、社会帮扶、人才支持为主的基本工作框架。资料显示，从2003年到2010年，东部到西部挂职的干部2592人次，西部到东部挂职的干部3610人次；东部地区向西部地区提供政府援助资金44.4亿元、协作企业5684个，实际投资2497.6亿元、社会捐

---

①　《中国农村扶贫开发的新进展》白皮书，国务院扶贫开发领导小组办公室网站 http：//www. cpad. gov. cn，2012年2月8日。需要补充的是，专项扶贫指的是：中央和地方各级政府编制专项规划，安排专项资金，集中资源改善贫困地区基础设施，发展特色优势产业，完善社会服务体系，增强人口素质。

②　《国家八七扶贫攻坚计划（1994—2000年）》，国务院扶贫开发领导小组办公室网站 http：//www. cpad. gov. cn，2006年3月3日。

③　《中国农村扶贫开发的新进展》白皮书，国务院扶贫开发领导小组办公室网站 http：//www. cpad. gov. cn，2012年2月8日。

助 14.2 亿元，培训专业技术人才 22.6 万人次、组织劳务输出 467.2 万人次。①

与此同时，我国政府对全国人口在 10 万人以下的 22 个人口较少民族实行专项扶持，编制并实施《扶持人口较少民族发展规划（2005—2010年）》，投入各项扶持资金 37.51 亿元，集中力量帮助这些民族加快发展步伐②。开展东西部协作和实行人口较少民族专项扶持是我国为实现共同富裕目标而作出的、充分体现倾斜性和针对性的制度性安排。

小　结

通过梳理，我们发现，根据扶贫开发战略目标的转移和调整情况，我国扶贫开发发展历程大致可以划分为以下四个阶段。

一是扶贫开发启动阶段（1986—1993）。区别于之前贫困话语的重要变化主要包括：新设了国务院贫困地区经济开发领导小组（即国务院扶贫开发领导小组的前身）；制定了第一个正式的贫困标准；首次确定了一批国家重点扶持贫困县；改变了传统的分散救济式扶贫的做法而启动了计划性和组织性更强、规模更大的开发式扶贫工作。这些变化的出现标志我国扶贫开发事业大幕的徐徐拉开。

二是扶贫开发攻坚阶段（1994—2000）。《国家八七扶贫攻坚计划》（以下简称"八七计划"）的颁布标志这一阶段的开始。"八七计划"是新中国历史上第一个有明确目标、明确对象、明确措施和明确期限的扶贫开发行动纲领。在这一时期，我国政府提出：从 1994 年到 2000 年，集中人力、物力、财力，动员社会各界力量，力争用 7 年左右的时间，基本解决目前全国农村 8000 万贫困人口的温饱问题。为了实现这一既定目标，我国政府调整了贫困人口以及国定贫困县的标准，启动和推进了与世界银行等国际组织的交流合作，启动和实行了科技教育扶贫东西部扶贫协作工作，明确和规范了行业扶贫工作，逐步加强扶贫开发专项资金的管理和相关政策的完善。

---

① 《中国农村扶贫开发的新进展》白皮书，国务院扶贫开发领导小组办公室网站 http://www.cpad.gov.cn，2012 年 2 月 8 日。

② 同上。

三是解决与巩固温饱并重阶段（2001—2010）。《中国农村扶贫开发纲要（2001—2010年）》的颁布标志又一新阶段的开始。这一时期，我国政府提出了尽快解决少数贫困人口温饱问题，同时，努力帮助脱贫人口巩固温饱成果进而过上比较宽裕生活的奋斗目标。为此，除了调整贫困标准之外，调整了"八七计划"确定国定贫困县的做法并确定了一批国家扶贫开发工作重点县，启动和实行了整村推进扶贫开发计划。更为重要的是，逐步实行开发式扶贫与社会保护式扶贫相结合的方针，开始实行新型农村合作医疗制度、农村最低生活保障制度以及进一步完善农村五保供养制度。此外，扶贫开发规划、贫困监测统计等管理工作同步跟进和加强。

四是扶贫开发深入推进阶段（2011年至今）。《中国农村扶贫开发纲要（2011—2020年）》的颁布标志扶贫开发深入推进阶段的到来。在这个时期，我国政府大幅度提高了扶贫标准，把更多低收入人口纳入扶贫范围，同时更加注重经济社会全面发展。为此，明确了"坚持开发式扶贫方针，实行扶贫开发和农村最低生活保障等社会保障制度有效衔接"，并着手加强贫困县考核机制、精准扶贫工作机制等六项扶贫开发工作机制的改进和创新，重点解决村级道路畅通、饮水安全等十个突出问题。目前各项工作正在有条不紊推进，并取得可喜进展。

对扶贫开发发展历程的考察显示，我国扶贫开发事业取得巨大成就。扶贫开发不但使得农村贫困人口大幅度减少、贫困地区面貌明显改善，而且扶贫开发为促进我国经济发展、政治稳定、民族团结、边疆巩固、社会和谐发挥了重要作用，为小康社会的全面建成奠定了良好基础，与此同时，我国扶贫开发事业的发展加速了世界减贫进程，为推动全球减贫事业发展作出了重大贡献。

对扶贫开发发展历程的考察同时显示，扶贫开发推进过程，实际上是我国贫困话语实际（当然也包括贫困的非话语实际）与西方现行主流贫困话语进行交会与对接的过程。在这一过程中，西方主流贫困话语深刻影响了我国贫困话语的生产。主要表现为：其一，我国政府在界定贫困时，也强调贫困主要指的是物质（相对）匮乏、收入（相对）低下。同时，在测量贫困时，强调贫困是可以进行数字化、标准化和同质化处理的。其二，我国政府在描述和解释致贫原因时，也强调导致贫困的原因是生产技术落后，而生产技术落后的原因主要是思想观念陈旧、文化教育落后以及学习能力低下等。其三，我国政府在提出脱贫减贫建议时，也坚持开发扶贫，也强调提高生产技术、发展市场经济、增加收入等是实现脱贫的重要工具。为什么西方主流贫困话语能够在我国如此深刻地践行？其中一个重要原因是：我国政府在强调致力于依靠自身力量解决贫困问题的同时，积极主动开展国际交流与合作，十分注意借鉴国际社会先进的减贫理念和成果，及时把国际上一些先进的减贫理念和方法并逐步应用于中国扶贫实践当中。

但是，我国主流贫困话语仍然保有自己的特色，核心特征在于：充分发挥党政部门在扶贫开发中的主导作用，或者说，我国政府在扶贫开发中"作派强硬"。主要表现为：赋予扶贫开发关乎全局乃至根本制度的意义，统一制定和实行合宜的扶贫开发规划，调度和安排巨额财政资金投入扶贫开发，建立和实行严格的扶贫开发工作责任制，要求和整合党政部门等单位资源积极开展行业扶贫和定点扶贫，安排和部署东西扶贫协作和实行较少民族专项扶持等。当然，正是由于我国政府决定而且能够集中人力、财力和物力强力推进扶贫开发工作，我国减贫成效才能如此显著。我们知道，这一核心特征是由我国既定顶层结构的特征所决定的。自此我们可以看到，一方面，西方主流贫困话语深刻影响了我国贫困话语的生产；另一方面，我国既定顶层结构也深刻影响（或者说约制）了西方主流贫困话语在我国的实践。而正是在这一双向作用、相互建构过程中，我国主流贫困话语得以生成进而启动自身的实践。

简言之，扶贫开发发展历程，既是西方主流贫困话语在我国的实践过程，也是我国现行主流贫困话语生成进而启动自我践行的过程。

第 四 章

现行主流贫困话语的建构与实践:样本 Ⅱ

　　本书选择库北县作为在地研究的第二个样本，重点考察主流贫困/发展叙述在该县县级层面的实践历史与现状，以及该县自身主流贫困/发展叙述的生成过程。库北县是位于 D 市东北部的一个郊区县，D 市是中国北方的一个城市。选择该县作为考察对象的一个极其重要的原因是：库北县不但是一个"公认"的落后地区，而且在此我们可以看到主流贫困/叙述即便遭遇强大阻力也"百折不挠"的过程，以及主流贫困/发展叙述充分彰显其权力/知识之本色的图景①。为了实现这一目标，笔者研读了大量文献资料，组织召开了 10 次小型座谈会，适时实施了多次非参与式观察，并且对一批知情人士进行了访谈。②

---

　　① 2006 年 3 月中旬，笔者首次进入库北县，洽谈调研有关事宜。2006 年 6 月中旬，笔者再次进入库北县，确定了具体的研究方案。2006 年 7 月中旬，笔者正式进入库北县，启动了本课题的研究。调研期间，库北县政策研究室在调研乃至生活方面均给予笔者大力支持，在此深表感谢。在库北县的调研为期两个月。调研于 2006 年 9 月中旬结束。回京之后，笔者通过电话、电子邮件等方式，与库北县政策研究室的工作人员就相关问题继续展开讨论。

　　② 在库北县调研期间，笔者查阅的文献资料主要包括官方文件、领导讲话、统计年鉴、政策研究室的科研成果以及不少正式出版物等。笔者所组织和召开的座谈会规模一般控制在 5 人左右，座谈时间控制在两小时之内，参加座谈会的人员主要包括民政局、史志办、统计局、经济委员会、发展和改革委员会、劳动保障局、信访办、环境保护局、国家级生态县创建领导小组办公室（简称生态办）以及政策研究室等相关单位。笔者所选择的访谈对象既包括当地人也包括非当地人，既考虑资历、年龄方面的因素也考虑职位、职务方面的因素，其中重点对时任库北县委宣传部长的向某（40 多岁，非当地人）、库北县旅游局长郭某（30 多岁，当地人）以及库北县县长助理、县政策研究室主任齐某（50 多岁，当地人）等几位知情人士进行了访谈。此外，在获得库北县信访办领导的同意之后，笔者还参与和观察了库北县的一个"县领导信访接待日"。

一　库北县概况

如前所述，本书重点关心的是主流贫困/发展叙述在库北县县级层面的实践情形。要实现这一抱负，首先必须弄清库北县的基本情况，包括其区域位置、历史沿革、区域特点以及经济社会发展主要数据等基本情况。因为，这些基本情况不但是主流贫困/发展叙述实践背景，而且是影响主流贫困/发展叙述建构具体现实和实现自我重构的既有结构。

（一）区域位置与历史沿革

库北县位于 D 市的东北部，地处我国北方某平原与某高原的过渡地带，境内山峦起伏，东、西、北三面群山连绵，中部低缓，西南开阔，地势自北向西南倾斜，呈簸箕形，海拔在 45—1735 米。库北县域总面积超过 2000 平方千米，是 D 市面积最大的区县，占全市总面积的 13.26%。而县域面积中：山区面积 1771.75 平方千米，占总面积的 79.5%；水域面积 194.3 平方千米，占总面积的 8.7%；平原面积 263.4 平方千米，占总面积的 11%。

当地人将这种结构称为"八山一水一分田"。其中的"一水"指的是位于库北县域中央的 R 水库。R 水库设计容量超过 40 亿立方米，最大水面面积为 188 平方千米。该水库是 D 市一带最大的人工湖，因而是 D 市最重要的饮用水源地。R 水库对库北县来说意义非常，位于县域中央的它不但是一块镶嵌在群山之中的碧玉，而且决定了该县的行政归属、区域结构，甚至还极大地影响了该县的经济社会生活（进一步了解详见本书接下来的相关分析）。

库北县属暖温带半湿润大陆性季风气候，四季分明，温差较大，光照充足，雨量不均。春季干旱多风，夏季炎热多雨，秋季凉爽，冬季寒冷干燥。库北县境内有三条河。在 R 水库没有修建之前即 1958 年之前，这三条河流是该区域洪灾泛滥的"祸首"；如今，这三条河流则是为库北县增添灵气和动感的城内"玉带"。

考古发现表明，早在距今 40 万年以前，即旧石器时代早期，库北县北部地区就已经有人类活动。该地区的最早建县可以追溯到秦始皇时期。秦汉以来，在该地区的郡和（或）县建制一直保留下来。抗日战争时期，八路军在库北县域周围开辟了抗日根据地。解放战争时期，以库北县区域内的 C 河为界，河东河西各设一县，其中河西地区由八路军控制，河东地区由国民党政府军占领。1948 年 12 月库北一带得以解放，1949 年 8 月 15 日河东、西两地区合并统称为库北县，归 B 省管辖。1958 年 10 月，库北县因为 R 水库的修建和管理而被划入 D 市。①

（二）区域特点与经济社会状况

以位于县域中央的 R 水库为参照中心，全县划为 6 个主体功能区②。其中，水库的西北部称作库北林牧生态区，涵盖 3 个乡镇和 2 个国有林场，以传统农业（主要种植玉米）、牧业（主要是养羊）和经济林（种植板栗等）为特色，也是近年来库北县旅游开发的重点区域。水库的东部称作库东果牧生态区，涵盖 6 个乡镇和 3 个国有林场，以传统农业（主要种植小麦、玉米）、鲜果干果种植（包括苹果、梨和板栗等）和传统畜牧业（以猪鸡为主）为特色。水库的西南部称作库西油菜生态区，涵盖 3 个镇，以粮油生产为主，近几年蔬菜生产以及猪、奶牛的养殖发展迅速。

R 水库的南部称作库南粮果生态区，是平原与山地的过渡带地区，俗称"山前脸"，涵盖 4 个镇，以生产粮食为主，近些年内果树和畜牧也有一定的发展。此外，R 水库本身所在地、管理处及其附近的山林称作水库生态保护特区，属于"一级水源保护区"。根据 D 市有关规定，该区域内不允许人居住和生活。而库北县政府所在地称作生态旅游城区，位于库北县的西南平原的东部，是该县的政治和文化中心，涵盖 2 个乡镇，以种植粮食、蔬菜为主，近年来猪、鸡、牛等的养殖有了新的发展。

库北县辖 2 个街道、17 个镇和 1 个乡。这个唯一的乡以满族为主，乡所在地是清朝年间设置的一个驿站③。全县共辖行政村 338 个。截至 2004 年年末，库北县常住人口 42.57 万人，其中农业人口 28.21 万人、

---

① 上述资料来源见王某主编《D 市库北县生态县建设规划 2005—2020》，中国农业大学出版社 2005 年版；访谈 ZT01。王某时任库北县长。出于研究需要，本书对所有接受访谈的库北县官员以及来自库北县的相关资料做了匿名或者化名处理。

② 关于 6 个主体功能区的资料见王某主编《D 市库北县生态县建设规划 2005—2020》，中国农业大学出版社 2005 年版，第 1—6 页。

③ 来源：ZT01 以及 ZT02。

非农业人口 14.36 万人；另外，县域内有外来人口 4.08 万人①。2010 年
第六次全国人口普查数据则显示：全县常住人口为 46.8 万人。②

资料显示，"十五"期间，库北县生产总值年均增长 16.2%，2005
年，实现地区生产总值 76 亿元，人均地区生产总值 2150 美元；实现财政
收入 75870 万元，年均增长 29.5%③。三次产业比例由 2000 年的 19∶45∶
36 调整为 2005 年的 15∶42∶43。2005 年，城镇居民人均可支配收入达到
15000 元，年均增长 13.3%；农民人均纯收入达到 7120 元，年均增长
14.0%；城镇居民恩格尔系数降低到 31.1%，农村居民恩格尔系数降至
36.1%。与此同时，区内的水源保护和涵养能力进一步增强，全县林木覆
盖率达到 58.8%，城镇绿化覆盖率达到 35.1%，R 水库水体质量始终保
持国家二级标准。简言之，"人民生活总体实现小康"。④

时至 2014 年，库北县财政收入平稳增长，全县实现地方公共财政收
入 27.8 亿元，比 2013 年增长 9.3%。城乡居民收入稳步增加，城镇居民
人均可支配收入 35499 元，比 2013 年增长 9.1%；农村居民人均纯收入
17855 元，比 2013 年增长 10.2%。与此同时，产业结构更加优化，从农
业发展情况看，传统牧业饲养规模收缩，存量结构不断优化，蔬菜种植向
精细化延伸，设施农业向精品采摘发展；从工业发展情况看，全县工业正
由粗放型向集约型转变，传统服装行业、铁矿采选业正逐步萎缩，以汽
车、医药为代表的现代制造业实现快速发展。⑤

二　库北县的贫困：在感受与话语之间

进县之前，笔者从不同渠道了解到：库北县是 D 市下辖的一个"公

---

① 王某主编：《D 市库北县生态县建设规划 2005—2020》，中国农业大学出版社 2005 年版，
第 5 页。

② 参见《库北概况》，库北县政府网站，2006 年 10 月 2 日。

③ 需要补充的是，从 2006 年 6 月 14 日上午在库北县政策研究室召开的座谈会上（即
ZT01）了解到：2005 年，全县实现地区生产总值 86 亿元，税收 21.83 亿元，财政收入 7.9 亿元，
可支配财力 17 亿元（大部分属于转移支付）。城镇居民人均可支配收入是 15000 元，农民人均纯
收入是 7120 元。

④ 参见《"十五"期间我县经济社会健康快速发展》，库北县政府网站，2015 年 1 月 16
日。

⑤ 参见《2014 年库北县经济运行简况》，库北县政府网站，2015 年 1 月 16 日。

认的落后地区"。① 初次进县，笔者真实地感受到了库北县的美丽而不是落后。再次进场，笔者真实地发现了库北县的"落后"。不过，这种"落后"，仅是一种感受，还是一套话语，抑或，也是一个现实？正是这些"不解"引导笔者启动了对库北县的考察。

（一）美丽的库北县：一种真实的感受

库北县山水兼备，生态良好。如前所述，全县总面积超过 2000 平方千米，是 D 市面积最大的区县。其中：山区面积占全县面积 4/5，林木覆盖率高达 72.5%；水源保护区占全县面积 3/4，R 水库水体质量始终稳定保持为国家Ⅱ类饮用水标准。监测表明，库北县空气质量二级和好于二级天数连续多年保持在 80% 以上，空气中负氧离子含量高于 D 市市区 40倍，生态质量全市排名第一。简言之，库北县是一个拥有净水、净气、净土的绿色田园。②

正因为如此，早在 2006 年之前，库北县就荣获 "全国林业生态先进县""全国生态环境示范县""D 市水利富民综合开发优秀区县""全国无公害蔬菜基地示范区""健康促进优秀县" 等称号③。最近几年，库北县又被评为 "国家生态县" 和 "国际最佳休闲宜居名县"，并成为了首批全国生态文明建设试点地区。而初到库北县的我也被它征服。库北县政府所在地市容市貌良好，城区道路开阔明亮，道路两旁的摩天大厦错落有致，既吐露着现代气息，也弥漫着遮掩不住的山川灵气。流经城区中心的 C河，水流平缓清澈，更是给城市增添了一份温馨与宁静。

更为重要的是，库北县经济和社会发展也呈现一派喜人的景象，全县"人民生活总体实现小康"。而从库北县的 "领导信访接待日" 情况来看，当天受理的 13 批次来访者当中，生活贫困、难以为继的只有一例，绝大多数来访者反映的是政策方面的问题。④

综上所述，库北县是一个美丽的地方。这是不少人士（也包括笔者

① 需要说明的是，本书在此没有对落后与贫困做严格的区分，因为相对贫困即是落后，而且它们在现行主流贫困/发展叙述中的位置大体一致。

② 见《库北概况》，库北县政府网站，2006 年 10 月 2 日。

③ 库北县教研中心编：《D 市中学地方历史教材——库北县历史》，首都师范大学出版社 2005 年版，第 60 页。

④ 来源：GC01。

本人）的一种真实感受。

（二）贫困的库北县：一个官方"共识"

然而，库北县还流传着这样一个"共识"：因为全县 GDP 和人均 GDP 在 D 市排末流位置，所以库北县理所当然是 D 市的贫困落后地区。导致落后的直接原因是县域经济的工业化程度不高，而导致工业化程度不高的直接原因是 R 水库的存在以及它带来的相关限制。因此，要想摆脱贫困落后局面就必须超越水库的限制并大力发展工业经济。①

下列引文正好佐证了这一"共识"：

> 在 D 市的 10 个郊区县中，库北县的经济发展处于较低水平，2004 年人均 GDP 为 17852 元，在 D 市 10 个郊区县中排在第 6 位。库北县创建国家级生态县有六项指标差距较大，三项指标没有进行统计，这些指标主要是经济发展指标。从库北县自身发展来看，1997 年以来进入了快速发展期，但与 D 市各郊区县的经济增长速度相比，发展速度和经济水平还是相对落后。……2004 年，在 D 市的 10 个郊区县中，库北县的各项主要指标除在岗职工平均工资之外，其余均低于平均值。因此，库北县的经济存在着总量不足的问题。……尽管库北县（2004 年）的 GDP 和人均 GDP 排位升至 10 个郊区县的第 6 位，但产业结构还不是特别合理。第一产业的比重还比较高，二产和三产比重偏低，说明库北县的工业化程度还不高，这也是经济总量不高的关键因素，必须大力发展第二产业，尤其是工业，迅速推进工业化，拉动农业产业化，推进城市化。②

这一"共识"在库北县官员中更是广为流传。

接受访谈的库北县发改委的官员反映：2005 年，全县财政收入（不含转移支付）在全市排名倒数第五；人均 GDP 为 7202 元，在全市排名倒

---

① 需要说明的是，本书认为，在现行主流贫困话语中，GDP 与贫困标准以及其他经济指标处于相同位置，它们都表达着对经济以及经济发展的强调，它们的理论基础之内核都是发展意义。

② 王某主编：《D 市 X 县生态县建设规划 2005—2020》，中国农业大学出版社 2005 年版，第 7—9 页。

数第二,其中,农村人均 GDP 排名倒数第三、城镇人均 GDP 排名倒数第二。而且,"就这个数字可能也是有水分的","如果挤出水分,库北县在全市的经济排名可能还要靠后",因为"库北县倾向于提高人均收入,隔壁县则喜欢压低人均收入"。此外,2004 年,D 市人均收入低于 2500 元的农户共计 13 万户,而库北县就有 4.4 万户(占全县农户总数的 44.5%);D 市全市贫困村共计 395 个,而库北县就占了 216 个(占全县行政村总数的67.9%)。"这些数据充分表明一个事实:库北县是贫困落后的"。①

如何摆脱贫困落后?库北县绝大多数官员认为,工业是库北县不可逾越的阶段,工业发展对于现阶段的库北县的经济增长而言具有不可或缺的作用②。正如接受访谈的库北县统计局的官员所表述的:"库北县不发展工业不行,要坚定不移地发展工业。土地不行,有工业才能有财政收入,劳动力才能被吸纳。库北县是否发展工业,在市里是有异议的,但在县里是有的共识。"③ 当然,共识之中略有"分歧"。不过,分歧只在"发展什么类型的工业",而不在"是否要发展工业"。绝大多数官员对工业化、城市化的笃信是不容置疑的。④

下列引文(即访谈记录 1)能够帮助我们更好地理解这套共识性话语。⑤

访谈记录 1

Q:您为什么认为必须发展工业或者说生态工业?

A:(生态)工业是生态经济体系的核心。库北县工业总量不足,库北县这么好的环境,要按说一点工业都不应该要。实际上,在这个地方,工业是不可逾越的阶段。你想理想化地把工业解体、解散了,或者不解体而是停滞不前,现在实际的社会结构根本不能承受。它现在需要工业吸收农村劳动力就业,它聚集了年轻的劳动力人口,这部分年轻劳动力就会在城镇定居下来,以后在这里娶妻生子,他的父母

① 来源:ZT04。
② 来源:ZT03,ZT04,ZT06,ZT07,KI03。
③ 来源:ZT03。
④ 来源:ZT04,ZT05,ZT06。
⑤ 来源:KI03。需要说明的是,本书所有访谈记录中的 Q 均表示笔者以及提问,A 均表示访谈对象及其回答。

可能还在农村,但是他的父母一旦干不了活了肯定要投靠,所以城镇人口跟农村人口的比例的转化主要靠工业。靠工业拉动城市化。所以说工业总量最容易增加不光是这样,它是一种对传统社会的最根本性的改造。所以目前阶段必须以工业为核心,生态工业是生态经济体系的核心。你不想办也是不对的。

Q:您为什么总是强调"目前阶段"?这意味着什么?

A:这意味着20年、30年以后,库北县一点工业都可以不要。

Q:为什么到那个时候可以不要工业了?

A:那个时候总体上有这么几个因素:一个呢,D市对于水库R的依赖进一步增强,对库北县的支持力度、转移支付力度进一步加大。可能你库北县什么都不干,D市都可以把你养起来,现在D市养不起来,养不起你。这是当时应该这样弄,以后可以不这样弄的一个理由。第二个,到那个时候,休闲旅游业如果真正发展起来、形成气候,可以替代工业,但是现在不行。第三呢,那个时候库北县可能有工业,它也不是生产阶段的下游的,是研发阶段的高端的,它不是低端的或者下游的。但是目前工业不搞不行,不当重点不行。这个历史阶段决定了库北县别无选择。

三 主流叙述在库北县:对三个中心概念的考察

上述分析初步显示,现行主流贫困/发展叙述在库北县是有着自己一定"市场"的。在库北县的进一步调研了解到,GDP、水库R和工业不但是调研中所接触到的高频词,而且俨然已经成为库北县主流贫困/发展叙述中的关键词。因此,要想绘制一幅现行主流贫困/发展叙述在库北县的实践图画,准确把握现行主流贫困/发展叙述在库北是如何实现自我表达、如何建构库北发展实践的,其间遭遇到了哪些复杂的、具体的情形,必须弄清这三个中心概念的来龙去脉。

(一) 关于GDP

GDP是国民经济核算体系中的一个重要概念,理解GDP首先必须弄清国民经济核算体系的变迁情况。GDP同时也是库北县主流贫困/发展叙述的中心概念,理解该县现行主流贫困/发展叙述,首先必须弄清GDP在库北县的实践状况。[①]

1. GDP 在国民核算体系中的位系及其运用

大致说来，我国国民经济核算体系的建立和发展经历了三个阶段：一是 MPS（the System of Material Product）即物质产品平衡表体系阶段（1952—1984）。这个体系是高度集中的计划经济管理体制下的历史产物。二是 MPS 和 SNA（the System of National Accounting Between the Market and the Government）即物质产品平衡表体系与国民账户体系两种核算体系共存阶段（1985—1992）。两种体系共存反映的正是有计划的商品经济的实施。三是 SNA 即国民账户体系阶段（1993 年至今）。在这一阶段，我国取消了 MPS，并以联合国于 1993 年推出的 SNA 为基础，结合我国实际建立了新的国民经济核算体系，"基本实现了国民经济核算体系与国际的接轨"。[②]

不过，2003 年我国对国民经济核算体系又作出了一次调整。调整的依据是 2003 年 5 月发布的《中国国民经济核算体系（2002）》。主要动作包括：第一，GDP 的统计采用新的核算方法和发布制度。具体而言，新的核算体系对三次产业的划分做了新的修订，即修订后的第一产业包括农、林、牧、渔业；第二产业包括采矿业、制造业、电力、燃气及水的生产和供应业、建筑业；第三产业则被定义为除了第一、第二产业以外的其他行业，而且不再划分层次。调整后的三次产业划分范围"与世界上主要国家和国际组织划分范围大体一致"，因而"符合国际惯例，有利于国际比较"。第二，采用同样的方法对 1952 年以来各个年度的 GDP 及其增长率指标进行修正。第三，2004 年进行一次全面的经济普查，此后每十年进行两次全国经济普查，分别在逢三和逢八的年份实施。[③]

---

① 需要说明的是，GDP 与贫困标准在现行主流贫困/发展叙述中的位置大体一致，同时本书也认为就研究而言，GDP 与贫困标准的功能大体一致。

② 刘津宇:《GDP 之变》，《经济导刊》2004 年第 2 期，第 20—27 页。需要补充的是，1953 年联合国发布了国民经济核算体系（SNA）及其附表，后历经了 1968 年、1993 年两次大的修订，SNA 系统是国际最为流行的国民收入计算体系。

③ 刘津宇:《GDP 之变》，《经济导刊》2004 年第 2 期，第 20—27 页。需要补充说明的是，第三产业具体包括交通运输、仓储和邮政业、信息传输、计算机服务和软件业、批发和零售业、住宿和餐饮业、金融业、房地产业、租赁和商务服务业，科学研究、技术服务和地质勘查业，水利、环境和公共设施管理业，居民服务和其他服务业，教育、卫生、社会保障和社会福利业，文化、体育和娱乐业，公共管理和社会组织，国际组织，等等。

自 SNA 成为国际最为流行的国民收入计算体系之后,国内生产总值
(Gross Domestic Product) 也成为最重要的经济指标。GDP 指的是本国领
土范围内本国居民和外国居民生产的最终产品和劳务总量。但是,关于这
个指标的价值也是见仁见智。一方面,经济学家萨缪尔森认为 GDP 是 20
世纪最伟大的发明。[①] 另一方面,对 GDP 的批评也从来停止过。归纳起
来,批评主要集中在以下几个方面。

一是 GDP 在理论上存在缺陷。GDP 在核算过程中只考虑了可以市场
化交易的社会生产部分,而没有包括非市场化交易的部分,尤其没有考虑
资源耗竭、生态退化、环境恶化等因素,在理论上存在很严重的片
面性。[②]

二是 GDP 在伦理上引发质疑。GDP 没有关注人类福祉的增长,著
名的 "交换母亲" 案例充分反映了这个问题。有学者甚至认为,"GDP
在某种意义上就是一种罪恶。手机被偷有助于它的增长,患癌症有助于
它的增长"[③]。

三是 GDP 在统计上不够完善。GDP 反映的是一个地区在一定时期
内所产出的经济活动总量,通常只有在一个相对封闭或相对独立的地区
才比较适合于 GDP 的统计计算,它并不适合地区。从一个国家的范围
来看,由于海关的存在,货物的进出口是严格监管的,存在着较为完备
的统计,统计部门可以很方便地获取数据,可以比较准确地对国家范围内
的 GDP 进行支出法计算。但是地区之间并不存在海关这类机构,不仅相
关统计难以办到,而且,由于地区与地区之间的经济活动非常活跃,很大
部分是相互交叉甚至是相互重叠的,对这部分经济活动划分归属是非常困
难的。[④]

四是因为上述三个问题,GDP 实际上是一种 "不实表达"。GDP 坚持
认为任何货物交易都会 "增加" 社会福利,一律抛开收入、支出、资产、
负债的正号和负号,而以 "绝对值" 累加,结果造成了在反映发展上的

---

① 李锐之:《GDP 的由来及其批评》,见新华网 http://news.xinhuanet.com,2006 年 2
月 5 日。

② 黄德发:《科学理解经济增长与 GDP 的要义》,《统计与预测》2003 年第 5 期,第 20—
24 页。

③ 来自 Helena:关于 "幸福经济学" (Happiness of Economy),讲座时间:2006 年 6 月 6 日
上午,讲座地点:中国社会科学院办公大楼 217 室。

④ 刘津宇:《GDP 之变》,《经济导刊》2004 年第 2 期,第 20—27 页。

不实表达。① 而事实上, 高数值的 GDP 背后可能是"虚假繁荣", 低数值的 GDP 背后也可能是老百姓的安居乐业。

我国早在 20 世纪 80 年代就建立了 GDP 发布制度。随着 GDP 制度在我国的实施, GDP 增长速度、GDP 总量、人均 GDP 逐步成为标志地区发展水平和考核干部政绩的主要指标。这一局面, 导致了"万般皆下品, 唯有 GDP 高"倾向的出现, 继而引发了不少不良后果, 具体情况包括: 第一, 引发了行政力量干预统计的现象。资料显示, 最近几年来, 各级统计部门每年查处的统计违法事件都在 1 万件以上②。第二, 引发了只顾近期发展而不顾长远利益的行为, 引发了只顾经济发展而忽视社会福利和生态环境保护的行为, 引发了好大喜功"上项目"而淡化了以人为本的理念。正因为如此, 不少人士指出, 我们考察一个地区的发展, 一个地区主要领导的政绩, 不应单纯地看 GDP 的增长速度、GDP 总量排位、人均GDP 水平等指标, 更重要和更全面的是, 应当考核失业率、社会保障水平、入学率、生态环境状况等其他因素。③

2. GDP 在库北县的实践

文献研究显示, 库北县的国民经济核算体系也经历了一个从 MPS 到SNA 的演变过程。20 世纪 60 年代, 库北县的统计资料甚是"简单", 主要涵盖耕地面积、耕地产量、户数、劳动力数量、工厂数量, 以及大牲畜 (牛、马、驴、骡、骆驼、生猪) 和家畜家禽 (绵羊、山羊、奶羊、奶牛、鸡、鸭、兔) 等方面的数据④。此外还有一个重要特点: 但凡识字的人都能"看懂"这样的文件。70 年代, 库北县继续沿用 60 年代的统计方式, 所采用的核算单位仍然是"生产队"和"公社"⑤。下列引文 (即访谈记录 2) 也呼应了这一情况。⑥

---

① 中国科学院可持续发展研究组:《2000 年中国可持续发展战略报告》, 科学出版社 2000年版。

② 刘津宇:《GDP 之变》,《经济导刊》2004 年第 2 期, 第 20—27 页。

③ 周天勇:《GDP 的十大困惑与尴尬》,《学习月刊》2003 年第 7 期, 第 12—13 页。

④ 库北县人民委员会统计科:《库北县 1960 年统计资料汇编》, 1961 年 2 月。

⑤ 见: 库北县革命委员会计划组《库北县国民经济统计资料 1971 年》, 1972 年 5 月; 库北县革命委员会计划组《库北县国民经济统计资料 1949—1975》, 1976 年。

⑥ 来源: KI03。

访谈记录 2

Q：生产队分几种类型？

A：分几类生产队？有的是缺粮队，有的是自足队，有的是余粮队，余粮队的粮食不准私分，如果私分了，生产队队长会要有个说法。

Q：粮食要交给大队？

A：是啊，所有粮食都得清清楚楚。

Q：大队要交给公社吗？

A：当时是这么一种体制：在 1960 年之前，1958 年建人民公社，基本上是以人民公社为基本核算单位，那个时候可能像你说的要层层上缴。1960 年以后，就是"七千人大会"召开之后，基本就是又回到"三级所有，队为基础"，以生产队为核算单位，国家给你定了征购粮以外，你除去口粮、除去资料粮有多少国家就要多少，你要是隐瞒自己的收成、隐瞒自己的产量，该上缴国家的不上缴，你这个生产队长就得给撤了，那个时候集体掌握资源，你国家说还账就还账，多大的调配能力啊，计划经济体制是铁的。

而进入 20 世纪 80 年代尤其是 90 年代以后，库北县的相关文献资料表明，统计范围更宽泛、统计数字更复杂、统计概念更规范，专业化色彩更强，连表述方式都更花样化了，GDP 逐步成为统计资料中的高频词。调研期间，笔者没有能够考证清楚库北县是具体从哪一年开始计算和使用GDP 的。但是，以下几个发现值得注意。

其一，库北县计算 GDP 的方法"耐人寻味"。对库北县发改委官员的访谈获知，该县计算 GDP 的主要步骤是：一是看上年状况和发展比例；二是进行增减因素分析；三是由统计局提出初步方案，发改委参加；四是由县领导确定①。这一过程算是公开的秘密，另有官员向笔者感叹："这个 7120 元和上海的农民人均收入 7000 多元是不一样的，因为 D 市的统计是七分估三分算，上海的是自家报的。中国人一般不露富，所以上海的数字比 D 市的来得实在。"②

① 来源：ZT04。

② 来源：ZT01。

　　其二,库北县大多数官员都明白 GDP 自有其局限性,而且大多认为:"人均 GDP 不能反映真实情况。"访谈对象反映,GDP 除了在计算方法上存在上述问题之外,还有如下两种情况:第一,GDP 在数据来源上"有个抽样误差的问题"。"例如,如果 x 年跟踪观察的 200 农户中结婚的多,消费肯定高,于是就推出了收入高"①。第二,人均收入只有在"差距不是很大的时候才可以。你如果说收入差距过大,人均收入没有啥意思",而"实际上进老百姓腰包的是多少这是关键","人均 GDP 反映不出贫困状况"②。正因为如此,有人认为,GDP 似乎只是一个与政府、与政府官员有关而与老百姓无关的数字,老百姓甚至"反感 GDP"。

　　下列引文（即访谈记录 3）呈现了库北县部分官员对 GDP 的基本看法。③

访谈记录 3

　　Q:咱们用恩格尔系数、基尼系数、人均 GDP 这些指标吗?

　　A:我们用恩格尔系数,基尼系数还没有算,创建生态县则要用了。我们的恩格尔系数是 37%,早就达到小康了。

　　Q:用这些系数时觉得好用还是也发觉了局限性?

　　A:在衡量一个地区的发展时,一个指标到达了,其他指标不达到也不行。小康指标有 25 项,如果有两项达不到的话,就只能是部分而不是完全的小康。要有一个综合性的指标,各种指标都使用。

　　Q:恩格尔系数能够真实反映一个家庭的生活水平吗?这个概念是从西方引进来的,它是否符合我们的国情?

　　A:购买性消费以及自产自用都算在内,应该能够反映一个家庭的消费水准。2005 年（库北县）的 GDP 是 78.87（亿元）,人口是不足 44 万人。

　　Q:GDP 能够反映贫困状况吗?

　　A:人均 GDP 反映不出贫困情况。但是,没有经济普查,就没有北京这么高的 GDP,也没有中国经济总量的排名,（我们国家）现在

---

①　来源:ZT04。
②　来源:KI03 以及 ZT03。
③　来源:ZT03。

排在第四还是第五。但是就是排在第六、第七日子也是这样过。

Q:您是说排名没有什么意义?

A:对个人意义不大,但是对国家还是有意义的,也是美元兑换人民币的一个依据呀。

Q:为什么认为人均 GDP 反映不出贫困情况?

A:我是受网上影响大。

Q:网上是怎么说的?

A:这个你不知道啊?!就是 GDP 再涨 10 个百分点,农民还是在这块地上,还是种这块地。尤其是在那边老山区,受益很小。有一个故事,两个经济学博士打赌,谁吃一堆屎就给谁 5000 万。其中一个吃了,GDP 增加了 5000 万。后来,另一个也吃了,GDP 又增加了 5000 万。于是,两个经济学博士啥也没干,GDP 增加了 1 个亿(一阵笑声)。不过,我们这里这几年新农村建设和创建生态县,对农村还是起了作用。但是要反映一个地区的发展还是要用 GDP,还没有其他替代指标。老百姓反感 GDP,有很多是人为因素造成的。

Q:老百姓反感 GDP?

A:这是一个敏感话题(一阵笑声)。我们干这一行的就知道,GDP 能够反映一个地区的发展情况。绿色 GDP 没有标准,我们国家搞了好长时间了还没有,尤其是治理污染那一块是算不出来的。在没有研究出其他更好指标之前,GDP 就是最好的。

Q:尽管反感,还是要用它?

A:也谈不上反感 GDP,总比工业总产值强。

其三,尽管 GDP 有这样那样的问题,GDP 依然在库北县被权威性地使用着,而且 GDP 观念已经"深入人心"。调研发现,绝大多数接受访谈的库北县官员都能迅速、准确地说出库北县近几年的 GDP 总量和人均 GDP 数字。这一情形既表明了"库北县干部素质较高",也揭示了"GDP 对库北县官员影响深刻"。另外,绝大多数库北县官员"熟知"全县 GDP 总量在 D 市历年的排名情况。

从笔者所参与的十次座谈会上了解到,在 1985 年前后,库北县在 D 市全市(共 18 个区县)"排 5—6 名";在 20 世纪 90 年代前期和中期,库北县的排名落到了全市"倒数 1—2 名";直到 20 世纪 90 年代后期和

21 世纪初期，库北县的排名才升至"10 个郊区县中的第 6 名"。值得指出的是，参加座谈会的库北县的官员们，不但对全县的排名历史"了如指掌"，而且常常自觉地将库北县与 D 市所辖的其他区县（尤其是邻居区县）做对比。在说起 1985 年前后的辉煌时，通常掩饰不住"骄傲"；在说起 90 年代的落后时，通常掩饰不住"忧心忡忡"；在说起目前排名变化时，则通常掩饰不住"乐观"和"跃跃欲试"。

统计数据显示，近年来库北县在 GDP 增长方面取得很大进步。1996—2000 年期间，GDP 的年均增长率为 7.1%，其中 1999 年、2000 年分别达到了 16.5% 和 16.8%。2001—2004 年期间，GDP 的年均增长率达到 19.90%[①]。但是，库北县官员普遍表示"还要继续努力"。因为，一方面，"与 D 市各郊区县的经济增长速度相比，库北县发展速度和经济水平还是相对落后的"，"我涨他也涨"的情形下丝毫不能放松"奋斗"。尽管也有官员抱怨："多年来，各区县之间进行比较的往往就是 GDP 和财政收入等少数几个指标，给远郊区县工作的同志造成了压力，也一定程度上助长了区县之间的低水平同质竞争和盲目发展。"[②] 另一方面，要想在 2008 年实现成功创建"国际级生态县"的目标，库北县的 GDP 平均年增速必须保持在 16% 以上，要想在 2010 年实现成功创建"国际级生态县"的目标，库北县的 GDP 平均年增速也必须保持在 11.0% 以上。[③]

其四，多数库北县官员认为，要想提高 GDP 就必须发展工业，因为工业对 GDP 的贡献率高。事实上，为了提高 GDP，库北县委、县政府针对政府部门和官员也采取了不少措施。"从 2000 年到 2003 年，所有单位都有项目引进或引税的任务，500 万、1000 万甚至是 2000 万的任务"。"即便是库北县史志办这样的务虚部门也有任务"[④]。在这种语境中，"只求所在，不求所有"一度成为官员们口头的"时髦词"[⑤]。这些做法直到

---

① 《库北县国民经济和社会发展第十个五年计划》以及《库北县国民经济和社会发展第十一个五年规划纲要》，库北县政府网站，2015 年 1 月 16 日。

② 夏某：《关于 D 市生态涵养发展区的功能定位的研究》，《库北县调研》2005 年第 10 期。（夏某时任库北县委书记。）

③ 王某主编：《D 市库北县县生态县建设规划 2005—2020》，中国农业大学出版社 2005 年版，第 19—20 页。另外，库北县认为，未来几年的 GDP 年均增速可以保持在 13% 左右。关于库北县创建国家级生态县的问题详见本章接下来的相关分析。

④ 来源：ZT02。

⑤ 来源：ZT02，ZT04 以及 ZT06。

2003 年之后才淡化,目前"不是所有的单位都有任务了"。①

概言之,随着我国国民经济核算体系与国际逐步接轨,GDP 不但成了核算体系中最重要指标,而且还成了考核区域经济发展水平和政府党政干部政绩的最重要指标。GDP 获得了莫大的权威和力量。因此,尽管GDP 有着这样或那样的不足,但是,GDP 作为我国现行主流贫困/发展叙述的核心概念,作为权力/知识的一种具体形态,不断地建构库北县的经济社会实在,不断地"生产"库北县的"贫困"与"落后",不断地影响库北县(尤其是各级官员)人们的思想观念和发展理念,与此同时,逐步塑造了库北县自身的主流贫困/发展叙述。

(二) 关于 R 水库

"只要说到库北县,不得不提起 R 水库"②。库北县与 R 水库之间存在一种不可割断的连带关系。无论是要想了解库北县,还是要想了解现行主流贫困/发展叙述在库北县的实践过程,抑或是要想了解库北县现行主流贫困/发展叙述的核心特征,R 水库都是一把不可或缺的钥匙。

1. 关于 R 水库的修建历史和功能转换

库北县境内的 C 河、B 河在历史上是"害河"。资料显示,不管在新中国成立前还是新中国成立后(修建 R 水库前),库北县境内水灾及其相关灾害非常频繁。正如下列引文所示:

> 1949 年从 6 月 25 日到 8 月 4 日淫雨 45 天,7 月 29 日山洪暴发。1954 年全年降雨 764.4 毫米。1955 年 8 月中旬,连降暴雨,诸河水位上涨。1957 年 7 月 26 日北部山区发生泥石流。1958 年全年降雨799.6 毫米,主要集中在 7、8 月,当时库北县城外一片汪洋,沿河20 多个村庄被洪水包围,城关地区和小营一带有 2700 多干部群众围困在洪水之中……据统计,这场洪水共冲毁了小水库和塘坝 162 座,渠道 329 条 21300 米,沙坝 91 道 23400 米,塌房 1643 间,伤 15 人,死亡 17 人,冲走猪羊 118 头,各种树木 72 万株,全县受灾面积 25.8

---

① 来源:ZT02。
② 来源:ZT01。

万亩，其中冲光土地 5.1 万亩，减产粮食 3000 万公斤。[①]

为了解决洪涝灾害问题，政府决定修建 R 水库[②]。具体情况是：进入 20 世纪 50 年代，"响应毛主席的号召"，修建工作开始启动。1957 年 11 月，D 市设计院在《×河流域规划》中提出了修建 R 水库等两座水库的设想，论证了修建的可行性，强调了水库修建之于防洪、灌溉和供水方面的重大意义，认为"R 水库修建之后可调节供水流量 32 立方米/秒，除照顾下游灌溉用水之外，可满足 D 市近期用水需要。在洪水控制上，可使百年一遇洪水下泄量不超过 750 立方米/秒，以解决 C 河和 B 河下游地区的内涝和开发灌溉，并为 D 市供水创造水源条件"，并建议 D 市以及相关政府在国民经济建设第三个五年计划期间应该完成 R 水库等两座水库的修建工程。[③]

在全国尤其是 D 市水利化高潮推动下，R 水库的地质勘探工作终于在 1958 年 3 月得以启动。1958 年 6 月 26 日，时任国务院总理周恩来偕中央及相关省市的有关领导，前往规划中的 R 水库坝址进行勘察，并做出了"水库规划好、效益大，应尽快建好，早日变水害为水利"的指示。是月月底，国务院很快做出了"于 1958 年着手修建 R 水库"的决定，这一时间较之原来的规划时间提前了将近十年。经过多方努力，R 水库最终于 1961 年建成。而伴随 R 水库的修建，库北县的行政归属也发生了变化，即于 1958 年 10 月划归 D 市管辖。[④]

R 水库"早在 1959 年就开始拦水了"[⑤]。事实上，在 20 世纪 80 年代之前，R 水库主要发挥了其防洪灌溉的作用。进入 80 年代之后，由于 D 市严重缺水，R 水库停止向其他省市供水而专供 D 市用水，并由供应生

---

　　① 库北县水利志编辑委员会:《D 市区县水利志丛书·库北县水利志》，1992 年 12 月，第 35—36 页。

　　② 来源：ZT01。

　　③ 库北县水利志编辑委员会:《D 市区县水利志丛书·库北县水利志》，1992 年 12 月，第 45 页。

　　④ 库北县水利志编辑委员会:《D 市区县水利志丛书·库北县水利志》，1992 年 12 月，第 45 页。资料显示，修建水库 R 时，库北县组建了支队，民工自带工棚、工具、口粮于 1958 年 7 月 26 日进场，开始是 2000 人，同年 9 月增加到 4000 人，10 月增加到 5100 人，先后派出国家干部 109 人。另外，来自 ZT05 的资料显示，当时共有 17 个县参加了修建 R 水库，共计 20 多万民工参加了水库的修建工作。

　　⑤ 来源：ZT01。

产用水转为供应生活用水。伴随 R 水库功能的转变,D 市相应地提高了 R 水库的水源和环境的保护标准,库北县最终成为 D 市的主要水源基地[①]。为此,1985 年 7 月,D 市政府颁布了《库北水源保护管理暂行办法》(这一规定于 1998 年 1 月 1 日失效)。而进入 90 年代之后,由于人口数量的增加和经济规模的扩张等原因,D 市水源问题更为突出。为了更好地保护水源,防止水质污染,保障人民身体健康,促进国民经济和社会发展,D市于 1986 年 6 月颁布了《D 市城市自来水厂地下水源保护管理办法》,于 1995 年 7 月 27 日通过了《D 市三水库保护管理条例》。[②]

《D 市城市自来水厂地下水源保护管理办法》将库北县南半部划为 D 市水源八厂地下饮用水源补给区,《D 市三水库保护管理条例》则将库北县北半部划为地表饮用水源保护区。其中,《D 市三水库保护管理条例》将 R 水库周边地区划为三个等级的保护区,并对每个层次的区域提出了明确的环保要求和产业发展规定。根据这两个条例,结合实地勘测,库北县域境内 70% 的面积被认定是 R 水库水源保护区,而全县 18 个乡镇的绝大部分区域均处于 R 水库水源保护区和 D 市水源八厂补给区之内。[③]

目前,R 水库每年要向 D 市供水 6 亿—8 亿立方米,D 市 "市民每喝三杯水中就有两杯来自 R 水库"[④]。在可见的未来,库北县作为 D 市重要水源基地的战略地位不会改变甚至会变得更加重要。正如下列引文所示:

> D 市是个严重缺水的城市,水资源人均占有量仅为世界的 1/25、全国的 1/6,是全国 40 个严重缺水的城市之一。由于地下水位下降,已引起部分地区地面下沉。解决 D 市水危机,重担在地表。H 水库(指另一个水库)由于上游来水量显著减少,且污染严重,已经停止向 D 市供水。"南水北调" 工程量大,短期内难以实现,即使 "南水北调" 工程竣工,也仍是补充不足,难以从根本上解决 D 市的水源危机问题。由于 R 水库水质好、位势好、运行费用低等比较优势,库北县作为 D 市水源区的战略地位不会动摇。随着经济的发展河城

① 库北县政府:《新世纪 D 市水源区发展战略研究报告》,以及 ZT01 和 ZT05。
② 来源:ZT01。此外,因为研究需要,本书对这两个条例也作了化名处理。
③ 王某主编:《D 市 X 县生态县建设规划 2005—2020》,中国农业大学出版社 2005 年版,第 40 页。
④ 来源:ZT01 以及 ZT05。

市化水平的提高，D 市的需水量将不断增加。①

D 市充分意识到 R 水库的重要战略地位并高度重视 R 水库的管理和保护工作。而且，根据《D 市总体规划（2004—2020 年）》，D 市制定了《关于区县功能定位及评价指标的指导意见》，将全市划为功能核心区、功能拓展区、发展新区和生态涵养发展区 4 个区块。其中，库北县归属生态涵养发展区。该文件再次明确指出，生态涵养发展区是 D 市的生态屏障和水源保护地，是保证 D 市可持续发展的关键区域。②

2. 关于 R 水库对库北县的影响

R 水库的修建及其功能定位深刻影响了和影响着库北县，突出表现在耕地、移民和产业发展等几个方面。

R 水库坐落在库北县中心区域，水库淹没的主要是一个盆地所在地。该盆地土地肥沃，面积为 16.8 万亩（占了全县耕地的一半），当时被称为库北县的"乌克兰"。统计资料显示，水库的修建合计占用了 24 万亩耕地，淹没了库北县三大平原中的两大平原，改变了库北县原来"八山两田"（80% 山地，20% 耕地）的结构③。相应地，R 水库的修建使全县人均耕地从建库前的 2.74 亩下降到不足 0.9 亩。以 R 水库周边移民集中地区为例，周边 50 个村的人均耕地仅 0.45 亩，其中，13 个村（队）的人均耕地不足 0.2 亩，5 个村（队）的人均耕地不足 0.1 亩，有的村已地无 1 亩，18 个村（队）人均粮食占有量不足 70 公斤。④

与此同时，R 水库的修建导致了大量移民的产生。在动议修建水库的之后，经水利部勘测三队和 D 市规划局勘测处施测，159.5 米以下为水库移民拆迁范围。于是，C 河、B 河库区共需搬迁 65 个村庄、56 所小学、2 所中学，以及 11536 户、56908 口人和 53818 座房屋，共需砍伐大小柴树、

① 王某主编：《D 市 X 县生态县建设规划 2005—2020》，中国农业大学出版社 2005 年版，第 24—25 页。

② 夏某：《关于 D 市生态涵养发展区的功能定位的研究》，《库北县调研》2005 年第 10 期。

③ 参见库北县水利志编辑委员会《D 市区县水利志丛书·库北县水利志》，1992 年 12 月，第 49 页；王某、蔡某《库北县解放后十七次移民及启示》，库北县委政策研究室《库北县调查报告选 1985—1994》；ZT05。

④ 王某、蔡某：《库北县解放后十七次移民及启示》，库北县委政策研究室《库北县调查报告选（1985—1994）》，第 604—605 页。

果树 1000 多万株。而且，时间短、任务急，上级政府要求地方政府必须在 1959 年汛期到来之前即完成移民工作。当时的库北县委、县政府决定"以房屋土地较多、经济基础较好、交通方便、有发展前途的城关等五个大公社的 86 个村为移民安置村"，采取"自力更生、勤俭建房，自建为主，开展合作"的方针，使得拆迁和清库工作在 1959 年 6 月就顺利完成了①。事实上，自新中国成立以来，库北县合计实施移民 17 个批次，其中大部分与 R 水库密切相关。下列引文呈现了其中几次的具体情况：

> 1958—1962 年（的移民情况）：R 水库库区总面积 33.6 万亩，占用耕地 24 万亩，移民共涉及 67 个行政村，全部搬迁的有 65 个行政村，共移民（包括二次搬迁）11013 户，有 53816 人，拆房45625.5 间，建新房比原有房屋少 6834 间，全部移民费用 4040 万元，平均每人 759 元。……1974—1976 年（的移民情况）：1974 年，R 水库蓄水位曾达到 153.01 米（海拔），是水库运行以来水位最高的一年。因此，库区"押宝地"（157.5 米以下）大部分被淹，居住在 R 水库周边的一部分村庄，生产生活出现了很大困难。库北县委于1974 年 9 月 18 日决定一部分村庄再次迁移到库南定居。于是，某庄等 4 个公社的 8 个村庄 751 户、3772 人迁往某地等两个公社定居。搬迁费用由中央水电部拨款中现存的 150 万元里开支。②

我国政府非常重视移民工作。资料表明，"国家先后为移民拨款 4000多万元，人均近 800 多元。其中：库区内淹没耕地 16.8 万亩，按三年常产一次补偿 924 万元，每亩 55 元；库外占地 7 万亩，一次补偿 279.1 万元，每亩 55 元，其余为移民搬迁、建房和损失补偿"③。然而，移民工作仍有许多值得研究和需要解决的问题，例如，国家补助不能满足拆迁实际

---

① 库北县水利志编辑委员会：《D 市区县水利志丛书—库北县水利志》1992 年 12 月，第49—50 页。

② 王某、蔡某：《库北县解放后十七次移民及启示》，库北县委政策研究室《库北县调查报告选 1985—1994》，第 600—601 页。

③ 库北县水利志编辑委员会：《D 市区县水利志丛书—库北县水利志》1992 年 12 月，第50 页。

需要,迁出地与迁入地村民之间的矛盾没有得到很好解决,淹没区的地方文化没有得到保护而逐渐走向消失等①。最为棘手和突出的是,现在仍有不少水库移民(主要是当年移民的后代)不时地组织和参加集体上访。他们上访的原因是"资源比较匮乏,生产生活条件贫困",导致"贫困的原因是修了水库",而"要脱贫,就得找政府"。②

时至 20 世纪 80 年代中期,伴随 R 水库功能发生转换,政府对 R 水库的管理和保护要求更加严格和规范。《D 市三水库保护管理条例》明确规定:水库一级保护区为非建设区和非旅游区,禁止新建、改建、扩建除水利或者供水工程以外的工程项目,同时禁止在水利工程管理范围内设置商业网点③;水库二级保护区内不得建设直接或者间接向水体排放污水的建设项目;水库三级保护区内不得建设化工、造纸、制药、制革、印染、电镀、冶金以及其他对水质有严重污染的建设项目,建设其他项目,必须遵守国家和本市有关建设项目环境保护管理规定④。根据这些规定,库北县拆除、关闭了几十家工厂。其中,1997—2000 年期间,先后关闭了原本是县主导产业的化肥厂、水泥厂、酒厂⑤。与此同时,正如下列引文(即访谈记录 4)所示,工业、畜牧业、旅游业、开采业等产业的发展也受到一定限制。⑥

---

① 需要补充的是,进行村庄层面的研究时,笔者发现,直到现在"本地人"仍然将当年的移民称为"外搬户",而"外搬户"也默认这种称呼,并对过去村庄(现为 R 水库淹没区)的生产生活表现出明显的留恋。

② 《关于信访问题的情况分析及对策》,库北县委研究室《库北县调查报告选(1999—2003)》,2003 年。

③ 此外,《D 市三水库保护管理条例》显示,一级保护区内还禁止下列行为:直接或者间接向水体排放污水、废液,倾倒垃圾、渣上和其他固体废弃物;在滩地和岸坡堆放、存贮垃圾、渣上和其他固体废弃物;在水面游泳、进行水上训练以及其他水上体育、娱乐活动和未经市环境保护局批准的船只下水。设置禽畜养殖场;直接在水体内洗刷车辆、衣物和其他器具等;毒鱼、炸鱼。电鱼及在非指定的水域钓鱼;施用对人体有害的鱼药和高毒、高残留的农药;露营、野炊等污染水质的旅游活动;未经市水利局批准的车辆上坝;违反法律、法规的其他污染水质的行为。还需要补充的是,来自 ZT07 的信息显示,接受访谈的库北县环境保护局的官员将水库一级保护区理解为"无人区"。但是截至目前,库北县域内的水库一级保护区内尚有 42 个村子、3 万多人。

④ 《D 市三水库保护管理条例》,库北县政府网站,2006 年 10 月。

⑤ 来源:ZT06。

⑥ 来源:ZT01。

访谈记录 4

Q：有人说 R 水库限制了库北县的发展，您是怎么看的？

A：R 水库的修建对 D 市等地区来说是好，但是对库北县来说确实造成了一定影响。修建水库占用了良田 24 万亩。过去是人均 2 亩地，2005 年是 0.81 亩，这其中有人口增长因素，但是 R 水库的占地因素是不可排除的。20 世纪 80 年代中期之后，水库的功能发生转移，D 市的生产生活用水不够，只能调 R 水库的水。于是，R 水库由过去的防洪灌溉功能转向了向 D 市生产生活供水。每年要向 D 市供水 6—8 亿立方。水库的 70% 面积为水源一级保护区，所以生产生活受到限制。

Q：主要有哪些限制？

A：第一，水源上头不能发展工业，为此关闭了几十家工厂。第二，畜牧业也受到限制，只有水库的背山坡才能放牧，但是那是别的省的地界了。第三，旅游业也受限。水库大坝不能过去，只有特殊的通行证才允许，对农民的收入造成影响。第四，对矿产资源开发的限制。库北县的铁矿丰富，铁矿的地质储存量有 9.7 亿吨，占 D 市可开采的 91%，而且埋藏浅容易开采。另外，大理石、石灰石等的储量也丰富，但是现在只有某庄、某玉两个厂子。近年来矿价飞涨，有人形象地打比方说，一铲子矿石就等于一铲子钢币。

概言之，正如《1989—2000 库北县经济社会发展战略研究报告》所指出的，R 水库对库北县的巨大影响可以归纳为：一是导致耕地资源锐减。耕地面积从 67 万亩减少到 39 万亩，人均耕地由 2.74 亩减少到 1 亩。二是留下历史了负担，削弱了经济基础。20 世纪 50 年代末在库北县就地安置全部水库移民，形成了 21 万人的移民安置区，超负荷承载人口，两人分吃一碗饭，原来比较薄弱的经济基础几乎丧失了积累效应。三是库北县绝大部分地域都在水源保护区内，环境保护的高质量要求，必然对库北县工业项目的引进、发展产生较严格的选择性，由此在一定程度上延缓了库北县工业化的进程。[①]

---

① 陈某等：《1989—2000 库北县经济社会发展战略研究报告》，载中共库北县委政策研究室《库北县调查报告选 1985—1994》，第 319—341 页。

3. 关于库北县对 R 水库的认识

如前所述，R 水库改变了库北县的行政归属、区域结构，同时，改变了一大批人（指移民）甚至是整个区域内的老百姓的生产生活方式，对库北县确实造成了不可忽视的影响。库北县官员是如何评价 R 水库的？调研发现，对于 R 水库，不同时期的库北县的官员持有不同想法和看法，大体可以概括为三种论调。具体情况如下。

其一，"要想富，炸水库"论。

"要想富，炸水库"论流行于 R 水库建成之后和 20 世纪 80 年代之前。至于为什么会流行这么一种论调，主要是因为 R 水库的修建使得"库北县人民的生活一度陷入了极度困苦的境地"。关于这个问题，正如下列引文（即访谈记录 5）所示，库北县生态办的官员给出了详尽的解释。①

访谈记录 5

Q：为什么会出现"要想富，炸水库"的论调？

A：这首先是全县一半的耕地被淹没，库北的生存和发展空间被大大压缩。由于修建 R 水库，24 万亩肥沃的盆地被淹没，库北县由"八山两田"变成了"八山一水一分田"。由于耕地的锐减，全县的粮食产量大幅度下降，人民的生存受到了极大威胁。工业、农业的产业发展空间也受到了极大限制。其次是移民全部由库北县自己安置。水库淹没区覆盖 67 个村庄、6.5 万人（约占当时全县人口的四分之一），全部在县内安置。结果，原来一个人的口粮田变成了两个人种、两个人吃。有的村人均耕地只有 8 厘，被戏称为"巴黎（8 厘）公社"。由于人均耕地减少，农民吃饭成了严重问题。再次在"大跃进"的年代，国家拨给农民的搬迁费极低，每人只有 8 元钱。俗话说"破家值万贯"，为了保证水库按期拦洪，除了粮食、衣物和简单的生产、生活用具，移民家里其他的东西全都不得不扔在了故土。这一搬家，把库区的移民搬穷了。

Q：还有其他什么状况吗？

A：四是国家为移民盖好房之后，又以每间 450 元的高价以互找差价的方式卖给移民。这犹如在移民的伤口上又洒了一把盐，进一步

---

① 来源：ZT05。

加大了移民的经济负担，大部分移民户到20世纪80年代中期还没有还清这笔欠款。如果不是当时党的威信高、如果不是人民的觉悟高，无法想象R水库移民当时会含泪"欢离故土"。由于这次没有处理好人与自然的关系，保水与富民的关系，库北县人民的生活水平极度下降。1960年代初期，更是严重缺粮。直到70年代末期，库北县农民的人均年收入才恢复到1958年的水平。我县的经济和社会发展等于倒退了20年。库北县老百姓把生活的困苦归结为是修建R水库造成的，于是在六七十年代无可奈何地发出了"要想富，炸水库"的悲怨。

不过，必须指出的是，分析和评价一个问题，不但要关注各种微观原因（具体包括耕地锐减、移民问题处理不当等），还应关注宏观背景。R水库修建启动之年（即1958年）也是"大跃进"之年。R水库修建成功之后，我国即进入"三年自然灾害"时期，随后不久的1966年便拉开了"文化大革命"序幕。而这一时期，国际格局更是复杂。这么看来，"库北县人民的生活一度陷入了极度困苦的境地"应该是有着多种原因的，仅仅将"责任"归咎于R水库显然有失公允。

其二，"水库制约"论。

"水库制约"论流行于20世纪80年代中后期至90年代中后期。该论调的流行有着这么三个背景：首先，改革开放政策在全国范围内铺开和实施，呈现一片如火如荼的景象，这是宏观背景；其次，随着改革开放政策的实施，D市的各项事业取得长足进步，水资源逐渐紧张甚至短缺，为保障D市的"正常"生产生活，《库北水源保护管理暂行办法》得以出台，这是中观背景。微观的背景则是，对于库北县以及县域的官员来说，"保水是头等政治任务，保不了水撤（职），富不了民不一定撤（职）"①。于是，库北县在（一面是）"如火如荼的发展"与（另一面是）"因为要保水而不能像别的地方那样发展"的反差中发出了"水库制约"的感叹。

这种论调因为"国际游乐场事件"而进一步得到加强。1983年，库北县做出了大力发展旅游业的决定，政府斥资在R水库的附近修建了

---

① 来源：ZT05。

"国际游乐场"。"国际游乐场"和R水库很快成为D市郊区游的一道亮丽风景线,库北县旅游业也因之很快红火起来。如前所述,随着《库北水源保护管理暂行办法》的出台,R水库不再可以"被观光旅游"。而"国际游乐场"与游览R水库是"捆绑在一起",不久前者也因为后者的叫停而关闭。下列引文(即访谈记录6)具体地呈现了这一图景①。总之,库北县"红极一时"的旅游业最终"夭折","水库制约"论逐渐"泛滥","不自觉地被动保水"思想在当时的库北县官员中占据主要位置。

访谈记录6

Q:这是什么时候发生的事?

A:这在20世纪80年代,具体哪一年我记不清楚了。然后那个时候R水库还是可以游览的,坐游船啊、划船啊都是可以的。在1985年之前,我们在附近地区修建了国际游乐场。当时,库北县的旅游业尽管处于起步阶段,但是应该是库北县旅游业最红火的时期。

Q:红火是指人气比较旺?

A:人气比较旺!

Q:对GDP的贡献率怎么样?

A:当时没有统计。因为旅游业主要是富民为主,对财政的贡献不是很大的,它对综合性的产业带动比较大。……R水库的封闭等于就是给国际游乐场判了死刑。国际游乐场建在水库的下游。就在现在的国际会议中心。它本身对环境没有什么污染。R水库一封闭,不让游,马上库北县的旅游业一下就没了。

Q:是因为会造成污染吗?

A:游乐场和R水库形成了一条非常好的两日游线路。第一天到R水库,第二天到国际游乐场。那么R水库关闭之后,他光是玩游乐场就觉得不适当了,因为当时交通不像现在这样便利,那么大家出门一趟都觉得不容易。当时来库北县一趟和我们现在去四川旅游一趟似的。休息日也很短,大家钱也少,然后交通也不方便。所以出来一趟就要两天这样一个过程。

---

① 来源:ZT05。

时至 1988 年，针对库北县的发展长期以来位于 D 市郊区后列、农民人均收入处于最下游的现状，以及库北县作为水源保护地后给经济社会发展带来的种种制约，而使得库北县的发展与郊区县的差距呈不断拉大的趋势，库北县成立了"经济社会发展战略研究小组"，决定就库北县应该如何摆脱制约而实现更快发展展开更系统、更深入的研究。在认真研究基础上，该小组提出了"作为 D 市重要水源地的特殊经济社会实体，国家应该负责提供保障"的观点，发出了"要保 D 市喝净水，库北县人民要富裕"的呼吁，指出了"沿袭多年的行政调水、无偿保水的局面难以维持"，因而要"制定符合经济规律，有利库区社会安定的补偿措施，逐步形成适合水源地发展的完善的配套的政策系统"。为此，该小组向 D 市提出了三条具体"政策建议"，即把库北县正式明确为 D 市水源保护特区，并实行相应的特殊政策；建立水源保护基金制度；实行以水换电制度，优先满足库北县工业发展需要的用电指标。①

当然，这个选择也是历经了一番争论之后做出的。下列引文（即访谈记录 7 和访谈记录 8）呈现的正是关于几种发展模式的争论和思考。②

访谈记录 7

Q：当时大家是怎么想的？

A：很多人都想着伸手向上边要。一是要政策，要求国家把库北县定为 D 市的水源特区，给库北县提供特殊的优惠政策。二是要钱。当时有的同志曾设想，D 市市民用一吨水，D 市要收一块多钱的水费，如果能够从这一块钱中拿出一分钱给我们，我县每年就可以增加几百万元的财政收入。不过，通过被动保水发展库北县经济的路，没有走通，也不可能走通。在有限的土地资源条件下艰苦奋斗，死打硬拼，没有也不可能从根本上使库北县人民脱贫致富，促进全县经济的快速发展。唉！伸手向上边要，不仅改库北县为 D 市特区的优惠政策没有要来，就是水费也一分钱没有要来。由于这次又没有处理好人

---

① 陈某等：《1989—2000 库北县经济社会发展战略研究报告》，载中共库北县委政策研究室《库北县调查报告选 1985—1994》，第 319—341 页。

② 访谈记录 7 来源 ZT05；访谈记录 8 来源 KI03。

与自然的关系，保水与富民的关系，库北县的经济和社会在 20 世纪 80 年代后期和 90 年代前期，长期处于徘徊局面，同其他区县的差距不断拉大。1995 年，库北县的经济发展和人民生活水平指标在 D 市各区县几乎处于倒数第一。

访谈记录 8

Q：当时拿出了几种方案？

A：一共讨论了三个方案，也就是说三种模式。模式一：沿常规发展轨道滑行，走初级工业化致富的道路。我们耕地有限必须放弃农业，要走工业化道路，但是水源保护对初级工业的一系列限制导致此路不通。模式二：跨越"石油工业"阶段，建成水源地保护大环境封闭保护区，直接走生态化的道路，即人口全部外迁，取消村镇建制，实行林区建制，但是目前资金与技术还不足，这一方案在国家达到中等发达程度以前是不现实的。模式三：兼顾目前基础，朝生态经济方向努力，走工业经济和局部地区生态经济协调同步的路子。找到保护水源和发展经济的"结合部"和"统一点"。我们可以将区域做这样的划分：水库以北为生态经济区，水库南端划分为工业有限发展区、普通工业区。这个方案，体现了努力实现环保要求与繁荣经济之间相互制约程度弱化，最终达到互创条件、协调发展的思想，可行性强，可作为库北县发展的首选方案。

但是，模式三所表达的发展战略并没有得到 D 市的认可，而最终没能付诸实施。不过，这个战略在库北县官员中造成了很大影响。调研期间，无论在座谈会上还是知情人士深度访谈中，都有不少官员提及这个"战略"。还有官员撰文强调："它那个的道理完全对，不存在一个错误"，相反，"这个战略有很高的理性层次，对库北县在 D 市区域中的战略地位有充分的认识，按照市场经济原则，提出了奉献与补偿、权利与义务相统一的指导思想"，而"这个战略的悲剧正是在主观上对设立特区、实行特殊政策的可能性的认识错误，没有提出在不能实现的情况下，库北县自己该怎么干"。[①]

---

① 参见齐某《解放思想加统一思想是加快区域经济发展的核心竞争力》，《库北县调研》2002 年第 9 期。

总之，在长达十多年的时间里，"水库制约论"在库北县广泛流传。而且，"水库制约论"仿佛成了一道"紧箍咒"，禁锢了库北县决策层的思想，以至主要决策者在扬长避短、利用特色、再造优势上表现得束手无策。①

其三，"举保水旗，吃环境饭"论。

"举保水旗，吃环境饭"是《新世纪 D 市水源区发展战略》的核心思想。该发展战略于 1999 年年初酝酿、2000 年年底出台。出台这一战略是为制订"库北县国民经济和社会发展第十个五年计划"而做的准备工作。参与战略研究的人员多、规格高。时任库北县县委书记亲任组长，课题组成员包括 D 市政策研究室的主要领导、高校教师以及库北县政策研究室的主要领导。战略的主要内容正如下列引文所示：

> 着眼 D 市未来发展对水源和环境的高标准要求，切实履行高质量保护水源和环境的特殊职责；走环境立县、引进强县、科教兴县、依法治县之路；努力建设清洁优美的自然环境、先进完善的设施环境、高效规范的体制环境和健康和谐的人文环境；构建以高新技术工业、绿色农业、生态旅游业和环保节能型建筑建材房地产业为支柱的 D 市水源区经济体系；突出工业开发区、库北县卫星城和中心镇建设、旅游西线开发和畜牧产业化四个战略重点；实现经济持续快速健康发展，达到富民强县的目标。②

其中，严格保护水源和环境是战略基点，将库北县建设成为 D 市绿色田园和郊区经济强县是战略目标，"环境立县、引进强县、科教兴县、依法治县"则是四条并行不悖、互为条件的发展道路。这一战略的主要特点在于它克服了"孤立的、静止的、机械的保水观点"，提出了"在保水中求发展，以发展促保水"的思路，强调"选择适合水源区的发展道路，实现经济持续快速健康发展，根本改变区域相对贫困加剧的状况，才能更好地保护水源"③。这一战略的亮点主要在于它阐述了"一个具有辩

---

① 齐某：《解放思想统一思想是加快区域经济发展的核心竞争力》，《库北县调研》2002 年第 9 期。

② 库北县战略研究课题组：《新世纪 D 市水源区发展战略》，库北县政府网站，2006 年 10 月 3 日。

③ 同上。

证味道的新逻辑":库北县实现发展为的是更好地为 D 市保护好水源,或者说,发展经济本身就是为保水服务。下列引文(即访谈记录 9)可以帮助我们更好地理解这个"具有辩证味道的新逻辑"。①

访谈记录 9

Q:您怎么理解"举保水旗、吃环境饭"?尤其是怎么理解这个旗帜的"旗"字?

A:举保水旗是什么概念呢?按照目前来说,这是库北县职责所在。别的地区如果就发展一个任务的话,库北县的前提就是保水,保水好了的大前提下才能搞发展。为啥说保水是旗帜呢?你发展经济本身也是为保水服务,所以呢,保水是统领这个的,发展应该降到第二位,含义就在这。你不能强调发展是第一,你说国家说发展是执政兴国的第一要务,但在库北县你就不能简单地那么说。库北县你必须第一位职责是保护 D 市饮用水源,这个第一位职责本身就是旗帜的概念。这是从大局出发,从国家的大局、从 D 市的大局出发。所以它有处于旗帜的地位、统领的地位。吃环境饭的概念呢,就是要从保护水源的角度出发,你得吃饭呢,你就得创造环境优势、利用环境优势、转化环境优势。所以呢,你这环境优势只有转化为经济优势了,你这个饭才能吃得越来越好。这是一种发展的辩证法问题。

Q:您评价了 20 世纪 80 年代中期至 90 年代中期那个战略的不足,但是我的感觉是它是在讨价还价、摇旗呐喊,而您主持研究的发展战略是不是更"乖巧"些了?

(两人都大笑起来)

A:第一个战略,现在讲来它的道理也对。它那个的道理完全对,不存在一个错误。

Q:实际上你们两个战略有很多地方是相同的,或者说是一脉相承的,但是你的说法变得更加机智一些了?

A:对,对。

Q:你们现在有没有利用这面旗帜向上面要这要那了?

A:现在的支持比过去力度大多了。实际上你跟领导提什么要求

①　来源:KI03。

你得跟领导有共同的话题，你不能说我给你奉献了你就得给我，你穷奉献了。R 水库周边搬迁了 1.3 万多人，一共才给了 1.3 亿元。现在不提这个了，立个项就 3 亿多元，包括水库一级保护区内的生活污水、垃圾处理等。所以这个事库北县要想明白，别觉着别人一定要支持你，他掌握那么大的权力、那么多的资源，你跟他讲条件没有用。

值得注意的是，从时间上看，《新世纪 D 市水源区发展战略》是《1989—2000 年库北县经济社会发展战略研究报告》的续篇；从逻辑上看，两者是密切相关的。这两者之间最重要的区别在于如何对待 R 水库这个问题上。在《1989—2000 年库北县经济社会发展战略研究报告》中，R 水库被看作制约库北县发展的因素，是库北县向上级要钱要政策的筹码。在《新世纪 D 市水源区发展战略》中，R 水库被看作可以转化为经济优势的生态资源，库北县不但不再将 R 水库视作向上级要这要那的筹码，而且还大张旗鼓地提出"以发展促保水"。用接受访谈的官员的话来说，前者"虽然说是兼顾了两头，但实际上有讨价还价的概念，要特区政策。现在说举保水旗、吃环境饭比那个应该要得人心得多"。[①]

简言之，"'举保水旗'，体现了库北县经济在 D 市经济中的性质和基本特征，体现了库北县人民的大局观念和奉献精神；吃环境饭，则突出了库北县在未来发展中的主要优势，确立了库北县经济在新一轮快速增长中的战略支点"。这一战略的制定和实施被视作库北县"经济发展史上的一个里程碑"。而这一战略之所以可以得到实施，则主要是因为当时发展的外部条件和内部条件均发生了变化：一方面，"知识经济的发展改变了传统的发展模式，过去制约库北县经济发展的一些因素相对弱化"；另一方面，"库北县人民用几十年保水换来的其他区县无法比拟的优美环境，已经成为 D 市经济链条中最耀眼的亮点之一，成为库北县相对于其他区县最突出的特点和最明显的资源优势"。[②]

概言之，R 水库的修建及其功能定位对库北县的生产生活产生了较大影响。在"要想富，炸水库"论流行时期（20 世纪 60—70 年代），R 水

---

① 来源：KI03。
② 库北县委政策研究室：《新世纪 D 市水源区发展战略的决策与实施》，库北县政府网站，2006 年 10 月 3 日。

库被视作导致库北县贫困与落后的直接原因，因为水库的修建导致了耕地锐减和大量移民的产生，增加了财政负担，加剧了地方贫困。在"水库制约"论（20世纪80—90年代）和"举保水旗，吃环境饭"论（2000年以来）流行时期，尽管前者和后者对水库的态度略有不同，但是R水库仍然被视作导致库北县贫困与落后的重要原因。自80年代中期以来，R水库被确定为D市的水源供应基地，对水源保护的需要在一定程度上限制了库北县的产业发展尤其是工业发展。而也就在这个时期，人们对工业和工业化的笃信已经逐步形成，发展工业已被视作脱贫致富的最为有效的手段。这两个因素合力促成了"塑造"了一个共识：R水库仍然是导致库北县贫困与落后的重要原因。

由此可见，R水库始终是库北县贫困/发展叙述中的一个核心概念，而且是一个最为特别的核心概念。之所以称其为"特别"，是因为R水库是一种地方性因素，而这种地方性因素（作为一个引入变量）的加入，使得主流贫困/发展叙述在库北县级层面的表达和实践具有了更加具体、更加丰富的面向。此外，还值得注意的是，上述三种论调当中包含的是两级行政权力之间的"较劲"，或者说，全局利益与地方利益的博弈。这种情形使得主流贫困/发展叙述的在地呈现更具特色。

（三）关于工业

现代世界对工业笃信的起源可以追溯到英国工业革命时期。具体到库北县层面，对工业和工业化的笃信别有风景，即使遭遇阻力（阻力在此具体指R水库"带来"的各种限制工业发展的因素）也绝不动摇，表现出"百折不挠"的气魄和态势。

1. 改革开放前的库北工业

可获得资料显示，新中国成立初期，库北县全县只有几家私人铁、木、编织作坊，年产值3.4万元，1949年全县财政收入仅2万元。在"大跃进"期间，库北县提出了"建万厂县"的口号，并于1958年8月掀起了大炼钢铁的高潮。到当年9月5日，全县共计建立了47个采矿点、500多个炼钢点[①]。时至1960年，库北县拥有16家厂矿企业，具体包括

---

① 库北县教研中心编：《D市中学地方历史教材——库北县历史》，首都师范大学出版社2005年版，第45—51页。

煤球加工厂、东智铁矿、联合炼铁厂、沙厂钨矿、农业机械厂、W 工具厂、农具修配厂、制药厂、砂石厂、砖瓦厂、石灰厂、文具厂、针织厂、印刷厂、制鞋厂和服装加工厂①。时至 1971 年，库北县的厂矿企业进一步发展，涌现了东方农机厂、砖瓦厂、磷肥厂、立新农具厂、铬矿、水泥厂、石灰石矿、酒厂、木器厂、机电工具厂、煤矿、县农具厂、制药厂、食品厂、手工业修理社、编织社、洗染社等一批厂矿企业。当年全部职工年末人数 3192 人，直接生产人员 2801 人。当年财政收入总计 370.1 万元（决算数），其中企业收入 19.4 万元、各项税收 337.9 万元、其他收入 12.8 万元；企业收入中，工业 41.4 万元、农林 −0.5 万元、交通 0.5 万元、电信 −3.4 万元、商业 75.6 万元、粮食 −94.7 万元、其他 0.4 万元。②

上述分析表明，库北县的工业发展实现了一个从无到有、从小到大的过程。而且，这一期间，工业和商业对财政收入的贡献的确很大，充分呼应了"无工不活，无商不富"的说法。

2. 20 世纪 80 年代之后的库北工业发展之路

进入 20 世纪 80 年代，R 水库的功能发生转换。受水源保护和管理条例的制约，库北县没能像全国其他地方那样"放手发展工业"。接受访谈的环保局官员反映："1985 年至 1987 年，各地经济都在发展，但是我们因为 R 水库的存在而不能那样做，连金矿粉也不能开，上级要求我们关闭水库上游的 76 家矿业。我们去找国家环保局，环保局长的回答是：'若要我同意，得先把法给改了。'"③ 另有资料显示，仅在 1985 年前后，库北县关闭处于水源保护区内的县、乡、村企业超过 50 多家④。基于这一情况，如前所述，库北县一度转向培育旅游产业，但是始终没有做大，1983 年斥巨资建成的重要旅游项目——"国际游乐场"在 1985 年便被叫停关门了。

进入 20 世纪 90 年代初期，像全国其他很多地方一样，库北县也启动了工业园区的开发与建设工作。1992 年 5 月，经 D 市批准，库北县在县

---

① 库北县人民委员会统计科：《库北县 1960 年统计资料汇编》，1961 年 2 月。
② 库北县革命委员会计划组编：《库北县国民经济统计资料 1971》，1972 年 5 月，第 166—167、189 页。
③ 来源：ZT07。
④ 库北县政策研究室：《D 市水源区可持续发展政策研究》，《2000 年 D 市重点课题调研课题汇编》，第 324—332 页。

城西南部建成了一个工业开发区。但是，开发区最初并没有带来所期望的经济效益①。而且，当时，库北县的工业仍然处于"低级阶段"。据当时分管库北县工业工作的官员介绍，"1992年的库北县当时很穷，水泥厂、化肥厂都是'大跃进'的时候发展起来的'五小工业'，是当时中国的特色，是基础性工业物质，水泥、化肥、农机，再怎么滚都不符合现代工业，只能满足本地区的需要，不可能走向世界"②。实际上，直到1996年、1997年，库北县的主导产业仍然是纺纱厂、酒厂、化工厂、（铁矿）矿业和建筑建材③。还值得注意的是，1996年之后，改革开放以来一直作为库北县乡镇企业骄傲的村办工业没能保持住原有优势，出现了持续下滑的局面。简言之，其间全县大部分工业企业生产经营并未摆脱困境，生产不能满负荷，资产负债率高，富余人员多。④

与此同时，库北县再次把旅游业作为一个重要的产业来发展，对旅游业表现出空前的重视⑤。这一时期，民俗旅游迈出了较大步伐。至于为什么民俗旅游能够获得发展，接受访谈的官员所给出的解释是："当时有些乡镇村企业还可以，这些企业便投资开发了不少新景区。"不过，"这批景区的最大特点是没有规划，是在资金紧张的情况下用最小的投资开发出来的"⑥。时至1995年，库北县更是出了将旅游业作为县域经济四大支柱产业之一的决定，提出了以旅游开发为龙头带动全县经济发展的思路，甚至还在D市率先发出了"城乡联谊百万市民游库北县活动"的邀请函。简言之，对旅游业的重视和投入，使得旅游开发以及发展速度大大加快。但是，旅游业的发展并没有能够明显提升库北县的GDP⑦。正因为如此，有些官员认为，这一时期对旅游业的倾斜而导致库北县错失了发展工业的

①　来源:GC01。

②　来源:KI01。

③　来源:ZT06。

④　向某:《库北县工业深层次问题及发展思路的探讨》，《库北县调研》2000年第4期。

⑤　来源:KI02。

⑥　来源:KI02。需要补充的是，接受访谈的官员还反映，这种开发为后来景区档次的提升、风景资源的整合以及景区的管理等带来了诸多不便，因此，景区在时机不成熟的情况下还不如不开发。

⑦　王某:《抓住历史机遇，建设旅游强县——对加快库北县旅游业发展的几点思考》，《库北县调研》2000年第9期。（王某时任库北县代县长。）

机会，导致库北县 GDP 仍然落后于其他郊区县①。不过，正如下列引文（即访谈记录 10）所示，也有官员认为这种说法并不一定"准确"，"忽左忽右"才是"最大问题"。②

访谈记录 10

Q：您如何理解这么一个说法：库北县在 1996、1997 年重视旅游业的发展，导致了错失发展工业的机会，导致了 GDP 落后于其他郊区县？

A：我是这样看待这个问题，我们全县经济发展的一个最大问题是没有自己的一个想法，是忽左忽右地这样来做，没有说我做一件事情我沉得住气，我耐得住寂寞，然后我一直把它做下去，而是今天这个说东风好我们开始刮东风，明天说西风好我们开始刮西风，什么都想得到，芝麻也想得，西瓜也想得，棒子也想得，种的是五谷杂粮，而没有说我这个地区将来是以种玉米而闻名。我就踏实地种玉米，玉米降价了我也要种玉米，玉米涨钱了我更要种玉米，没有这样一个思想，这是最大的问题。

接受访谈的库北县经委官员也表达了这种意见，认为库北县"醒得早但起得晚，有观点但争论多，始终形不成合力，在产业结构和发展思路这些问题上老是左右摇摆"③。耐人寻味的是，与发展思路上的"忽左忽右"或"左右摇摆""合拍"的是，库北县在这一时期的经济也处于徘徊局面，同其他区县的差距不断拉大。1995 年库北县的经济发展和人民生活水平指标在 D 市各区县几乎处于倒数第一④。还有资料也证实了这一情况：1992 年至 1995 年是库北县经济的"低速增长"时期，1996 年至 1998 年则是库北县经济徘徊停滞时期⑤。这个情况也从侧面揭示了一个事实：工业发展战略在这一时期并没获得不可动摇的地位。

---

① 来源：ZT06。
② 来源：KI02。
③ 来源：ZT06。
④ 来源：ZT05。
⑤ 齐某：《解放思想加统一思想是区域经济发展的核心竞争力》，《库北县调研》2002 年第 9 期。

但是，时至"十五"期间，伴随《新世纪 D 市水源区发展战略》的出台，工业发展战略开始在库北县获得了明确的重要地位。这一战略提出了"强二兴三优一"的产业发展计划。其中，"强二"指的是把第二产业即工业作为富民强县的主导产业加以大力发展，突出工业在县域经济中的战略地位。为此，这一战略还提出：要加快工业布局调整步伐，提高工业的集中度，逐步形成"一大七小"工业园区格局，山区乡村兴办工业企业（除资源开采外）则要进入县开发区和七个乡镇工业小区。①

值得注意的是，这一战略强调发挥县开发区在工业化进程中的"龙头"带动作用，试图使之成为高科技产业密集区和财政收入的主要来源，成为劳动力就业的重要渠道和 D 市水源区发展的希望所在和后劲所在。在这一背景下，各级各类开发区获得迅速发展。下列引文（即访谈记录 11）也从侧面呈现了当时库北开发区和库北工业（包括开采业）迅速发展的情形。②

访谈记录 11

Q：这一阶段的信访有什么特点？

A：这一阶段的上访主要反映工业开发区占地引起的问题，包括补偿、养老、安置、搬迁等。比如说某井、某庄的占地。老百姓对此不满意，大规模上访。王某带头闹事，被判了 3 年刑。反映楼房质量问题，有渗漏、裂缝等情况。从 1993 年拖到 2002 年才解决。信访办是老百姓说话的地方，大多数是有理上访或有理部分上访。1998 年，出现信访高峰。滥采滥开的小铁矿多。库北有 44 家矿。往市里告的多，主要反映破坏环境、不安全。市里向县里施加压力。

Q：具体是谁举报？

A：当地老百姓举报，有上百封举报信。老百姓没有得到利益。

Q：具体是谁开采？

A：是一些有点钱的、有点信息、有权的，本地人和外地人都有，国家干部也入股。但是 50% 是当地的老百姓。除了采矿的还有选矿的。

---

① 库北县战略研究课题组：《新世纪 D 市水源区发展战略》，库北县政府网站，2006 年 10 月 3 日。

② 来源：ZT10。

Q：这44家矿是什么性质？

A：44家中仅有2—3家是属于合法开采。每家投入100多万元以上，吸纳4000多人就业。山产资源落入个人手里。关停并转之后造成大批上访，堵了县政府。后来的解决办法是在某镇安排了一部分，其他大部分迁往了邻省。

"令人欣喜的是"，库北县的开发区在2000年升格为D市的开发区。资料显示，库北工业开发区更是很快成为全县工业发展的主要增长点。截至2002年年底，工业开发区的入区企业已达138家，实现工业增加值12.1亿元，工业开发区工业增加值已占全县工业增加值的50%[①]。截至2004年年底，工业开发区的入驻企业达到200家，其中规模企业合计58家，实际到位资金23亿元。[②]

表2　　　　　　　"十五"期间库北县工业主要经济指标　　　　单位：亿元

经济指标	2000年	2001年	2002年	2003年	2004年
工业收入	53.5	67.0	58.9	98.9	104.5
工业增加值	14.7	18.7	24.2	29.4	31.7
占GDP比重	41%	43.2%	42.8%	45.1%	41.8%

来源：《"十五"期间工业》，库北县政府网站。

通过实施这一新的战略，库北县工业在"十五"期间获得了长足发展（如表2所示）。《库北县国民经济和社会发展第十一个五年规划纲要》是这样评价这一时期的工作和成绩的："过去的五年，是库北县超越传统发展理念，确立并实施D市水源区发展战略，发展思路高度统一的五年；是抓住主要矛盾，确立战略重点，调整经济结构，初步构建起水区经济体系的五年；是新中国成立以来经济社会发展最快、综合实力最强、城乡面貌变化最巨大、城乡居民增收最多的五年。"[③]

---

①　库北县工业发展课题组：《关于进一步加大工业发展力度的研究》，《库北县调研》2003年第16期。

②　《十五期间工业》，库北县政府网站，2015年1月16日。

③　《库北县国民经济和社会发展第十一个五年规划纲要》，库北县政府网站，2015年1月16日。

进入"十一五"时期,基于"我县得以超越了'先污染、后治理'的传统发展模式,具备了实现地区经济可持续发展的后发优势"①,库北县提出了从 2005 年开始,通过全县上下 4—6 年的努力,力争 2008 年、确保 2010 年达到国家级生态县考核验收标准,把库北建成生态环境优美、城乡结构合理、经济实力增强、人民富裕安康、社会全面进步的和谐社会的奋斗目标。其中,创建国家级生态县的工作任务主要包括:坚持环境立县、引进强县、科教兴县、依法治县,围绕构建生态经济、生态环境、生态文化三大体系,实施"十大工程",通过建设生态环境,优化发展空间;通过发展生态经济,支撑生态建设;通过弘扬生态文化,提升发展品位。②

不过,值得注意的是,库北县并没有放弃工业发展战略,而是提出了"农业为基础,工业为核心,旅游为特色"的产业发展思路。其中,认同"农业为基础"是因为农业虽然不是主导产业,但是经济社会发展的基础。具体而言,一方面,农业是农民最低生活的保障,如果农民没有地了,他连基本的生活来源都没有了;另一方面,农业是第二产业、第三产业的基础,其他产业发展的依托;此外,农业还有一个最大的作用即是解决社会稳定问题③。强调"旅游为特色",是因为库北县具有丰富的旅游资源和独特的生态优势,而库北县因此可以将旅游业打造成一个具有区域特色的产业,一个具有一定规模并区别于其他地区经济的标志性产业。坚持"工业为核心",指的是必须将工业作为发展生态经济的核心以及促进产业发展的重中之重。但是,"工业的发展必须以生态工业为导向"。④

可见,工业和工业发展在这一时期依然保持重要的战略地位。因为库北县官员普遍认识到,"经济总量不足,经济发展水平不高,特别是工业经济总量不足,是我县创建工作的关键制约因素",而"我县的发展历史表明,要迅速增加经济总量,较好地解决劳动力就业,关键靠工业","工业化是实现现代化进程中不可逾越的发展阶段"。⑤

---

①　《库北县国民经济和社会发展第十一个五年规划纲要》,库北县政府网站,2015 年 1 月 16 日。

②　《关于创建国家级生态县实施意见》,库北县政府网站,2015 年 1 月 16 日。

③　参见王某《生态县建设中产业发展及相互关系》,由库北县生态办提供;KI02 和 KI03。（王某时任库北县县长。）

④　王某:《生态县建设中产业发展及相互关系》,由库北县生态办提供。

⑤　《关于创建国家级生态县实施意见》,库北县政府网站,2006 年 10 月 3 日。

3. "最大共识" 和 "少数异见"

综上所述，自 "十五" 计划以来，重视工业和工业化之观念在库北获得了不可撼动的地位，成为 "最大共识"，因而也就成了库北县的主流叙述。为什么在一个受到水源保护等相关规定严格制约的库北县，工业和工业化还是能够获得如此重要地位？这一情形再次揭示了主流贫困/发展叙述（尤其是其中对工业和工业化的笃信）"百折不挠" 的建构威力以及扎实有效的建构结果。

不过，这其中还有一个非常现实和具体的因素值得注意，即 "只有发展工业才能强县，才能有财政收入"，只有 "第二产业提高税收，提高就业机会，打造平台给农民，让他们从第一产业中解放出来，第一产业和第三产业只能是富了个人，甚至还要搭钱"[1]。实际上，作为保护水源的补偿和奖励，D 市每年都会给库北县一定数目的转移支付资金。例如，2005 年，库北县的财政收入仅为 7.9 亿元，但可支配财力达到 17 亿元，其中大部分属于转移支付[2]。在这种情境下，为什么库北县还那么强调增加财政收入呢？具体原因包括：第一，"县里没有财力光靠从 D 市要不行"，"县里今后还要对水库上游增强支持力度，没有较强的财力就不可能对水源保护区提供更大的支持，因此，县里的财力需要增强起来"[3]。第二，"总靠给钱吃饭还是觉得没有把握"[4]。库北县委宣传部官员更是 "一语道破了其中的秘密"，即 "水库的功能决定了我县不能像其他区县那样在发展上有较大的自主权，而分灶吃饭的财政体制又决定了我们必须发展经济"。[5]

当然，如前所述，"最大共识" 的形成也是历经曲折的。需要补充指出的是，库北县 "十五" 计划出台之后，全县官员层面展开了为时两个月左右的争论[6]。其中：一部分人认为，库北县应该发展第一和第三产业而放弃第二产业；另一部分人则认为库北县要大力发展第二产业[7]。调研

---

① 来源：ZT01。

② 来源：ZT01。

③ 来源：KI03。

④ 来源：ZT03。

⑤ 向某：《库北县工业深层次问题及发展思路的探讨》，《库北县调研》2000 年第 4 期。（向某时任库北县委宣传部部长。）

⑥ 来源：ZT07。

⑦ 来源：ZT01。

发现,《库北县调研》在这一时期刊登了不少相关主题的文章。这些文章也从不同角度再现了当时"交锋"情景①。争论主要集中在以下两个问题上。

其一,R水库是否是制约了库北县的(工业)发展?

在库北县的主流叙述中,R水库是制约县域经济发展尤其是工业发展的瓶颈。但是,关于这个问题也还存在不同说法。以关闭酒厂和水泥厂等企业的事情为例。库北主流叙述强调:关闭这些厂矿企业是出于保护水源的需要。而接受访谈的库北县劳动保障局的官员认为,"保水只是冠冕堂皇的说法","厂子在R水库的下游,并没有对水源构成不可控制的威胁",实际上是因为"县领导在对厂子的管理和决策方面出现了问题,任用了管理外行,最后导致厂子成为包袱,而不得不关"。于是,政策意义上的"保水要求"与现实意义的"难以维持"共同绘制了一幅"就坎骑驴"(方言)的图画②。接受访谈的库北县环保局官员更是"勇敢地"对"水库制约论"表示了质疑。他指出:第一,如果不是R水库,库北县不一定出现在D市的版图。第二,"只要认真研究法规,我们会发现,产业发展在一、二级水源保护区确有限制,但是三级保护区的要求和其他地方的要求基本差不多,而且,水库下游地表水供给区只有40%的区域的限制较强,还有60%的区域具有可操作空间"③。

其二,库北县是否必须以工业为核心、能否以工业为核心?

在库北县主流叙述中,工业化是库北县不可逾越的阶段,至少在未来的几十年间,工业在国民经济中必须占据核心位置,因为工业对于解决就业矛盾、增加地方财政收入以及加快城市化步伐等都要"优于"第一产业和第三产业。但是,对于库北县能否以工业为核心产业也是存在异议的。例如,有些官员认为,无论从地理位置还是土地资源角度来讲工业都是库北县的"劣势":从地理位置讲,库北县是D市的远郊区县,或者说,处于D市都市经济圈的边陲地带;从土地资源来看,库北县水域面积占据八成而土地面积只有一成,难以满足工业的大规模用地需要。如果

---

①　例如:时任库北县人大副主任的向某于2000年4月28日发表了题为《库北县工业深层次问题及发展思路的探讨》的文章;时任库北县代县长的王某于2000年11月15日发表了题为《抓住历史机遇,建设旅游强县——对加快库北县旅游业发展的几点思考》的文章。

②　来源:ZT09。

③　来源:ZT07。

不充分利用有限资源专心做好某几个产品的话,以工业为核心基本上是"瞎说"。下列引文(即访谈记录12)呈现的就是这种观点。[①]

访谈记录 12

Q:您如何评价"农业是基础、工业是核心、旅游是特色"这个发展战略?

A:工业作为核心?我不知道怎么评价这个事。我觉得是有点瞎说一样。

Q:怎么说是瞎说呢?

A:发展工业其实我也不反对,到底应该发展什么样工业,或者说发展什么企业,对于一个县城而言不要说发展呀?要说把什么产品作为这个地区的核心产品。这样它才可以在工业领域形成一个核心。而且从土地资源到地理位置,工业都是我们的比较劣势。

Q:为什么是劣势呢?

A:因为我们是"八山一水一分田"嘛,实际工业和农业在分这一分田啊,你还有城市建设呢?你从你掌握的资源你就可以看到你到底有什么样的优势。所以说,工业作为核心听起来好听,但是,再过五年它的核心位置也未必突出。一个区域有一个区域的特点,比如说某区它以空港为核心发展工业,它的汽车产业已经形成一定基础了。库北县发展工业也不是不可以,比如说我就发展食品加工业,或者我就发展服装加工业.我觉得有一两个行当就可以了。至于什么生物医药、电子,跟瞎说一样,有一两个企业以后就说成了有一个行业,我觉得这是很可笑的说法。你只有说这个行业里头我有了100家企业,我才可以说我形成了一个行业。

Q:那旅游是特点应该如何理解?

A:旅游不应该是特点,旅游应该是核心。因为我是这样看待这个问题的,刚才我们从资源的角度分析了这个问题。

Q:是不是因为您是旅游局局长才这么认为?

A:不。我为什么很高兴到这个局来,是因为我一直就关注这个

---

① 来源:KI02。

行业的发展。我一个关注农业，一个关注旅游业，对工业反而不是太关注。

Q：关注多少年了？

A：从1995年、1996年开始吧。特别是农业，我认为，我们农业的做法不能搞高产量的东西，而应该搞高品质的东西，然后呢把资源、把环境作为它的背景，我们做高端就可以了，我们做产量根本就不可能做过人家。农业没有产量你是瞎说，除了你是高端，人家月收入5000元以上的才吃你的东西。……如果我们把二产放到一边，旅游业实际上是带动了两个产业。那么二产的产品，比如说服装业它们也最终可以成为旅游产品。……

那么，库北县是否能够充分利用自身优势将旅游业做大做强，进而是否有可能超越工业阶段呢？不过，这种可能性能否最终成为现实，至少取决于库北县主要领导是否敢于放弃工业的核心地位，是否顶得住区县之间所进行的GDP排名等现实压力，是否愿意牺牲自己眼前政绩而放眼地方长远利益，当然，也取决于库北县各级党政干部以及其他社会阶层能否形成超越工业阶段的共识。下列引文（即访谈记录13）表达的正是这种观点。①

访谈记录13

Q：顺着你的话说，根据西方发展经历，结合库北县区位优势，库北县有没有可能超越工业发展阶段，从现在开始耐得住寂寞扎扎实实做旅游，等到别人回过头来做旅游的时候，我们已经有多年的积累了，而那个时候我们是最棒的"玉米"？

A：我觉得有这种可能。

Q：有可能！但是我们没有走这条路，这其中是什么原因？

A：我认为是不敢，因为工业对于就业、直接就业以及财政收入的贡献是最大的。这点是不可否认的。而旅游业都体现在富民上了。工厂建起来了，马上就可以见效益。它的建设基本可能就是几个月的时间，见效快。

---

① 来源：KI02。

　　Q：既然旅游可以富民，上级财政转移支付可以保证政府部门正常开展工作，对生态涵养发展区的评价体系也在调整改变，那我们为什么不能放弃我们所说的富民与强县之间的矛盾，而耐得住寂寞来做旅游呢？

　　A：我认为这是一个全县必须统一思想的问题。我感觉到县里的主要领导在这个问题上是有这个认识的，但是他的同僚不一定能够转变这种认识，老百姓、中层干部不一定能够转变这个认识。或者说我们很多的干部是不了解旅游业。我的工作压力很大。……其实，对旅游业的投入也不用太多，可以是一种拉动或撬动效应。我们在搞新农村建设，在搞水利建设，我们围绕旅游产品的角度来设计和施工，它不会增加一分钱，但是它出来的效果就是不一样的。现在就是我的势力太弱，我不能够统制全县的资源都为旅游业服务。这是一个大问题。你比如说河道整治，把河道都整成水渠，这是非常有问题的。所以发展旅游业不是我们喊一句口号，政府工作报告上提到，要有具体的措施来支持它，你比如说你批准某个东西的时候，你有没有听听旅游部门的意见？一栋房子的功能是不是和发展旅游城镇相和谐？大家都认为库北县应该发展旅游业，但是做的时候不会那样做，我认为这是一个意识普及的问题。

　　不过，从目前形势来看，要想形成超越工业阶段的共识还是比较困难的。一是，争论本身在本质上只是一种维持范式之内的讨论。仅有的少数异见并未对经济发展本身提出质疑，交锋和分歧之处在于如何推动和实现经济发展。不过，这种局限恰恰佐证了一点：（西方和我国）现行主流贫困/发展叙述在库北县传播很广、扎根很深。

　　二是，异见产生的空间相当有限，愿意参与争论的并非很多，"听之任之"者居多。库北县甚至盛行一种观点，即认为"任何争论都是没有必要的甚至是没有意义的"，而主要原因在于：库北县作为一个基层组织单位根本没有自主发展的权利和能力。下列引文（即访谈记录14）呈现的就是这种观点。①

---

　　①　来源：KI01。

访谈记录 14

Q：您如何看待库北县的发展阶段划分问题？

A：对一个产业阶段的划分，要看它放在哪，对于一个县来讲它只有实施政策的权力而没有制定政策的权力。中国的经济经历了计划经济、商品经济、社会主义市场经济，到现在还没有摆脱计划经济的东西。有的经济学家认为现在是相对成熟的，我不同意。在县的一级研究阶段划分没有任何意义。我从来不和他们争论，争论也没有意义。在县的一级，它发展取决于一把手，取决于一把手的思路。但是，国家就不一样，它的发展不是取决于一个总书记，而是取决于一个优秀的群体。近些年的工业发展阶段的研究，除了发发牢骚之外，对整个工业发展没有任何作用。库北县的工业发展的每个阶段都是受大政策、大气候影响，不是自己自主发展的。

三是，有关部门采取了不少"统一思想"的方法和措施，一方面努力"压抑"异见；另一方面逐步建构共识，最终削弱了异见而做大了共识。具体做法包括召开各级各类会议、签订形形色色的"责任状"以及撰写"大文章"等。资料显示，基于库北县"十五"计划出台之后引发了不同意见这一情况，时任库北县政策研究室主任的齐某，于 2002 年 7 月 22 发表了题为《解放思想加统一思想是区域经济发展的核心竞争力》的文章[①]。时任县长的王某所牵头的课题组，于 2003 年 11 月发表了题为《关于进一步加大工业发展力度的研究》的文章[②]。正如下列引文（即访谈记录 15）所示，这些文章的用意均是"统一思想"。[③]

访谈记录 15

Q：《解放思想加统一思想是区域经济的核心竞争力》的写作背景是什么？当时 D 市水源保护区发展战略已经出台，是否在实施的过程当中还有思想不够统一、还面临一些阻碍？

A：这个有那个因素。但是任何写文章要有个冲动。研究室协助

---

① 齐某：《解放思想加统一思想是区域经济发展的核心竞争力》，《库北县调研》2002 年第 9 期。

② 王某等：《关于进一步加大工业发展力度的研究》，《库北县调研》2003 年第 16 期。

③ 来源：KI03。

吉某同志搞出 D 市水源保护区发展战略，已经在库北县领导层得到高度重视，但是它需要一种宣传，需要面对不同的声音。领导层是指县领导，即四大班子。当时开县委全会、人民代表大会，应该说 D 市水源保护区发展战略得到一致认同，但是还需要一种宣传。宣传不只是说它本身，你得往前说为什么要这个战略思想，得说历史，所以我从 1992 年说到了 2000 年。

正是通过上述方式和措施，争论空间受到挤压，仅有的少数异见最终走向式微，对工业和工业化的笃信最终成为"最大共识"，库北县的主流贫困/发展叙述最终得以形成，并在库北县域范围内付诸实践，继续着一个又一个的既相同又相异的建构故事。

小　结

在现阶段的库北县级层面，存在着这么一个"共识"：因为全县的 GDP 和人均 GDP 在 D 市排名靠后，所以库北县是 D 市的一个贫困落后地区。造成贫困落后局面的直接原因是工业化程度不高导致经济总量不高，而导致库北县工业不发达的重要原因是 R 水库的存在及其相关限制。要想摆脱贫困落后局面，就必须"超越"水库的限制而大力发展工业经济。这一"共识"的存在，不但雄辩地证明了主流贫困/发展叙述正在库北县实践，而且表明了一个事实：库北县已然形成了一套具有一定本地特色的主流贫困/发展叙述。这套主流贫困/发展叙述（至少）包含三个关键词：GDP、R 水库和工业（化）。在叙述中，GDP 被视作衡量贫困落后的标尺，R 水库被视作导致贫困落后的原因，工业（化）则被视作摆脱贫困落后的（甚至是唯一的）有效手段和途径。

要想较好理解主流贫困/发展叙述在库北县的实践状况，以及库北县自身主流贫困/发展叙述的核心特征，必须把握好以下几点。

第一，随着我国国民经济核算体系实现与国际接轨，GDP 不但成为核算体系中的重要统计指标，而且还成为考核区域经济发展和政府官员政绩的重要指标。这个来自西方世界的知识概念很快获得了莫大权威和强大力量。因此，尽管 GDP 有着这样或那样的不足，从库北县的情况来看，GDP 已然成为生产生活当中的"指挥棒"，深深嵌入人们（尤其是各级官员）大脑。

第二，R 水库是一个含义丰富的重要词汇。首先，R 水库是一个在地概念，可被视作一个新的引入变量，这一变量的加盟使得主流贫困/发展叙述的在地表达和实践呈现更加丰富多彩。其次，R 水库是一个本土概念，正是因为这一概念的出现，使得库北县主流贫困/发展叙述的"别具风格"，而 R 水库也最终成为库北县主流贫困/发展叙述的组成性概念。最后，R 水库还可被视作权力博弈与交会的场域；一方面是上下两级行政权力博弈的场域，另一方面是主流叙述（作为一种具体的权力/知识载体和形态）与行政权力实现交会的场域。在这个场域，我们不但看到了主流贫困/发展叙述"百折不挠"的建构威力，而且，还看到了权力与知识交互作用和互为表里的情景。

第三，工业和工业化在库北县的"地位变迁"正是知识与权力相互建构的结果。从"无工不活，无商不富"到"抑制工业发展"再到"超越限制发展工业"，这一过程既是库北县产业结构调整思路的变化过程，也是工业在贫困叙述/发展叙述中的位置变迁过程，还是权力与知识相互作用的过程。最终，对工业的笃信以及对 GDP（等经济指标）的"崇拜"战胜了 R 水库的种种限制，加之其他条件的逐步成熟（例如，科技的进步使得发展生态工业成为可能），工业获得了核心地位，工业发展成为不可撼动的理念。

第四，还应注意的是，本章的分析是沿着两条线索展开的。一是库北县的县域经济社会发展思路变迁。二是 GDP、R 水库和工业在主流贫困/发展叙述中的位置变迁。不过，这两条线索实际上也是"纠缠不清"的。而这种"纠缠不清"正好呼应了权力与知识之间的"纠缠不清"。

此外，时至 2004 年，D 市颁布了《D 城市总体规划（2004 年—2020年）》以及《关于区县功能定位及评价指标的指导意见》等一系列具有"改革新气象"的文件。文件指出，D 市将根据各区县所处的区域位置、产业基础、人力资源等条件把全市划分为四类功能区，并针对不同功能区设计了不同的考核指标体系，指标体系包括经济发展、社会和谐和人居环境三个一级指标。其中，针对生态涵养发展区的指标体系包括居民人均收入增长率、旅游收入增长率、税收增长指数、都市型工业增加值增长率、万元工业产值综合能耗和水耗、城镇登记失业人员就业率、集体越级上访批次、安全指数、大气环境质量指标、地表水质达标率、林木保护指数以及城镇化率 12 项内容。根据文件精神,库北县被确定为生态涵养发展区。时任库北县委书记的夏某认为,这些文件的出台以及相关指标体系的使用,标志着"对过去一贯最重要的 GDP 增长速度的考核已经不复存在",意味着"今后 D 市评价库北县等五个生态涵养发展区中的区县,不再以 GDP 增长速度为主","这是一个意味深长、意义深远的变化"①。然而,GDP 在库北县是否能够真正"淡出视野",库北县是否能够因此真正调整既定发展思路,或者说,库北县现行主流贫困/发展叙述是否能够发生本质变化? 接受访谈的一名库北县发改委官员回答道:"让历史告诉未来。"

---

① 夏某:《关于 D 市生态涵养发展区的功能定位的研究》,《库北县调研》2005 年第 10 期。(夏某时任库北县县委书记。)

第 五 章

现行主流贫困话语的建构与实践：样本Ⅲ

　　承上所述，在库北县县级层面存在一套主流贫困/发展叙述，GDP、
R 水库和工业（化）是这套叙述的核心概念。本书在此以库北村为田野
观察点，继续关注这套叙述尤其是这三个中心概念在库北村的存在状态和
实践情况。不过，决定以库北村为研究样本也是经过一番认真选择的①。
进入库北村之后，笔者采取召开小型座谈会、访谈知情人士、选点观察和
入户访谈等方法收集研究资料。在库北村为期一个月的扎实调研基础上，
形成了这篇文章。②

---

　　①　在结束库北县级层面的研究之后，笔者很快转入了村级层面的研究。考虑到研究的延续
性和工作便利性等方面的因素，笔者最后决定在库北县范围内选择村庄。2006 年 8 月上旬，在库
北县政策研究室的帮助和支持下，笔者先后考察了 3 个乡镇。一是位于库北县的西北面、R 水库
的西面的 T 镇。从座谈会（即 ZT15）上了解到，该镇共有 15 个行政村，2297 户 5418 口人，
2005 年实现农村经济总收入 2.1 亿元，实现人均纯收入 5860 元。该镇的主导产业是"民俗旅
游"，旅游及其相关收入占到总收入的一半。二是号称库北县的西大门的 P 镇。从座谈会（即
ZT16）上了解到，该镇是库北县唯一的平原镇，"没有一寸山"，人口共计 2.2 万人。2005 年，
全镇农业经济总收入 9.5 亿元，财政收入 2435.1 万元，农民收入所得 7750 元，是库北县有名的
富裕乡镇，城市化程度也相对较高。三是位于库北县北面、R 水库的北岸的 B 镇，即是库北村所
在的镇。综合各种因素，笔者最后选择了 B 镇的库北村为研究对象。不过，其中一个突出因素
是，笔者从座谈会（即 ZT12）了解到："库北村在 B 镇的地理位置和经济地位就好像 B 镇在库北
县的地理位置和经济地位，而 B 镇在库北县情况同库北县在 D 市的情况大体差不多。"因此，对
于本研究而言，B 镇的库北村更具研究价值。
　　②　在库北村，笔者先后召开了 4 次座谈会，其中包括两次现任村干部座谈会、一次在 R 水
库北岸草场召开了牧民座谈会以及一次在村代表康某家召开了村代表座谈会。先后选择了 7 位知
情人士作为访谈对象，他们分别是 B 镇副镇长宋某、B 镇林业站站长丁某，库北村现任党支部书
记丁某、库北村现任村委会主任郑某、会计孙某、信息员郑某、库北村原党支部书记孙某。入户
访谈对象的选择最初打算以库北村的花名册为抽样框，采取等距抽样的方式产生。但在试抽样时
发现等距抽样产生的对象中有不少外出务工人口、"挂户"人口以及文盲，于是笔者改用立意抽
样，从职业的角度选择访谈对象。职业涉及养殖户（养羊、养牛、养鸡、养兔）、种植户（种
梨、种桃）、开商店者等种类。先后访谈农户共计 17 户。此外，笔者还选定 （下转第 172 页）

一　库北村概况

　　库北村隶属库北县 B 镇。B 镇位于库北县的北方、R 水库的北岸，辖 26 个行政村。库北村是 B 镇最大的行政村之一，距离 B 镇政府所在地 3 千米。库北村位于 R 水库的正北岸，西北面有一条铁路通过（该铁路在库北村设有一个停靠站点），西面 20 千米处有一个著名的风景区，东面与 T 镇和 G 镇相邻，北面则是连绵低山[①]。总体说来，村庄"依山傍水"，地势呈现北高南低特点。除此之外，库北村以下几个方面的情况尤其值得关注。

（一）村落构成

　　据库北村老人介绍，库北村的存在历史已达 300 年。村庄由两个自然村构成：MZ 村和 YW 村。1981 年之前，YW 村的村民主要居住在北面山上（当地人称作北山沟）。1981 年之后，因为北面山洪频繁、生存条件恶劣，YW 村的绝大多数村民陆续迁居库北村现所在地[②]。目前，两个自然村之间没有明显的地理分界线。另外，修建 R 水库时（即 1958 年），库北村曾被确定为"需要搬迁"的村庄，但是，"一是国家当时财力不够，二是淹没之后所剩的土地也够我们村的这些人用了"，所以，库北村最终不但没有动迁，而且还接受了来自 R 水库淹没区的 40 多户移民。移民中既有"县里安排下来的"，也有"投亲靠友的"[③]。绝大多数移民居住在村庄的西北面。库北村"本地人"通常将这些移民称作"外搬户"。[④]

（上接第 171 页）库北村的一家商店以及 R 水库北岸的草场作为本研究的观察点。商店是人员聚集和流动频繁的地方，通过观察来来往往的顾客，不但可以了解村庄老百姓的购买力和饮食偏好，还可以大致把握库北村的阶层分布情况。草场是一个"敏感区"（属于水源一级保护区范畴），观察草场的目的在于了解老百姓在这个"敏感区"范围内的表现，从而揭示他们对水源保护和管理条例的理解以及对库北县主流贫困/发展叙述的反应。

　　① 来源：ZT12。

　　② 来源：ZT12。

　　③ 来源：ZT14，KI04，RH10。

　　④ 来源：RH10。从座谈会（即 ZT12）上了解到，修建 R 水库淹没了库北村 1.2 万亩土地。耐人寻味的是，时至今日，库北村仍然将被 R 水库淹没的这些土地视作自己村里的土地。不过，官方统计数据显示，早在 1975 年，库北村的耕地总面积就仅有 736 亩，总人口 2108 人、431 户，共有 8 个生产队。见库北县革命委员会计划组《库北县国民经济统计资料 1949—1975》。

　　库北村下设 6 个村民小组，总人口为 2239 人 600 多户。村民中汉族居多，只有一户满族，另有 10—20 个蒙古族"外来媳妇"。"柳姓"是村子里的"大姓"，多达 100 户，占总人口的 15%。库北村建有一所小学和一个卫生合作社区，拥有一座"大队部楼房"（即村委办公大楼）以及两口人畜饮水井（其中一口是老土井，另一口是 2005 年打好的 202 米深的机井）。此外，库北村还开办了一家服装厂。如今服装厂由张某承包。该承包人根据承包合同每年向村里缴纳一定的承包费。①

　　值得注意的是，关于整个村庄是否处于 R 水库一级保护区范围之内，在库北村内部是有争议的。库北村绝大多数村民（包括现任村党支部书记丁某在内）认为，村庄范围内处于海拔 155 米以下的区域属于 R 水库一级保护区，处于海拔 155 米以上的区域属于 R 水库二级保护区②。但是，以库北村原党支部书记孙某为代表的部分村民指出，如果根据立在库北村西果园山坡上的石碑（即"R 水库一级界 1117"标记）来测量，库北村"手机塔"以南的全部区域都处于 R 水库一级保护区范围内，也就是说，"整个村庄都在一级界内"。③ 第三种声音是："按全村总占地面积计算，村里 50% 的面积属于 R 水库一级保护区（包括 5500 亩果园），但是按村庄建筑占地面积计算，几乎百分之百的面积属于一级保护区。"④ 对于库北村到底有多大面积处于 R 水库一级保护区之内，B 镇官员甚至包括来此视察相关工作的 D 市官员，也最终没有给出定论，因为如果严格执行水源保护管理条例，库北村（至少其中一部分）是不会出现在目前这个位置的。

（二）土地状况

　　来自库北村的资料显示，库北村村域总面积为 8450 亩，其中，村庄占地 760 亩，耕地 721 亩，果园 5500 亩，其他为"三产"（主要指 R 水库北岸的千亩旅游观光草场）用地。但是，来自 B 镇土地管理站的资料显示，库北村的土地总面积为 6136.6 亩，其中，耕地 3733.4 亩，包括水浇地 160.2 亩、旱地 24.2 亩、果园 2418.5 亩、林地 1115.5 亩（有林地

---

　　① 来源：ZT14。
　　② 来源：ZT11。此外，据库北村原党支部书记孙某介绍，155 米的石碑原来立在 R 水库北面的环湖路上的一座桥上，但是可能因为已被毁坏而看不到了。
　　③ 来源：GC04。
　　④ 来源：ZT14。

317.4 亩，疏林地 798.1 亩）、其他农用地 15.0 亩。调研中，笔者未能弄清楚导致两套数据差异的全部原因。不过，因为本书关注的是主流贫困/发展叙述的在地呈现和实践，而且库北村给出的数据也能够"合圆"（库北村方言，意思是"对得上数"），所以本书采用了库北村提供的土地数据。①

同其他许多农村地区一样，土地问题在库北村也是一个既复杂又敏感的问题。表 3 大致可以反映库北村土地分配情况和存在问题。②

表 3　　　　　　　　　　　　　库北村的土地

土地类型		分布位置	面积（亩）	分配情况	现行分配方式	村民反映的问题
	林地	西果园、北果园、苍水沟以及环湖路南面	5500 多	196 片果树被 80 多户承包	自愿竞标承包，承包期限为 50 年	果园作为荒地承包给个人，承包期限过长，承包费过低
耕地	口粮田 —	环湖路以南、R 水库北岸海拔 155 米以上的区域	400 多	全村村民人均 1 分 7 厘（地）	按全村人口数均分，承包时间为 50 年	口粮田太少
	机动地 新生人口补地	环湖路以南、R 水库北岸海拔 155 米以上的区域	87	这部分土地被分成 96 片后均分给 6 个村民小组，每组 16 片，每片号称 1 亩（实际上不足 8 分）	村民小组范围内抓阄承包，承包期限为 1 年	抓阄过程中有暗箱操作行为

———————————

① 但是，笔者发现了导致差异的部分原因，即土地管理站没有统计库北村环湖路以南海拔 140—155 米的"押宝地"，因为这块面积现属 R 水库管理局管辖范围。而库北村依然把这个范围的土地看作本村的土地。"押宝地"是当地人的说法。因为在 R 水库淹没区种植粮食实际上是一种赌博行为：如果水库水位上来淹没了你所耕种的地那你自认倒霉，包括赔钱、赔种子、赔人工；如果水库水位在你获得收成之前还没有上来那你就赚了一把。

② 表 3 根据座谈会 ZT11、ZT12、ZT14，和知情人士访谈 KI04、KI05、KI08、KI09 所获资料整理而成。

续表

土地类型			分布位置	面积（亩）	分配情况	现行分配方式	村民反映的问题
耕地	机动地	其他机动地	环湖路以南、R水库北岸海拔155米以上的区域	230多	在2001年前由村委统一种树；2001年被村中的63户承包	在全村范围内抓阄承包，承包期限为30年	抓阄过程中有暗箱操作；没有均分到村民手中
	耕地合计		—	721	—	—	—
草地/"押宝地"			环湖路以南、R水库北岸海拔140—155米区域	2000多	1999年年底之前，这部分土地是"有序耕种"，也纳入口粮田范围，人均耕地达到1.76亩。1999年年底之后，这片土地由B镇承包经营	B镇每年向村村民支付一定的承包费，承包期限是5年	镇里给村民的承包费过低，且有拖欠现象
淹没区			环湖路以南、R水库北面海拔140米以下的区域	"水进我退，水退我进"	在1999年之前，淹没区的种植没有成为矛盾的焦点。1999年之后，一方面因为人均土地面积减少；另一方面因为水库水位常年较低，淹没区的收成变得有保障，涌现不少种植大户，矛盾便出现了	"谁有能耐谁种，谁没能耐谁拉倒"	分配不平衡

（三）经济社会发展状况

库北村是著名的"贡梨之乡"。据接受访谈的村民介绍，库北村种植鸭梨已有300多年的历史。早在清朝年间，该村生产的鸭梨因为肉质甜美、口感极好、抗氧化能力强而成为"宫廷贡品"。新中国成立之后，鸭梨种植规模得以扩大。1964 年，时任国务院总理周恩来"甚至亲自来到库北村视察鸭梨生产情况"，自此鸭梨便成为"国宴品"，定期送往送人民大会堂使用。①

因此，无论是对库北村集体还是对库北村一般村民来说，库北村鸭梨都具有举足轻重的意义。

在 1986 年之前，鸭梨种植一直是库北村集体经济的主要收入来源，尤其是在三年自然灾害期间，鸭梨生产还是弥补粮食生产不足的重要途径②。时至 1986 年，顺应农村联产承包责任制的实施，库北村对全村范围内的梨树进行划片然后分别承包到户。目前，据不完全统计，全村共有梨树 5000 多亩，分别由 80 多户农民承包，承包期限一般为 50 年。时至 1994 年，为了"保住库北村鸭梨的品牌"，库北村申请了"库北村鸭梨注册商标"。时至 2006 年，为了加强鸭梨的种植、管理和销售，库北村部分果农成立了"库北村鸭梨基地合作组织"③。

时至今日，鸭梨果树承包费仍是库北村集体经济的主要来源之一。2005 年，库北村收到的 5500 亩果树（含 200 多亩桃树）的承包费合计 10 多万元。库北村集体经济的另外两个重要收入来源是：服装厂的楼房承包费和上级拨款。2005 年，收到服装厂楼房承包费 52000 元，收到"村级组织运转经费"21 万多元。而"其他钱就靠个人路子"。调研了解到，截至目前库北村集体经济负债超过 300 万元（主要是银行贷款）。债务主要是服装厂转制造成的。④

时至今日，鸭梨果树承包也是库北村不少农户的主要收入来源之一。如前所述，全村大概有 80 多户即将近 1/7 的农户是以承包鸭梨果树为主业的。导致这一情形，不但是因为鸭梨果树种植是库北村的"优良传

---

① 来源：ZT14。需要补充的是，接受访谈的村民介绍，有关专家指出库北村鸭梨之所以有这种特质主要是因为该村地下富含麦饭石。

② 来源：KI04。

③ 来源：ZT14、KI09。此外，另据接受访谈的村民（即 KI08）反映，全村梨树分别由 129 户村民承包。

④ 来源：ZT12。需要补充的是，据接受访谈的村委会干部介绍，2004 年之前，D 市每年向村一级组织拨付 6 万元左右办公经费。自 2005 年起，D 市每年向村一级组织拨付"村级组织运转经费"，用于解决村干部的工资、办公经费、公益性支出等方面的开支，数额超过之前很多。此外，另有村民反映（即 ZT14），如果算上每年背负的银行利息，村集体经济欠账已达 480 万元。

统"，还有一个重要原因即：库北村人均只有 1.7 分的口粮田，粮食种植不可能满足生产生活需要，更不可能带来巨大利润。也正因为如此，该村还有不少农户选择以养殖业为主要收入来源。养殖种类涉及（山、绵）羊、（奶、肉）牛、（蛋、肉）鸡和兔等。而且，随着 R 水库北岸、村庄南面千亩草地的成功开发，2000—2005 年，库北村的养殖业更是得以迅速壮大。据不完全统计，2005 年，全村：养羊 2000 多只，其中养殖数量为 40—50 只的超过 20 多户；养牛 600 多头；养鸡 2000 多只。①

库北村村民的第三个主要收入来源是非农就业。截至目前，村民中在库北村服装厂上班的共计 200 多人，在附近铁矿上班的将近 40 人，开出租车和开面包车的合计 70 多人②。中青年村民是非农就业的主体，村里 20—30 岁的年轻人中常年"有 100 多人不在村里"③。不能忽视的第四种情形是：库北村老年人的主要收入来自 D 市拨付的移民补贴以及在口粮田地里所种植的粗粮④。此外，村支两委还将村里的一些公益性就业岗位（比如保洁员、生态林管护员）用来照顾部分能够胜任工作的老年人。⑤

值得关注的是，正如下列引文（即访谈记录 16）所示，收入来源不一导致收入差距拉大，进而加剧了村庄内部的阶层分化。⑥

访谈记录 16

Q：咱们村人均年收入大概有多少？

A：人均收入大概在 2800 元到 2900 元之间。

Q：刨去所有开支的？

A：不是的，是毛的。我们村里，60% 的家庭年吃年穿，初中毕业小孩不用管了，他自己能自理了，他爹妈每年挣 3000 元也够花了，咱们农村自己还种点菜，"五一"以后到"十一"这个时候农村不用

---

① 来源：ZT12。需要补充的是，开发草地的初衷是发展旅游业，养殖业的壮大实属副产品。但是，自 2005 年起，草地开始衰竭，库北村的养殖业也随之衰退。详见本书接下来的相关分析。

② 来源：KI07。

③ 来源：ZT14。

④ 来源：RH05，RH08。移民补贴指的是 D 市向 R 水库库区移民以及淹没区村民拨付的相关款项。款项在不同时期具有不同的名目和金额，具体情况请参见本章接下来的相关分析。

⑤ 来源：KI12，RH05。

⑥ 来源：ZT12。

买菜，但是如果他还要上城里买菜就解决不了温饱问题了。20%的吃"探头粮"（方言，意思是要借一点过日子），他爹打短工，他娘也打短工，孩子要上学，要借点。15%的两口子在村办企业工作，一年能够余个2000元到3000元，孩子考上大学也甭念了，供不起了。5%的是有利润的，我是包果树大户，我还有人能够卖出果子去，还有就是搞个体去了，开商店啦，跑出租的啦，一个月弄个4000元到5000元。

就库北村村民的吃、穿、用、住、行而言，以下几点值得注意：一是，多数村民以食用大米和白面为主，少数人以食用小米或玉米为主。大米和白面不是自产的，一般需要从商店购买，只有少数村民每年可从B镇领取28斤面粉（即"退耕还林"补偿）；小米、玉米多半是自产的，一般来自口粮田。多数村民没能种植蔬菜而只能从商店购买，只有果树承包户才能省下这方面的开支，因为他们有足够的土地可以种植①。二是，正因为如此，库北村大小商店鳞次栉比，仅村里"中街"一带就开设了6家商店。商店除了出售米面酱醋之外，还出售各种"普通"蔬菜，主要包括大白菜、圆白菜、茄子、大葱、大蒜和老姜等②。除此之外，每天都有不少本村人或邻村人拉着三轮或四轮"小推车"在村庄里叫卖，兜售各种蔬菜、豆腐和鸡蛋之类的东西。三是，一方面因为外出打工的村民不少；另一方面还有些人搬至库北县城安家，库北村有不少房屋常年空闲，于是出现了无房农户租用"空房"的现象。四是，库北村出现了不少摩托车和自行车。其中，摩托车是在附近铁矿上班村民的交通工具，自行车是在村服装厂上班村民的交通工具。此外，村里还有15台左右的"面的"（即小型面包车）和三五辆小轿车。"面的"主要用于出租、运货或搞"民俗旅游"，小轿车则是库北村富裕人家享用的东西。③

二　主流叙述在库北村：对三个中心概念的考察

如前所述，库北县级层面流传一个"共识"：因为全县GDP和人均

---

① 来源：GC03，KI10，RH08。
② 来源：GC03。
③ 来源：RH17，KI08。

GDP 在 D 市排末流位置，所以库北县理所当然是 D 市的贫困落后地区。导致落后的直接原因是县域经济的工业化程度不高，而导致工业化程度不高的直接原因是 R 水库的存在及其带来的相关限制。因此，要想摆脱贫困落后局面就必须超越水库的限制并大力发展工业经济。那么，这一"共识"在库北村是以一种怎样的状况存在的，又是怎样影响库北村村民的生产生活的？对 GDP、R 水库和工业（化）三个中心概念进行具体的在地考察，将在一定程度上解答这些问题。

（一）关于 GDP

库北村的村干部是知道 GDP 这个概念的，但是 GDP 不再是他们言谈之中高频词（更是很少提及"国内生产总值"之类的概念），取而代之的是"大农业收入"。"大农业"一般包括农业、林业、畜牧业和渔业，因此"大农业收入"主要指的是来自第一产业的收入。由此可见，库北村村干部熟悉的是 GDP 中第一产业部分。不过，尽管 GDP 不是村干部言谈中的高频词，但是，同库北县多数官员非常看重县里在市里的经济排名情况一样，库北村多数村干部非常看重村里镇里的经济排名情况。

在库北村第一次村干部座谈会上，现任村党支部书记丁某就"激动地"反映，现在的库北村在 B 镇的 26 个行政村中"排不上名次了"，过去的库北村是"全市边远山区十强村"之一①。可获得的历史资料也显示库北村确实曾经拥有"令人骄傲的辉煌"。1960 年，库北县共有 6 个公社 89 个大队，而库北村是当时仅有的 48 个"余粮队"中的一个②。1971 年，库北村的第一、第二、第三以及第八生产队（当时共有 8 个生产队）都是"三不欠单位"③。后来的调研也证实了丁某的说法。接受访谈的村民自豪地忆到：在 1985 年之前，库北村经济实力在很长时间之内都在 R 水库所有的 100 多个村子里排名第一；"解体"（指实行联产承包责任制）之时，库北村固定资产评估价值达到 1900 万元，位列全县第一；直到 1993 年，库北村在县里（共计 334 个村）也还能够排到第 23 名。④

---

① 来源：ZT12，ZT11。

② 库北县人民委员会统计科：《库北县 1960 年统计资料汇编》1961 年 2 月。

③ 库北县革命委员会计划组：《库北县国民经济统计资料 1971》1972 年 5 月。此外，"三不欠"指不欠集体的、不欠干部的、不欠村民的。

④ 来源：KI04。

　　还值得注意的是，正如下列引文（即访谈记录 17）所呈现的①，库北村的人均收入是根据 B 镇政府所"摊派"的数字由库北村的村干部们"侃出来"的，整个统计收入的过程是一个非常"戏剧化"的过程，因此库北村向上级报告的数字（即人均收入 7600 元）与实际数字（人均毛收入 2800—2900 元）之间通常存在巨大差距。但是，正是这些"侃出来"数字，正是这些在村干部看来"没啥用"的东西，"堂而皇之"地出现在严肃的官方文件当中，不但成为考核地方经济发展水平和地方官员政绩的核心指标，而且还成为制定未来经济社会政策的重要依据。这不得不说是一件"令人沮丧"的事情。

访谈记录 17

Q：咱们报上去的数字是多少？

A：7600 多元。

Q：这 7600 多是怎么计算出来的？

A：卖个鸡蛋，卖个肥猪，卖只羊。（村会计王某插话）到邻居家拿把葱，摘个西红柿，摘个茄子，（村支书丁某继续）没有花钱的吧，但是他给你算市场价，这么着还凑合算。我们家一年养了 5 个大肥猪也就搁这里头了。（村会计王某又插话）养猪的粪也搁这里头了！

Q：是挨家挨户去统计的还是怎么的？

A：是估计的。是按全镇的总的估计的，市场价格提高了，你们人均要达到多少。全镇要达到 1000 万元，26 个村，摊到我们库北村就是 7600 多（元）。

Q：分哪几大块计算？

A：农，种地，棒子卖了多少钱。渔，打鱼，花了 2000 元办了证的，打 2 个月鱼收入 1.5 万元，实际上你 1000 元也没有收入，那是给你定的。

Q：你给他定个指标？

A：是的。实际上他收入多少咱们也拿不着（方言，意思是没有把握）。往上报的时候说你有十条船啊，但实际上你一条船也没有

---

① 来源：ZT12。

上，但十条船的价格在那里。牧，搞养殖的，最初养殖没有这么大，就是养猪，就这个村，脑袋一扎活（方言，意思是动脑筋），有多少头猪，多少羊，一年得卖五个，坐在那一侃，少点了，就再加点吧，跟那数就合圆了（方言，意思是对上数了）。就这么来的。林，咱们有个基础，原来搞集体经济的时候，卖了8毛再卖1块，也不管你大年还是小年。

Q：商呢？

A：那会商业没有弄这么多。（村会计再次插话）2004 年他给我是 1 个亿零 927 万元，大农业是 1 千零 70 万元……

Q：待会儿我把这数字抄一下？

A：这个没用。

Q：这个就是镇里给咱们的指标吗？

A：是镇里的。这个东西没有啥用。

GDP 在库北村普通村民当中更是没有市场。他们既不知道什么 GDP 概念，也不懂什么"大农业收入"，而只知道"过日子"。而且，村民们知道，"过日子"靠"侃"是不行的，必须精打细算，来不得半点虚假。村里最早的"养牛户"孙某希望自家的奶牛所怀的仔是母牛而不是公牛，因为"公牛生下来只能卖 400 元，母牛生下来能卖 1200 元"[①]。村里最大的"养蛋鸡户"郭某家的女主人更是"精明"，关于蛋鸡的利润生产环节和利润空间是了然于胸。详见下列引文（即访谈记录18）。[②]

访谈记录 18

Q：养鸡好难吧？很要耐心、很费事吧？

A：是啊。从库北县孵化厂买来小鸡，刚出壳就抓来了，2.4—2.5 元一只。养 4 个月（150 天左右）就下蛋了。这 4 个月的工作任务：打防疫针，要 15—16 次，隔 3—4 天就得打。闹毛病就完。要瞅着它吃食。不精神的要隔离喂养，有的鸡也受气。饲料从某区那边买，送到家门口，自己养不起车。下蛋到半年的时候出现下蛋高峰

---

① 来源：RH04。
② 来源：RH03。

期。有蛋时间维持在一年左右。一年之后就淘汰，把肉鸡给卖了，再买些小鸡来回循环。淘汰蛋鸡 1.6—1.8 元一斤出卖。

Q：一年能产多少鸡蛋？

A：按一天 150 多斤鸡蛋计算，一个月将近 5000 斤，一年 6 万来斤。

Q：收入还行呀?!

A：这料有价。开支大。饲料 7 毛 5 一斤，一天要 400 斤，一天要 300 多元呢，一个月下来将近 1 万元。光是饲料就要 11—12 万元。防疫针、预防药一年还要 1000 块。房子的租金一年是 600 块。头一年的时候要 2400（元），跟大队（指村委会）商量一下降了下来了。自己辛苦，每天要把粪便清理出来。粪便一年 10 多车，一车 60 块，四轮车，一般是包果树的来家里买。

而且，村民们统计收入时更倾向于统计"实打实"的收入。村里的梨树承包大户包某名声在外，村干部估计他们家 2005 年卖梨的收入将近 3 万元。但是，包某反复强调，除去雇人费、药剂费、肥料钱、买农具和包装箱的钱（合计 6000 多元）之后，实际收入仅有 1.7 万元；而且，"这笔钱是我们两口子一年来累死累活的钱"[1]。有趣的是，村民中甚至还有"不太理会收入"，"赔本也坚持种梨"的"糊涂人"。宋某家承包了两片梨树（合计 10 多亩），因为"黑心病"作怪，这几年卖梨年收入始终在 2000 元左右徘徊。按照这个收入计算，宋家的确是亏大发了，因为他家每年要上缴村里的承包费就超过 1800 元。宋某因此抱怨说"这几年的钱都送到了树底下"了。但是她的丈夫"乐意有点活干，不愿意转租"，而且还在山上"盖了窝棚，天天守在那儿"[2]。这样看来，也有库北村村民坚持认为"过日子"其实并不只是一个钱的问题。

（二）关于水库

如同 GDP 在库北村的遭遇一样，库北村的不同群体对 R 水库有着不同的理解。在村干部中，抱怨 R 水库的意见不是少数；"村民代表"（特

---

① 来源：RH01。
② 来源：RH06。

指库北村的上访小组）通常将 R 水库作为维护"村民利益"的"旗帜"；一般村民则不懂或（和）不理会什么水源保护和管理条例，只知道尽管修建 R 水库导致土地减少了但是日子必须过下去，至于如何过日子，则是村民们所认定的："猪往前拱，鸡往后扒"——各有各的路子。

1. 村干部与 R 水库

"水库制约论"在村干部中有着一定市场。以现任村党支部书记丁某为代表的村干部，认为 R 水库至少影响了库北村的发展路径选择。在同现任丁支书进行第一次访谈时，丁支书中途曾经兴奋地站起来，面朝南面、手指远处（访谈地点是村委办公大楼的 2 楼）大声说道："要是这万亩草地成了蒙古包就赚钱了，（但是会）污染了（R 水库），不行！如果没有水库，我们这最好！"言语之中掩饰不住"惋惜"之情。当笔者反问道："如果没有 R 水库，哪来的大片草地？"丁支书迅速回答道："那我们面对的就是一片工业开发区！"① 丁支书对工业的兴趣和对工业化的向往显然溢于言表。

但是，调研期间笔者发现，至于如何超越水库制约实现村域经济发展，包括丁支书在内的村干部似乎并没有比较系统、深入的思考，而主要表现为对上级（主要指 B 镇）安排的服从，或者说，主要是"照章办事"。从目前看来，按照 D 市的统一部署，在 B 镇的具体指导下，库北村村支两委干部正在"轰轰烈烈"地实施"新农村建设"项目（详见本章接下来的相关分析）。为什么村干部的"作为不大"？其中一个重要原因是：其他产业发展计划一般是以家庭而不是全村为单位制定的。村委早已将果园分包给若干农户，早已对服装厂实现了改制，所以村干部"没有什么大事需要操心"，似乎只剩下定期收取承包费用这项工作。

2. "村民代表小组"与 R 水库

耐人寻味的是，在库北村最熟悉、最清楚 R 水库水源保护和管理条例的当属库北村一带远近有名的"村民代表小组"。该小组是由库北村村民康某牵头于 2003 年成立的，成员以本村村民为主体，另有两位附近村庄的村民。康某是 20 世纪 60 年代的高中毕业生，是村里的"文化人"，也是

---

① 来源：ZT11。

村民选举产生的村民代表①。据康某介绍，"村民代表小组"的工作机制大体是：村民找到"村民代表"反映情况，然后"村民代表""自己掏差旅费"前往 B 镇、库北县甚至是 D 市反映情况。"村民代表小组"的用意在于："尽量争取在政府和农民之间搭建一个平桥，加强沟通，看看农民中是不是有什么不平衡的问题，政府政策是不是与农村实际接上轨了，探讨土地资源、生产资料不平衡的情况下如何建设和谐社会。"② 然而，调研了解到，从目前具体的实际情形来看，在"村民代表小组"那里，R 水库是维护"村民利益"的一面"旗帜"，它既是他们"代表村民"向上级政府争取水库移民相关补贴的有用"由头"，也是他们"代表村民"呼吁拆除"违章别墅"的重要依据。

如前所述，包括库北村村民在内的库北县人民为修建 R 水库确实作出了巨大贡献乃至牺牲。不过，在不同历史时期，D 市根据具体财政收入状况制定了不同的库区移民补偿标准并予以发放。正如下列引文（即访谈记录 19）所示③，在 R 水库建成的第二年（即 1962 年），对库区移民的"常规性"（而非临时的）补贴即"粮证补贴"就如期到位了。时至 1994 年，"粮证补贴"实现"现金化"，变成"粮证补贴款"。而在 1994 年至 2000 年期间，由于 R 水库水位暴涨，D 市又增加了一个补偿项目即"粮油生活补助费"，发放对象主要包括库北村以及邻村的村民。2000 年之后，"粮油生活补助费"停发。

访谈记录 19

Q：咱们库北村村民应该享受了一些库区移民补贴吧？

A：是的。1962 年，我们开始领粮证补贴。当时以 400 斤为参照指标，当年产粮低于 400 多少斤就补贴多少购粮证。水下去了之后水边地就归集体耕种。购粮证就跟粮票似的，到粮站可以买粮，但是自己还要掏钱。当时白面是 1 毛 8 分 5，棒子 1 毛 2 分 4。

Q：粮票等票证制度取消之后呢？

---

① 也正因为如此，康某认为"库北村的领导文化水平不高"。调研了解到，现任村党支部书记丁某是初中肄业文化程度，村委会主任郑某是小学文化程度。

② 来源：ZT14。

③ 来源：ZT14。此外，2007 年 2 月 9 日下午，康某来电告诉笔者："高水位运行费"已经发放到村民手中，每人每年 759 元。但是康某认为"这笔补贴太少"。

A：1994 年，我们开始领粮证补贴款。这个跟购粮证是一脉相承的，即购粮证换成了现金。现在发到手里的是每人一年 225 元。县里对市人大代表的回答是 236.6 元。原本是 10 年到期，即 2003 年就停发。但是经过各方努力，一直延续到现在还发放。1994 年还开始发放"粮油生活补助费"，这笔钱是陈某（笔者注：时任 D 市市委书记）那年来库北县视察，发现老百姓确实困难而出决定发放的。发到手里的是每人 436 元一年，但是县政府回答市政府的数字是 573.6 元。2000 年停发，我们现在就是去找这笔钱，2003 年开始找的。2005 年 1 月 25 号，库北县长来到某村（笔者注：指库北村的邻村），他提出这个事，改为高水位运行建设费，加了一部分，但是现在还没有给。

Q：为什么停发"粮油生活补助费"？

A：1994 年 R 水库水位暴涨，达到 153.5（米）。所以从 1994 年开始，市政府给我们发"粮油生活补助费"，一个季度我们村是每人 109（元），一年 436（元）。2000 年停发的原因是那时水位下降，水库周边的地可以种植了。

既然库区移民享有一定补偿，为什么由部分村民代表组成的"上访小组"还不时地"代表村民"向上级政府去"反映问题"？一方面，修建 R 水库确实淹没了库北村不少土地。另一方面，库北村部分村民"日子过得确实不宽裕"。入户访谈了解到，"粮油生活补助费"对于生活艰难的老人来讲确实犹如雪中送炭，以至不少老人每年都"盼星星盼月亮"一样地期待着款项的到来①。此外，宏观背景之下连带（至少）四个具体原因：一是"村民"反映既有补偿可能存在发放不足或（和）推迟发放的问题。二是"村民"想要争取延长即将或者已经终结的补偿项目的实施时间，或者想要争取新的补偿项目。访谈中"村民代表"反复强调"国家就不应该把咱们老百姓给忘了"②。三是，"村民"认为，款项发放即分配方案存在不合理问题。四是，"村民代表小组"通过三年的"上访"确实要到了一些补偿，其中"粮证补贴款"的继续发放以及"高水

---

① 来源：RH08。
② 来源：ZT14。

位运行费"的落实到位均与他们的努力不无关系。"村民代表小组"因此尝到了甜头。下列引文（即访谈记录20）反映的正是这些情况。①

访谈记录20

Q：那咱们还可以用什么理由向上面争取款子呢？

A：前年还是大前年，我们县政府下了一个文，18号文，说的是土地155（米）以下全归国家所有。如果是这样的话，我们和某村（笔者注：库北村的邻村）就属于长期被淹状态了。2003年，粮证补贴不就到期了嘛，我和老爷子（笔者注：指参加座谈会的邻村的老人）就开始往市政府写信，反映人民生活没有办法的状况，在这种状况下，粮证补贴款2004年又给了。

Q：还有成功案例吗？

A：2003年，我们同时也反映高水位运行费的问题，反映到市长那、市人大代表那，得到了市长办公厅的重视，所以从2005年开始发放水库周边地区高水位运行费，2005年的钱早就到账了，就是没有发放。说是960元，但是到底是多少我们还没有弄清楚。按人均分配，我们不同意，我给县里打过电话，这属于不合理的，有好些村它就一个队土地被淹了，就应该给它一个队的。经过调整你占我们村一万亩土地，你就得给我们一万亩土地的钱，然后再到村里分。这是第一个方案，人均分配我不同意。第二个方案是镇里打算按土地平均分配，按这几个村子的土地平均分配，这我们还不同意。等我们第三次来到县经管站，找到王某站长，我说这两方案我为什么不同意，因为它不符合实际。是不是？因为你占我的地多，应该按地分配，按占哪村地多就给钱多。这回王某站长跟我们是这么说的，按占哪村地多就给钱多，占你100亩就给100亩的钱，占你500亩就给500亩的钱。我说这个方案我同意。

Q：现在还没有发下来是否因为发放的方案还没有定下来？

A：我估计是有可能，还有一种歪的想法是，是否县政府把这笔款挪作他用了？这是属于一种歪状况。我们到现在还一直跑着这回事。我们是（2006年）6月26日去找的王某站长的。

---

① 来源：ZT14。

调研还了解到,"村民代表小组"还在另一起事件中扮演了非常重要的角色,即该小组充分利用 R 水库这面旗帜,最终推动和促成了一批违章小别墅的拆除工作。库北村村民将这件事情称作"小别墅"事件。该事件的来龙去脉大致如下。

发展民俗旅游、振兴地方经济是 B 镇政府酝酿已久的发展战略。时至 2000 年前后,B 镇政府启动了民俗旅游发展计划当中的两项重点工程——"千亩草地"和"万亩桃林"工程。其中,"万亩桃林"工程指的是库北村海拔 155 米以上的口粮田一带,一律改种桃树,力争打造一个具有万亩规模的桃林景观。当然,B 镇向上申请项目的名义是实施"退耕还林"计划,所需资金列支"退耕还林"项目。"千亩草地"工程指的是在库北村环湖路以南、海拔 140—155 米的区域开发种植千亩草地。不过,B 镇向上申请项目的名义是"种植草地、保护水库",资金因此是从 R 水库水源保护项目中列支的,每年下拨资金大约是 150 万元[①]。当时 B 镇主要领导所憧憬的目标是:一旦两项工程落实到位,一幅优美的山水画就会呼之欲出,B 镇民俗旅游就会创造一个新的局面。这幅山水画的大致轮廓是:远处是 R 水库的一池碧波,碧波之北是一片绿油油的草地,草地北面是一片粉红色的桃林,桃林北面(跨过环湖路)是一片错落有致的梨树和杏树。[②]

不过,正如下列引文(即访谈记录 21)所呈现的[③],由于所引进的桃树品种不太适合在库北村气候条件下生长,由于"退耕还林"补贴比种植粮食收入要低而导致村民种植桃树的积极性不高,以及桃树种植过程管理不够、不善等多种原因,桃树成活率很低,桃林始终没有达到万亩规模[④]。这一情况在一定程度上影响了山水画的成色。但是,这幅"打了折扣"的山水画最终还是成为现实,并且一度(2002—2004 年期间)吸引了不少来自四面八方的人们来到库北村一带观光旅游。[⑤]

---

① 来源:KI10。
② 来源:KI06。
③ 来源:ZT13。
④ 来源:KI06。
⑤ 来源:KI10。

访谈记录 21

Q: 水库北边栽了桃树?

A: 栽树是好事,可是桃树不适应,冬天给冻死了。没冻死的呢,镇里也不采取措施,技术指导也没有。老百姓靠天吃饭,这树也得靠天活着呀! 要结桃了天不下雨,桃都落了。秋天旱死了,冬天冻死了。它不下雨浇不上水,不旱死咋地。

Q: 当时有 2 万多棵吗?

A: 全没了。有也不多,不剩多少了。我们家种桃的时候是 5 口人,每人种 10 棵,种了 50 棵,现在全光了,一棵也没有了。

Q: 多可惜! 你自己也没有打理,是吗?

A: 关键是他(笔者注:指镇政府)没有考察,也不知道这桃适合不适合在这里栽。

Q: 苗是他们提供的吗? 是什么桃?

A: 是的。说是中华圣桃还是什么的。其实毛桃,杂桃,啥桃都有,还有油桃。

Q: 林业站没来指导?

A: 谁管呢,你只管栽树,书记只管往上爬。

Q: 这是哪年的事?

A: 五年那点的事吧。2000 年栽的。这草是 2001 年栽的。现在也没了。

Q: 为什么不继续栽了?

A: 老百姓能落下多少? 一亩地才 70 块钱,种庄稼得值多少呀,一亩地打 2000 斤棒子还不就弄 1000 块钱。

Q: 这个种草的地是不是属于我们库北村的? 根据上面的规定这里允许种地吗?

A: 属于。按道理 150 米以下是库区,水是国家的,地是老百姓的。就这样,知道不? 国家不让种国家得给补偿,对不?

也许是受到民俗旅游利好刺激,时至 2003 年,B 镇做出了加强发展民俗旅游发展的决定。当年 5 月,B 镇政府启动了民俗旅游发展计划的第三项重点工程——"小别墅群"工程。具体情况是:B 镇政府干部自愿集资,由 B 镇出面在库北村租用 161 亩土地修建一批小别墅,提升观光旅游档次。租用土地既涉及林地也涉及部分平地。但是，小别墅群还未全面建成即被叫停，收到了上级政府有关部门发来的"勒令拆除"的通知。通知明确指出："小别墅"建在 R 水库一级保护区之内，属于违章建筑，应予勒令拆除。[①]

　　但是，正如下列所示（即访谈记录22）[②]，尽管"村民代表小组"向上反映时所表达的意思是：因为"小别墅"建在 R 水库一级保护区之内，所以按照有关规定应该将之拆除，但是其中还有更加复杂的、同时也有别于这套话语的原因。一是，"村民代表小组"不满意由 B 镇政府干部集资开发小别墅的垄断行为，而主张由库北村"自主开发"。二是，"村民代表小组"不满意 B 镇政府所实施的租地方案、租金发放方式和标准，而主张改用一套可以让全村村民（而不是部分村民）普遍受益的方案。

访谈记录 22

Q：别墅最后没有建成？

A：对。

Q：是有人向上反映了？

A：对。也包括我。因为它是属于非法开发。满山绿油油的果园按 80 块一亩给我们，平地按 200 块一亩。补助都给承包户了。

Q：161 亩总共涉及多少户？

A：将近 20 户（笔者注：包括丁支书和郑主任）。这 20 户当然同意。钱是每年给。村里有 600 多户，也就是 80% 的人不同意这种做法。

Q：什么原因？

A：他承包的是集体果园，果树是集体的，土地也是集体的，是全体村民所有的。这是其一。第二，镇政府每年给他补助，应该是给青苗补助而不是果树补助。还有，别墅是非法建筑。

Q：别墅是在二级保护区吗？

A：是在一级保护区内。按全村总占地面积计算，村里 50% 的面积属于一级保护区（包括 5500 亩的林地），但是按村庄建筑占地面

---

① 来源：ZT14。

② 来源：ZT14。

积计算，几乎百分之百的面积是属于一级保护区。北庄头的山包上就有一块石头（笔者注：水库一级界石碑）。养鸡那户是在一级圈内，丁某家（指现任村党支部书记）养牛的地方属于二级保护区。

Q：如果小别墅由村民集资开发你们同意吗？

A：如果由村民集资开发我们同意，镇政府开发垄断我们不同意，镇政府应该给我们支持、引导。没有村民的自主权怎么发展？

Q：可不可以说你们不一定是针对那 20 户而主要是是针对镇里的？

A：不是说针对镇里的，我们一方面想呢，这些钱，刚才我讲了，土地是集体的，果树是全体村民的，应该叫这笔钱下来以后村民人人有份，人人有一点。镇政府将地征用流转之后，村里应该跟原承包户解除合同也好，将钱归集体所有。因为它土地跟树木都是归集体所有的，不是你个人的不是？每一个承包户应该响应整体规划的实施方案。合同上写着有在任何时候不影响集体规划，有这种说法不是？应该给人人一点生活的空间和资源，有资源就会有往前奔的想法不是？

"小别墅"事件揭示了另外一种情形。在这个事件中，R 水库不是"村民代表小组"向上级政府争取库区移民补贴等具体利益的或者说与上级政府"讨价还价"旗帜，一面引进和激活外部力量的旗帜。正是通过这面旗帜，"村民代表小组"借助外部力量"粉碎"了一个自己不满意的内部利益分配方案。可见，"村民代表小组"对 R 水库概念的使用是灵活多样的。

3. 村民与 R 水库

首先，库北村村民在不同时期对 R 水库有着不同的反应。

在实行家庭联产承包责任制之前（即 1985 年前），由于土地由集体统一经营而且实行平均分配的政策，由于当时"那个时候讲共产主义思想"，加之自 1962 年起政府就向库区移民发放"粮证补贴"，所以即便在三年自然灾害期间，库北村普通村民对 R 水库的意见不是很大（详见下列引文即访谈记录 23）①。在 1985 年至 1999 年期间，由于村民手里拥有

---

① 来源：RH04。关于这点也请参见访谈记录 24。

大片"押宝地"，使得全村人均土地达到1.76亩，而且，自1994年起，库北村的村民除了享受原来的"粮证补贴款"外还领到了"粮油生活补助费"，所以这个时期的村民对水库的意见也不是很大。

访谈记录23

Q：20世纪60年代过苦日子的时候，有没有怪水库淹了咱们的地？

A：没有，也不往那上想，那时候国家给补贴点，散队之前有粮证面证。中间有十年补贴，到期后就没有了，后来往上反映，我们一人一分多地，不做其他活就没法生活，后来就又给点。

Q：你有没有听过"要想富，炸水库"这个说法？

A：没有，谁敢说这个啊？一个没人敢说，一个也不敢往上想。

Q：为什么？

A：国家给你补助，国家弄这水库也是为了用来浇地吃水的，咋地来说，也不能想这事，这傻子蒙人的瞎说八道。也没听说过。

Q：那你有没有觉得如果水库不在这里，地多点日子会好过一点呢？

A：好过点，反正是国家也没白占你地方啊，再困难再跟国家讨去吧。怎么着老百姓也得活着呀，这是我觉得。都是共产党领导的，它咋地也得让老百姓活着。

Q：如果说不允许你养奶牛，你有意见吗？

A：我也没意见，他赶走了也得给我钱，他不能白赶走了吧。

Q：如果就是不准你养呢？

A：不准养，他就给我卖了吧，要不我个人怎么卖得了。

Q：你听过争创生态文明县这个说法吗？

A：那个我不懂。

但是，自1999年以来，老百姓对R水库的抱怨逐渐增多。造成这种局面的宏观原因是：R水库下游（指库北县一带）的发达和繁荣与库北村的荒凉凋敝形成明显反差，这种对比使得村民心理失去了平衡。微观原因则是：第一，上级政府停发了"粮油生活补贴"。（雪上加霜的是）第二，B 镇政府还在 1999 年年底将"押宝地"收回并开始种草，即启动"千亩草地"工程，这一工程的实施使得库北村的人均耕地从 1.76 亩降到 1 分 7 厘，而且，村民对 B 镇政府所给付的"押宝地"承包费不太满意。不过，耐人寻味的是，库北村村民强调"矛盾不是直接指向水库，而是指向人，指向掌权的这几个人"。下列引文（即访谈记录 24）详尽地展示了这一图景。①

访谈记录 24

Q：老百姓现在对水库有意见吗？

A：这个概念还有。山下人家国家安排高楼大厦，又是商店了学校了，就我们这太差了！破破烂烂的。要地没有，要生活出路呢那是逼出来的上外打工去，就这个言论到现在还有。

Q：六几年你当书记的时候有没有这个言论？

A：那个时候山下没有动态呢，山下这才几年呢？那个时候吃亏了国家给补助点，给补助点粮食差价，每户每人全补。还有粮食购销补价还是啥样。……以前意见小点呢，是你水上来了我就撂下，你水下去了我就追着走。这地嘛，那个时候有生产队，有 8 个生产队，地分成 8 片，都有淹没的都有不淹没的。淹着了你就白淹，它有这么一个规定；不淹呢你就种。这是他点生活出路。这水呢间七年八年上来一次，不上来我就全得了，上来我就全扔了。这么地一搅和，有大点意见他就不说了，就认倒霉了，老天爷不长眼来着又他妈发水了……

Q：当时人们的意识觉悟也高点吗？

A：这有关系。那个时候讲共产主义思想、共产主义道德和风格，那个时候讲这个厉害，没有去计较这么多。一直到毛泽东死以前这思想都是比较深的。这里属于解放区，老区性质的，老年人比较多，都听毛主席的，毛主席死的时候都哭成孩了。解放区的老百姓一直有这个感情，拥护共产党。

Q：还有没有其他原因？

A：那个时候有人管他。那会儿困难、矛盾和现在小啊，挣得少都挣得少，挣得多都挣得多，和这个也有关系。没有粮食生产队借

---

① 来源：KI04。

去，别人帮助点，现在不行，没人管了。

Q：80 年代的时候意见大吗？

A：在我下来之前这个阶段，矛盾都不算突出。反正在没有解体以前，矛盾都不算突出，对水库的意见没有那么大。我们是 1985 年解体的，比别人晚了一年。

Q：有没有想过为什么解体之后意见就大了？

A：他吃饭吃不上了意见就大了。

Q：在你印象当中，什么时候开始对水库的意见大起来了？

A：就这几年。这几年呢，要说民不聊生这家伙太厉害了。老百姓提起来，我就 1 分 7 厘地叫我咋生活?! 这个由哪年开始呢？是 2000 年还是 1999 年。从这里咋弄的呢？一个是把原来水库边种的地都给收回去了。收回干啥？种畜牧草，就南边这块地。

Q：谁收回去了？收了多少？

A：镇里头。一共是收回 2126 亩。

Q：跟老百姓有协商吗？

A：跟老百姓没有协商，跟干部有协商，干部同意了就收回去了。他这里定的不合理的在哪里呢？头一年给 10 块钱，第二年给 20 块钱。

Q：给谁？

A：给老百姓。占一亩地就给 10 块钱！第三年造起反来了，老百姓闹意见，你种地给这么点钱老百姓不愿意。群众就上镇里去闹去了，镇里、县里。2002 年涨到 100 元一亩，某村（笔者注：指邻村）给 150 元一亩，对这个现在意见也大了。现在也还是这个价格。就这么着，老百姓地种不上钱也得不着了，意见大起来了。2000 年往后，跟镇里和县里的矛盾都越来越大了。我在会上说，全县过去库北村数一数二，现在我库北村是倒数第一，B 镇倒数第一！啥都没有？这回建设社会主义新农村，建起来了就不是倒数第一了，要不建设就是倒数第一。

其次，库北村村民既不很清楚也不太理会水源保护和管理条例，而坚持认为"不饿死是最高的真理"。

根据接受访谈的库北县环保局官员的说法，如果严格执行水源保护和管理条例，库北村所在地大致处于一级保护区之内，因此库北村理论上应该是一个"无人区"。但是，自 1958 年以来，即便是 R 水库功能发生转换以及水源保护和管理条例实施之后，库北村村民还是在这个区域"照常"生产生活，似乎没有"理会"什么上级规定，没有顾及环境污染等问题。例如，依照有关规定，库北村是不能发展任何养殖业的，但是该村的养殖业依然按照自己的发展逻辑逐步壮大起来。

为什么库北村"热衷于"发展家庭养殖业？一是，库北村的家庭养殖业历史悠久，"已经养成了这种生活习俗"。例如，村民孙某从"散队"那年（即 1985 年）就开始养牛了，至今已有 20 多年的历史①。此外，库北村的兽医站也已有 21 年的开办历史，如今依然矗立在 R 水库旁边，兽医站的"生意"直到 2005 年才逐渐变得冷清②。二是，正如下列引文（即访谈记录 25）所示③，相对而言，发展养殖业是一种创造利润、增加收入的不错选择。④

访谈记录 25

Q：我们这里是不是不让养鸡？

A：好像是有纪律，库南不行，库北可以的。

Q：养鸡的时候没有人干涉你们？

A：没有，这属于家庭养殖。

Q：鸡粪放在排洪渠附近对水库有没有影响？

A：流不出去。库南那坝上牛粪有的是。大家放牛都往那边放去。村里养牛的不少。都没地放。地也没有，不养点不饿死？！

Q：为什么选择养鸡而不选择其他，比如说打工？

A：郭某在北京打工搞建筑 10 多年，1984 年出去 1997 年回来，结婚之后就没出去了。他的同龄人在结婚前基本外出打工，现基本在家。在家里没事干，1 分 7 厘地刚要松个把就没了。

Q：承包果树呢？

A：回来的时候签完合同了，没有轮得上。那活也累，你剪枝你

---

① 来源：RH04，ZT11。

② 来源：RH11。

③ 来源：RH03。关于这点还请参见访谈记录 26。

④ 关于这点还请参见访谈记录 26。

得会修。

Q：养牛呢？

A：本戗大，几千块一头牛，回本慢，花 1 万块钱买 2—3 头牛，没有 3 年见不了利润。这三年之内一点利都没有。就我这个，要是不闹禽流感，一年就可以回本。现在要的时间长一点，还要看得好。

Q：你是怎么卖鸡蛋的？

A：原来是骑自行车去卖，现在是骑摩托卖。2500 只鸡的时候，蛋也能够卖掉，就是跑得远点。

Q：搞运输呢？

A：没啥，游客少，运活拉脚也没有。

Q：进服装厂干活呢？

A：干过一年。加夜班，24 个小时不歇着，为赶一批活，有时手都搁到针底下了。现在干一个月就 600—700 块钱。

正因为如此，库北村的家庭养殖业一直品种众多、规模不小。截至目前，库北村中有养（山、绵）羊的[①]，养（奶、肉）牛的[②]，养（蛋、肉）鸡的[③]还有养兔的[④]。其中：村民养牛数量超过 800 头[⑤]；养鸡户郭某家的蛋鸡达到 1500 只，他二姑家则曾经养肉鸡超过 2 万只[⑥]；平常年景，村民养羊合计几百只羊，但是 2004 年前后达到高峰，养羊数量超过 1 万只[⑦]。环湖路南面的草场上是村民牧羊和牧牛的"理想场所"，下午时分出现在这个"牧场"的牛羊通常在 300 头/只左右[⑧]。下列引文（即访谈记录 26）也从侧面反映了这一情况。[⑨]

---

① 来源：RH07，GC02。

② 来源：RH04，RH09 以及 GC02。

③ 来源：RH03，RH16。

④ 来源：RH10。

⑤ 来源：ZT11。

⑥ 来源：RH03。

⑦ 来源：KI10。

⑧ 来源：GC02。

⑨ 来源：ZT13。

访谈记录 26

Q：每天上午和下午都有很多人来放吗?

A：蛮多人。

Q：现在村里养羊的有多少户?

A：有 20 户吧,山羊和绵羊加起来超不过 20 户。

Q：是不是这草可以吃了,养羊的人就多了?

A：不是,要吃还得吃,原来还多呢! 40—50 户。

Q：什么时候还多些?

A：头 3 个月之前。

Q：为什么一下子减这么多?

A：别人不爱放了。现在没草,要放就整一天多累啊,收入不高,耗时间。有劳动能力的都自求别的财源去了,没有劳动能力的,身体赖,不挣钱也得赔着,就是找一种乐趣吧。

Q：多少有点收入,是吧?

A：是,多少有点收入。(笔者注:一名男性村民插话) 还不如找一个地方好好上班。

Q：他们那些人卖了羊之后干嘛去了?

A：上外头打工啊。

Q：40—50 岁上外打工的有没有?

A：有。怎么村里现在是最穷的一个村了。原来是最富的,现在是最穷的。

Q：为什么最穷了?

A：要地没地,要工厂没工厂,这地(笔者注:指 2000 多亩草地)也卖给镇里了。

Q：是卖还是租?

A：是租也没给钱给我们。

Q：没给钱?

A：一年一个人就给 70 块钱。2000 多亩地,棒子地。

Q：全给镇里了?

A：给镇里了,镇里没收了。

Q：草场漂亮倒是很漂亮的?! (笔者注:看到了成群低飞的蜻蜓)

　　A：草漂亮管哈呀？这老百姓都快整没了。

　　Q：为什么要建这么大面积的草场？

　　A：他们要挣钱，好卖楼房。

　　Q：他们指的是谁？

　　A：镇里的，想享受啊。他们拿老百姓的地挣钱，完了坑害国家。……就说保护这水库吧，那大粪这一堆那一堆，哪个管环保的真正上这瞅瞅？就是个大粪摊子。

　　Q：不能把大粪运到梨园子里去吗？

　　A：现在搞新农村呢，谁管你这个？人家花钱往外掏，倒大粪的爱倒哪在哪。你当人家领导不知道，心里明镜一样。我就是为了挣钱挣钱，当官的搞新农村建设还入股呢！

　　正如访谈记录 26 所揭示的，家庭养殖业的发展确实给 R 水库及其周边环境造成一定程度的污染。调研期间，经常可以看到漫天飞舞的苍蝇和随地乱放的牛粪羊粪，天气炎热之时便是臭气烘天。有村民甚至将自己祖祖辈辈生活的地方称作"牛粪村"。值得注意的是，很多羊粪牛粪甚至就堆放在距离排洪渠仅 2—3 米远的地方，而排洪渠的水直接通向 R 水库。一旦下雨，羊粪牛粪和着雨水顺着排洪渠直接进入 R 水库。

　　还有一个问题值得关注和思考。对于 D 市有关职能部门而言，开发"千亩草地"的本义是保护水库和净化水源。对于 B 镇而言，开发"千亩草地"的本义是发展民俗旅游、振兴地方经济（兼顾为镇里干部赚些收入）。但是，千亩草地的开发导致了一个意外结果：库北村一带家庭养殖业的迅速发展，而养殖业的迅速发展，一方面破坏了草地或者说加速了草地的衰败；另一方面使得草地成为一个"大粪摊子"。于是，保护水库和净化水源的项目最终演变成污染水源的"罪魁祸首"。这显然是有违政策设计初衷的。此外，由于项目实施过程中有些问题处理不当，导致项目甚至还成为激化镇政府与库北村之间、村委与村民之间以及村民之间矛盾的"导火索"。这不得不说是一个值得反思的问题。[①]

_____

①　关于这个问题还请参见本章接下来的相关分析。

(三) 关于工业

从库北村村干部和村民言谈中很难听到"工业"这个词汇。但凡笔者提及"工业"时,他们通常以"厂子"替换"工业"。而且,他们口中"厂子"绝大多数情况下指的是村里的"服装厂"。因此,梳理服装厂的发展变迁历程,有助于我们了解库北村工业发展变迁历程,同时,也有助于我们了解库北村地域范围内工业与 R 水库的关系演变历程。服装厂的发展变迁历程大体可以划分为以下四个阶段。

一是"强过国有企业"时期 (20 世纪 70 年代—90 年代初期)。

库北村服装厂建成于 1974 年,当时被称作"库北县第四服装厂"。服装厂的成功建厂与库北村村民的大力支持密不可分。据接受访谈的村民回忆,建成初期,各生产队都推荐人员进厂上班,带着 (脚踏) 缝纫机进厂的能当上机工 (服装厂付给磨损费),不带缝纫机的就当副工。时至 1984 年,为了进一步扩大服装厂的生产规模,按照村里的统一安排,库北村每户向服装厂投资 100 元①。服装厂建成之后很快红火起来,并给库北村带来比较丰厚的回报。首先,服装厂创造了不少就业岗位,一定程度上缓解了村庄内部人地矛盾。用丁支书的话来说:正是因为村民能够在企业就业,才不把 1 分 7 厘地当回事②。据不完全统计,1981 年、1988 年分别安排了 200 多名和 300 多名村民进厂就业,时至 1995 年前后,进厂上班人员达到 600—700 人③。其次,服装厂成为不少村民增加收入的主要来源,一定程度上改善了村民生活水平。据曾经在服装厂上班村民回忆,当时服装厂工人的工资待遇甚至胜过国有企业的,以至村里一大批年轻人不愿继续念书而选择早点进厂上班。最后,服装厂为壮大了村集体经济作出了重要贡献。其中,1988 年至 1992 年期间,服装厂每年上缴给"大队"的利润就达到 30 万元。④

二是去留难定时期 (1995 年前后)。

20 世纪 80 年代前后,库北村掀起了开办工厂的热潮。当时村里除了正常抓好服装厂的管理工作之外,还开办了一家轧钢厂、一家雕刻厂 (以雕

---

① 来源:ZT14。
② 来源:ZT11。
③ 来源:ZT14,KI04。
④ 来源:ZT14。

刻佛像为主)、一家修配厂和一家拔丝厂①。1984 年,时任库北村党支部书记的孙某甚至还带领 40 多村民跑到海南去建了一家服装厂,后来因为"形势不好",加之"县里提出了批评",才于 1987 年撤资停办②。然而,据村干部介绍,时至 1995 年前后,伴随水源保护和管理条例的贯彻实施,根据上级政府的要求,库北村"砍掉"了除服装厂之外的所有工厂③。不过,出保留服装厂这一决定也是经过一番争论的。主张关闭的一方认为,服装厂的存在也对水库水源造成了污染;支持保留的一方则认为,"服装厂没有污染,因为它很早就建了水冲式厕所"④。当然,其中还有一个(也许重要的)原因,即当时的服装厂经营规模和生产效益令人"难以割舍"。资料显示,1993 年,服装厂的固定资产已经达到 1200 万元,拥有超过十条的生产线。曾经与日本公司有过合作⑤。总之,服装厂最后还是得以保留。

三是破产改制时期(2000 年前后)。

时至 20 世纪 90 年代末期,服装厂出现负债经营。据当时在服装厂上班的村民回忆,进入 2000 年、2001 年,服装厂仍然坚持生产,但是上班工人已经领不到工资,全厂工人数量已经减少很多,也不交钱给"大队"了。时至 2002 年,服装厂宣布破产并决定实行"转制",即不再实行集体经营而发包给个人。承包服装厂的是本村村民张某。转制之前,张某担任服装厂分管技术和生产的副厂长,在厂工作时间超过 20 年⑥。破产清算时,D 市某会计事务所对服装厂总资产的估值为 192.05 万元,但是,服装厂欠银行贷款(含利息)达到 350 万元。转制的大致方案是:服装厂所房产、机器设备归村集体所有,银行贷款(含利息)由村集体负责偿还,其他里里外外的债务与债权由承包人负责处理。⑦

一度红火的服装厂为什么会最终走向破产?有些村民认为,这是因为:一方面,"村里领导有了自己的厂子和销售公司,而不再管集体的厂子了","原任厂长柳某是库北村最大的罪人";另一方面,也有一些市场

---

① 来源:ZT12,KI04。

② 来源:KI04。

③ 当然,库北村关闭这些工厂也不排除是"就坎骑驴"的做法。

④ 来源:ZT12。

⑤ 《库北县 B 镇招商引资项目册》(2003 年 5 月),由 B 镇提供。

⑥ 来源:KI07。

⑦ 来源:ZT11,ZT14。

因素①。不过，正如下列引文（即访谈记录 27）所示②，多数村民并不深究服装厂"失败"原因，而对服装厂转制方案"意见很大"。不少村民认为：第一，转制程序不合法，既没有召开村民代表大会也没有举行过竞标会；第二，承包价格过低；第三，承包人与某些村干部之间有暗箱操作行为；第四，债务分配不太合理③。但是，无论如何，伴随服装厂的破产，库北村辉煌的办厂历史在争论声中画上了句号，同时也再次激发了村庄内部的矛盾。

访谈记录 27

Q：您对承包方案有看法？

A：是有点。一是价格相当低。现在的承包协议是头 5 年 5.2 万元，中 5 年 6 万元，后 5 年是 5.8 万元。二是村民代表没有到现场估价，就村干部 3 个人签字了。评估部门是 D 市某会计事务所，这个所估价是 192.05 万元。这属于重大问题。

Q：有多少人参加承包竞争？

A：有 15 户参加了竞争，包括张某和柳某，全部是本村人。这估计是"包皮卖囊"。柳某代表 14 户，是 14 户入股的。竞标，柳某报价 8 万元。但是包给张某了，村支部和张某已经商量好了。竞标会没有开，没有召集村民会。

Q：你是村民代表，也没有参加过会议吗？

A：参加了一个 6 人会议，村委会召集的，说破产是总趋势。破产时欠银行贷款加利息是 350 万元，现在达到了 480 万元。机器和库房里的东西是集体的。总的来说第一"包皮卖囊"不合理；第二承包价低；第三没有召开村民代表会，属于违法。……村干部拿了承包人的好处，柳某自己没有放弃，是村干部陈某和宋某提前签了字。

Q：你们小组向上面反映过服装厂的事吗？

A：我们找到王某市长（笔者注：指 D 市市长）那里了，但是因为要搞"221 工程"（笔者注：指 D 市农村农田基本建设项目）了，

---

① 来源：RH17，ZT14。
② 来源：ZT14。
③ 来源：ZT12，ZT14。

我们就停止了。

四是个人承包时期（2002 年至今）。

目前，服装厂还是由张某承包。厂里共有 400 多名员工，其中一半是本村村民，另一半来自周边其他村庄。为什么不是库北村村民占据了服装厂所有的工作岗位？接受访谈的村民认为主要有以下几个原因：第一，承包人张某觉得"乡里乡亲的不好管"。第二，近几年物价上涨了，工人工资一直没有增长，服装厂对村民尤其是年轻村民的吸引力逐步下降。第三，也有一些村里的中年人（尤其是曾经在服装厂工作过的村民）想留在厂里上班，但是他们因为常年工作而患上的职业病（比如腰肌劳损、颈椎突出、胃病）使得他们难以坚持下去。第四，近年来，由于交通基础设施的迅速改善，库北村沿环湖路往东往西去往库北县和 D 市都越来越方便，于是，越来越多村民开始进城寻找工作，村民对服装厂的就业依赖越来越小。事实上，库北村户籍资料也显示了村民就业越来越多元化这一趋势。①

总之，服装厂目前经营正常。厂子每年能够按时向村里缴纳承包费。随着时间的推移，绝大多数库北村村民逐渐淡忘了服装厂改制事件，更没有人提及服装厂与 R 水库之间的关系，或者说，更没有人讨论工业发展与水源保护库之间的关系。

三　库北村的贫困:另一个维度

但是，在考察三个中心概念同时，笔者发现，库北村内部人际关系紧张、村级治理能力不强、村庄"上层"之间明争暗斗。这种现象确切地表明：库北村实际上处在一种非整合状态。非整合实际上是一种非物质层面的贫困，是一个值得关注的突出问题。但是，这个或者说这类问题通常不为主流贫困/发展叙述所囊括，因此也通常不为人们所重视，更谈不上投入力量予以解决了。

---

① 来源：KI07，GC02。

（一）日趋紧张的人际关系

初到库北村，笔者就注意到一个现象：这个村子的狗特别多，以至每次入户访谈都要有人"保护"。因为稍不注意，就可能遭到大狼狗或小黄狗的"攻击"。随着调研的深入，笔者了解到，库北村全村养狗数量达到七八百只，平均每户有一只多，而且最近几年养狗的人家越来越多①。为什么家家户户都养狗？正如下列引文（即访谈记录 28）所示，养狗是为了"长个耳朵"，"长个耳朵"背后的原因是库北村社会治安状况不容乐观，村内偷盗行为十分猖獗，"他不管是谁，（连他）亲爹的都偷"。②

访谈记录 28

Q：有人说，早先的时候村里好像没什么狗，现在好像 95% 家里都养狗了，这是什么原因啊？

A：就长个耳朵。原来不丢东西，现在丢东西了。

Q：那门不能敞开着？

A：不行。

Q：你们家丢过什么东西？

A：我们头一回，那时我们大的还没结婚，老二在看家，家里的苹果和梨都丢了。

Q：这是哪年的事啊？

A：房子盖好以后，具体忘了。

Q：后来就养狗了？

A：没有，后来一次冰箱的肉鱼都被偷了。后来就养狗了，小狗还不行，狗也偷。1997、1998 年最乱。不过现在都养小狗了。

Q：为什么？

A：小狗吃得少，大狗吃得多，养不起，小狗也能起作用。

Q：那为什么原来养得起大狗啊？

A：原来种桃树前地多点，粮食多点，养得起。2000 年以后才 1 分 7 厘地的。那时候也乱，这两年好点。

---

① 来源：RH17。
② 来源：RH10。

Q：有没有这种情况，有些人富点，就养狗了，其他人看了，他养，就我也养吧，于是大家都养，有没有家里穷点的就不养啊?

A：穷的也养。穷的更怕偷。

Q：那有没有说咱们这边移民户多点，失盗的事也多些?

A：那不见得。他不管是谁，亲爹都偷，也都是本村的。

Q：大家知道是谁吗?

A：不知道。

Q：（指着脚边的狗问）这小狗好像不叫啊?

A：猫进来不行，不认识的男人进来不行，拿东西不行。很灵的!

库北村不但社会治安状况不容乐观，而且道德滑坡现象严重。库北村村民赵某（时年 67 岁）与丈夫张某（时年 69 岁）生育了两个儿子、一个女儿。其中，女儿已远嫁外村，两个儿子留在村里结婚安家。两个儿子均以开出租车为主业，日子过得还算不错。但是，随着访谈的深入笔者了解到，赵某和丈夫没有住在家里，而是在村里租房居住。问及原因时，赵某回答说:"儿子不让住。"原来，赵某夫妇与两个儿子"连过年也不走动"，关系很是紧张。儿子们不但不尊重父母，而且还不赡养父母。这对生活没有可靠、稳定来源的老年夫妇，甚至尝试过借助法律手段解决赡养费给付问题（详见下列引文即访谈记录 29）。①

访谈记录 29

Q；就你们两老过?

A：两老过，租房子是 360 块一年。房主曹某在库北县买了房子。（我们）原来是有房子的。大儿子 4 间，小儿子 4 间，前后院。老房子翻新后不让住了，小的结婚了不让。不让一起过，打官司，1998 年去 T 镇法院，每个儿子每年给我们生活费 500 块，房子一人家住一年。头一年给了，这两年啥也没给。

Q：那你们的生活来源呢?

A：老头给人看门，在北庄，看了五年半，个体的，15 块一天，

---

① 来源：RH05。

当时我们两个人在一起。后来要照顾我老母就回来了。五六年没有养猪了。老头也有病，腰疼，没有出去打工了，现在说是通过抓阄找到了打工机会，五块钱一天，参加大队改厕去了。地就两个人的地，桃树有几棵，没有管，棒子两分地。

Q：不够怎办？

A：粮食亲戚送点，娘家妹妹。儿子啥也不给，闺女每年钱加物资700、800块。冬天买大白菜，两毛一斤，小店里人家不要的，我们买回来吃。

Q：医药费情况呢？

A：有点病就忍着。血压高不吃药，吃点素的。老头吃药，一年要个两三百（元）。我们一般不开电视，电费每月要十块钱。电视机是在看门的时候买的，2001年，800块，别人用过的，是旧的。

Q：儿子过年过来吗？

A：过年也不回来拜年，没文化。老头脾气倔，嘴讨厌，跟儿子处不来，（儿子）由着媳妇。媳妇说我呢抠，花钱不大方……

另一对老年夫妇——宋某夫妇的生活也没有比赵某夫妇强多少。宋家夫妇生育一个儿子、一个女儿（女儿也远嫁外村）。虽然这对夫妇和儿子同住一个院子，但是他们分灶吃饭。虽然老人的儿子在附近铁矿上班（每年有1.5万元左右的收入），媳妇在服装厂上班（每年有0.7万元左右的收入），但是一年到头儿子也没有把钱给老人。为了维持生活，为了攒钱治病（宋某患有高血压和心脏病，丈夫患有脑血栓），这对老年夫妇经常上山砍柴，天天在村里村外"捡垃圾"。①

除此之外，还有两个问题值得注意：一是，当年（即1958年）由R水库淹没区迁往库北村的安置和定居农户，直到现在还被"本地人"称作"移民户"或者"外搬户"。"移民户"对此深感不满，感叹"来了五十多年了还受气"②！二是，一批"混子"（方言，指敢说敢打的人）在村里"横行霸道，为所欲为"。现任村委会主任郑某曾经因为想要出面调

---

① 来源：RH08。

② 来源：RH10。

解"押宝地"抢种问题而遭到"混子"的威胁。①

(二)令人担忧的治理能力

笔者调研期间,适逢库北村正在实施"新农村建设"的第一项工程即改水改厕工程②。新农村建设是 D 市于 2006 年启动的一项重要工作。为了顺利推进这项工作,2006 年 3 月 4 日,D 市举办了一个专门培训班。共有 80 个村的负责人参加了这次培训,库北村的丁支书就是其中一员③。培训结束之后,丁支书回到村庄不久即启动了相关工作。新农村建设本是一件利国利民的好事,但是项目实施不久,库北村范围内便出现了"新农村建设害人"的抱怨④。这是为什么?

进一步调研了解到,村民抱怨"新农村建设害人"具体指的是:改水改厕工程中,净水管和污水管相隔距离没有达到规定标准(几乎挨在一起),村民们担心一旦水管破裂,净水和污水会混在一起,而导致村民喝污水情况的发生。这种装置净水管和污水管的做法是不是会导致那样的结果,不得而知。但是,非常明确的是,村民们对村干部在改水改厕工程中的表现(实际上也包括村里干部和党员的平常表现)是"很有看法"的(详见下列引文即访谈记录 30)。⑤

访谈记录 30

A:(笔者注:接受访谈的对象以为笔者是记者)把我们这新农村建设的事情给报道报道,污水和净水能搁在一块吗?是盲目的,再盲目也不能把污水管和净水管搁一块啊!现在老百姓意见大了。我那自来水管就埋 70 厘米,要求最低也得 1 米多。

Q:埋得太浅冬天会把水管给冻住?

A:是的。

Q:这么大的事情能不能发动大家把事情整好点,反正都是自己

---

① 来源:KI08。

② 但是,笔者发现,库北村村干部和村民显然将"新农村建设"化约为"改水改厕"工程了。

③ 来源:ZT11。

④ 来源:ZT13,ZT14,KI04,KI08,RH06。

⑤ 来源:ZT13。

的事情?

A:各各包着的,人家挣着钱呢。咱们再整,谁听咱们的?我养牛是我的职业,不干这个就没别的事情干。他们十来个股,承包的。

Q:是本村的吗?

A:是本村的,也有外村的。……说句实在话,现在啊,党是好党,这中间的败类糊弄,都恨不得把它给贪了。就说这次工程(指新农村建设工程),他们包工程的都能买栋楼。

Q:有那么大的利润吗?

A:现在他们用的是建筑用的下线管,不是专门的自来水取水管。

Q:下线管是什么?

A:建楼房用的,埋线用的,这管不是便宜吗?本来应该用厚的,现在是用了薄的。

Q:用管有没有明确的规定?

A:包工都是大队书记包,连着镇里的,越省钱越好啊。

Q:在搞新农村建设之前知道改水改厕这回事吗?

A:说过,不清楚。

Q:你们当中有没有党员?

A:都是老百姓。党员还不如老百姓呢!

Q:为什么?

A:群众能办实事,党员办不了实事。

　　概要说来,村民们对改水改厕工程的意见主要包括以下几点:一是,水管的质量没有保证。"该用厚的却用了薄的",因为上面想要"省钱"。二是,水管下埋的深度不够,水管在冬天会因为受冻而破裂①。三是,工程实施没有统一细则,水管安装过程中有不公平的现象,"有的人家水龙头安得多,有的安得少"②。四是,在改水工程实施之前没有召开专门或

---

①　来源:ZT13。
②　来源:KI04,KI09。

相关的会议①。五是，承包价格不透明。六是，"承包工程的人都是丁支书的亲友，丁支书在其中可能也有股份"②。而在这些意见中，我们不但可以看到官民之间的紧张关系，还看到了库北村"上层"令人担忧的治理能力。

这些情况还引发了一个更深层次的反思：是否应该以基础设施建设作为新农村建设的切入点，我们怎样才能做得更好？事实上，以改水改厕（包括其他基础设施建设）作为新农村建设的首举，或者将基础设施建设成为新农村建设的"抓手"，本身就有问题。其中至少反映了一个急功近利的思想，至于其他原因本书在此不予深究。然而，既然我们已经把它作为"抓手"，就要真正发挥其"抓手"或载体的作用，将新农村建设乃至和谐社会建设的精髓和全面要求贯穿于其中。为此，我们必须杜绝"仅为基础建设而抓基础建设"的现象——政府官员只是基础建设的工期监督员而几乎没有其他应有的抱负，结果导致好事没有真正办好；必须杜绝"基础建设成为激化村庄内部矛盾的导火索"的现象——项目"沦落为"所涉官员往上爬的梯子，或者，极少数人发财的路子，再或者，邻里之间互相比人缘和拼能耐的机会，结果，项目的实施导致了政群之间、村干部与村民之间、村民与村民之间关系进一步恶化，好事最终却可能成了坏事。

如果说基础建设项目的实施可以成为暴露问题和矛盾的导火索的话，仔细思忖起来，它同样也为我们解决问题和矛盾提供了契机，尤其是农村社区重建的契机。一个明显的逻辑链是：公共基础设施建设（比如说改水改厕或道路硬化工程）是一个涉及全村各家各户利益的工程，势必获得每个（至少是大多数）村民的关注，如果地方政府部门加以适当引导和指导，全员（至少是大多数人）参与或介入工程就会成为可能；而一旦全员（至少是大多数人）参与或介入成为现实，村干部组织协调能力的培养和提高也就获得了机会，村民之间的互相接触与沟通也就获得了机会，村民参与公共事务的意识的恢复与培育也就获得了机会，社区凝聚力的重拾或提升也就因此获得了机会，和谐农村社区也就可能呼之欲出了。

当然，能否抓住机会将这种可能性转化为现实关键看我们的抱负、策

---

① 来源：ZT14，KI04，KI08。

② 来源：ZT13，ZT14，KI04，KI08。

略与努力。至少有这样三个问题值得注意：一是，新农村建设是一个长期的、综合性的任务，在实际工作中，我们可以有轻重缓急的安排，分阶段加以逐步推进，但一刻也不能缺少"一盘棋"的思考或对全局和最终任务的关怀，具体而言，我们要有也应该有寓和谐社区建设于基础设施建设之中的抱负和策略。二是，农民是新农村建设的主体和主力军，我们应该充分相信群众，尊重群众的首创精神，在项目实施过程中要注意培育群众的自组织能力。三是，从事实出发，新农村建设不是不需要政府的介入，而是政府该如何介入以及介入什么程度的问题，换言之，要解决好各级政府官员（甚至包括村党支部书记和村委会主任）的角色定位问题。只有解决了上述问题，我们才有可能规避"一抓就死，一放就乱"的怪圈，同时我们也就有可能克服"一手软一手硬"毛病，实现物质文明建设与精神文明建设的共赢。

（三）明争暗斗的村庄"上层"

进一步调研了解到，长期以来，村庄"上层"一直暗流涌动。通过对"鸭梨基地合作社"事件的分析，我们可以看到这一微妙而且复杂的权力斗争格局。

关于鸭梨基地合作社的动议始于 2004 年。为什么此时会出现这一动议？如前所述，库北村的鸭梨远近闻名，村里有将近 1/7 的农户从事鸭梨种植。近年来，库北村每年的产梨量都甚为惊人。2005 年，村民包某一家的产梨达到 7 万斤（梨树种植面积为 100 亩）[①]。长期以来，果农都是采用"坐地销售"方式销售梨子。这种销售方式不但销售速度缓慢，而且销售价格较低，遇上"大年"更是"招架不住"，通常导致滞销甚至造成浪费。2004 年年底，因为没有销路，果农宋某等最后不得不以 0.2—0.3 元/斤的价格卖给来自河北的"二道贩子"，包某则最后不得不将已过储存期的 4000 多斤鸭梨倒进了村庄东头的大土沟里。[②]

销售方式的"落后"，导致鸭梨丰产并没带来预期的丰收，鸭梨种植并没成为村民收入的理想增长点。正是在这一背景下，现任村委会主任郑某以及村民代表康某等九人开始酝酿成立鸭梨基地合作社有关事宜。经过

---

① 来源：RH01。
② 来源：RH06，RH17。

大概两年的努力，即 2006 年 7 月 28 日，康某等人终于从库北县的农委领回了鸭梨基地合作社的"许可证"①。但是，截至目前，鸭梨基地合作社入会率很低，尚未实质性运作起来。

为什么鸭梨基地合作社没能运作起来？一个至关重要的原因是：丁支书对鸭梨基地合作社的成立表现出"不反对、不信任、不参与"的态度。首先，丁支书并没有公开反对过鸭梨基地合作社的成立，当发起人代表向他询问意见时，他的答复是"你们弄下来，我没有意见"②。（但是）其次，丁支书对动议成立合作社的几个核心成员并不信任。丁支书认为，不是承包梨树的村民"不可能共担风险"，因此没有资格成为合作社成员，更没有资格担任合作社理事会或者监事会成员。而康某等显然没有承包梨树。而且，丁支书认为，合作社的核心成员"私心太重"，他们的主要目的在于垄断鸭梨商标权以"运作买卖"而不是帮助果农销售鸭梨。此外，丁支书认为，合作社现有成员当中没有一个既懂技术，又懂管理，还懂销售的"有权威、有威信"的人，目前内部管理混乱，合作社与会员之间的责权利关系也没有弄清楚。（基于上述原因）最后，丁支书表示，他既不会加入这个合作社也不会参与任何具体事情。当然，这其中还有另外一个因素，即丁支书害怕一旦合作社出现问题自己得承担责任，而正在忙于"新农村建设"这一重中之重工作的他，也根本没有时间和精力考虑合作社等其他事情。总之，正如下列引文（即访谈记录 31）所示，丁支书始终坚信"那两人不是那人，利益所在不行"，认为合作社注定要"败"。③

访谈记录 31

Q：你交钱没有？

A：我没有交钱，我也不是会员。

Q：为什么不以普通会员的身份加入？

A：我不以书记角度加入。首先一点，我承包有果树，我可以加入。但是第一，目前我是书记，我就不是书记我也不加入。为什么？首先第一，你合作社不能给我提供任何服务。这是第一。第二，你鸭

① 　来源：ZT14。

② 　来源：ZT14。

③ 　来源：KI09。

梨合作社不能给我销售水果。这是第二。第三，我就知道，合作社里具有七八个、八九个不是果农的也在合作社里。你又一户要100块押金，算是管理费什么的，我也不清楚。所以对我来讲，第一点，我不以书记的角度出现，你成立这合作社我就不相信，我不理你。这是第一点，是不？第二点，虽然给执照给你们了，我是支部书记，我更不能加入。

Q：为什么？

A：本来我就认为这种机构是不允许的，或者说是不可行的。如果我再加入到这里头来，将来这合作社破产，或者运作不起来，或者合作社成立了卖不了鸭梨，我是支部书记，虽然你是这组织的领导，他不找你，他仍然找我。你不认可它，你在这里干啥？

Q：你的意思是合作社破产之后你得担担子？

A：是的。人家就认你了。你是支部书记，你在这合作社，你得负责。我现在没有精力弄这个。我说我在这里头不算书记，别人可就是认定你了，农民就这样。这两点我考虑得比较多。

实际上，丁支书——作为村里的"最高权威"的"三不"态度已然决定了鸭梨基地合作社的渺茫前途。丁支书为什么持如此态度？进一步调研了解到，丁支书并不是不赞成果农之间加强合作、实现共赢，而是自己深陷在一个极其微妙而复杂的权力斗争之中。大致说来，村庄上层活跃着三股力量。

一是以村委会主任郑某为代表的家族势力。郑某是"倒插门"女婿，本身在村里没有什么根基。但是，郑某的妻子姓曹，妻子的前夫（已病故，两人生育一个儿子）姓柳，曹姓和柳姓都是库北村的"大户"。在这两个"大户"的支持下，2003年，郑某在村民委员会换届选举中胜出而成为村委会主任。当选之前，郑某主要是在外"跑运输"，绝大多数村民对他没有很深的了解。上任之后，不少村民对他的表现不太满意，普遍反映缺少工作魄力和谋事能力。郑某则觉得自己非常委屈。他激动地向笔者反映：丁支书外出开会"从来不跟我说一声"。更恼火的是，"我于1999年开始写入党申请书，但组织问题始终没有得到解决"，"我目前是B镇

26 个行政村当中唯一一个不是党员的村主任"①。因此，对于郑某而言，他急需一个证明自己的机会和平台。而建立鸭梨基地合作社不失为一个选择。他希望借此机会"另立山头"或者说"另扯大旗"，逐步扩大自己的权力和影响力。

二是以村党支部书记丁某为中心的"正式力量"。丁某的家族并不是村里的"大户"，文化水平也不太高。但是，曾经担任过库北村服装厂分管生产的副厂长的他，勤于思考，活动能力强，工作也不失魄力，家庭经济也搞得很活跃，所以他在村里的影响力比较大，甚至还团结了一批"混子"（方言，指敢说敢打的人）②。而且，B 镇领导非常支持丁某的工作，认为丁支书"尽管文化水平不高但能干事"，相反，认为村主任郑某"根本不能干什么事"③。正因为如此，丁支书尽管十分清楚郑主任组建鸭梨基地合作社的意图，但是他自信即便合作社真的红火起来也很难对他造成什么威胁，更何况他根本就不相信郑主任几人能够把合作社倒腾成功。

三是以村民代表康某为牵头的"村民代表小组"。如前所述，这股力量不可小觑。该小组曾经"代表村民"成功地向上争取到了一些库区移民补贴，还促成了"违章小别墅"的拆除等。但是，这个小组一直"名不正言不顺"，通常被称作"上访小组"。因此，能够名正言顺开展工作，是这个小组急需解决的问题。而从一定程度上讲，康 xx 等与郑主任的距离相对较近，或者说，他们觉得郑主任更好"接近"。尽管自诩为村里"文化人"的康某对郑主任的文化水平和工作能力也是颇有微词的。而康某等与丁支书的距离相对较远。康某等曾经公开指责丁支书"一手遮天""搞一言堂""立法能成章"④。这些正是康某等与郑主任联合发起成立鸭梨基地合作社的原因。如果合作社真正运作起来，康某等不但能够实现借助郑主任的力量继续"做些事情"和"谋些利益"的目标，同时也能够完成小组及其核心成员进入"正式序列"的过程。实际上，这种意图已经外显而且村民对此"意见很大"。据接受访谈的村民反映，今年（即2006 年）郑主任已经"把康某几个安排到大队工作了"，"把村委工作拿出一部分，叫他们几个人干"，"没经过选举，没经过党员会议，也没经

① 来源：KI08。
② 来源：ZT14，KI08。
③ 来源：KI10。
④ 来源：ZT14。

过群众代表，就随便安排到大队干什么工作了"。①

由此可见，从某种意义上讲，鸭梨基地合作社即是村庄"上层"三股力量较劲的场域。正如 B 镇接受访谈的官员所强调的，"凡是地方发展的，都是班子有凝聚力的"②。库北村"上层"长期以来存在的明争暗斗，是导致该村经济发展始终没有太大起色而长期落后于镇里其他村庄的重要原因。加之，村级治理能力薄弱，村内人际关系日趋紧张，库北村要想摆脱贫困，包括主流叙述意义上的贫困以及另一个维度的贫困，都不是一件容易的事情。

小　结

本章可算作第四章的续篇，或者说第四章的拓展部分。因为本章重点关注了 GDP、R 水库以及工业（化）在库北村村庄层面的存在状态，兼顾考察这三个中心概念在库北村之状态与在库北县之状态的异同。

就 GDP 而言，调研发现这个词汇在库北村不再是高频词，而该村不同群体对它的看法和认识不同。村干部一般不说 GDP，而习惯于采用"大农业"概念取代它。但是，如库北县官员一样，村干部有着强烈经济发展意识和经济实力排名意识，尽管他们并没有就如何推动经济发展方面展开稍微系统、深入的思考。一般村民自然是不知道 GDP 之类的术语的，他们只知道"精打细算过日子"，坚信"饿不死是最高真理"，同时，也认定"钱是老祖宗"。

就 R 水库而言，库北村不同群体对它的看法和认识也是不同的。村干部对 R 水库的看法大体与库北县官员保持一致，认为 R 水库确实阻碍了库北村的经济发展，但是"反感、抵触"的程度显然要低一些，而且也没有什么关于如何超越 R 水库的思考。村里的一个特别群体——"村民代表小组"对 R 水库的态度是非常灵活的。他们时而以 R 水库"贡献者""牺牲者"的面貌出现，"代表村民"向上级政府申请库区移民相关补助；时而又充当 R 水库的"保护者"，通过上访成功拆除违章建筑（不过，这其中还涉及一个村庄内部利益分配不均的问题）。普通村民对水库

① 来源：RH17。
② 来源：KI10。

有些抱怨情绪，但不同时期的程度不同，而且，值得注意的是，他们的抱怨通常直接指向土地、土地分配方案以及制定土地分配方案的人。另外，大多数村民对水库一级保护区的限制性规定既不甚了解也置之不顾，他们通常按照自己的逻辑生产生活，自然也就对 R 水库造成了一定污染。

就工业（化）而言，这个词汇在库北村经常为"厂子"所取代。现阶段，库北村内只有一个服装厂，因此村民口中的"厂子"一般指的是库北村服装厂。研究显示，库北村办厂历史悠久，曾经辉煌，但是逐步走向衰落。例如，服装厂经历了强过国有企业、去留难定、破产转制、个人承包四个阶段。梳理库北村的办厂历史即是阅读一个关于工业与水库的故事。具体讲来，轧钢厂等几家小厂子的关闭与 R 水库有一定关系，但服装厂破产转制基本不涉及 R 水库，而关乎工厂内部管理和市场竞争等因素。正因为如此，村里老百姓现在关注的是服装厂的破产原因和企业改制过程中的不透明、不公正、不公平问题，而不是 R 水库对服装厂等工业产业发展的限制问题。

这些分析综合表明：其一，主流贫困/发展叙述已经"渗透"到库北村，而且，在库北村也有一定的"市场"。（但是）其二，主流贫困/发展叙述在遭遇库北村村民具体的生产生活逻辑之后即被消解了一部分。这里呈现的是主流叙述（同时也是作为上级权力的代表）与地方叙述（指在村民生产生活逻辑基础上形成的叙述，同时也是作为地方权力的代表）并存的情形。这种部分消解和两者并存的情形也进一步揭示了一个问题：面对复杂的现实生活和地方知识，主流贫困/发展叙述的局限性，包括其作为知识的局限性以及作为权力的局限性，也最终显现了出来。

此外，库北村的调研还发现，库北村实际上处于一种非整合状况，主要表现为：各个群体之间的人际关系日趋紧张，村级治理能力比较薄弱，村级上层明争暗斗。这实际上是另一种维度的贫困即非物质的贫困。但是，因为这些问题因为往往被排除在主流贫困/发展叙述之外，而没有受到应有的关注和重视，更谈不上予以解决。

初步结论与讨论

至此，本书完成了研究设计所提出的"立体研究战略"。基于前面的研究，本书形成了以下初步结论，并在此基础上展开了一些相关讨论。

一 初步结论

本书在研究设计中提出了几个初步判断：第一，现行主流贫困话语是发展主义脉络中的一套叙述。第二，现行主流贫困话语是西方发达国家从政治、经济、文化等方面合力建构而成的一种具体的权力/知识形态。第三，这套话语自 20 世纪 80 年代中期起在我国开始传播和实践。这套话语在分配和消费过程中，一方面建构我国的贫困现实和影响我国扶贫减贫决策乃至发展战略；另一方面其本身也再次获得了加工和生产。第四，伴随着这套话语的实践，它所承载的价值理念在不知不觉中为我们所内化；继而（作为结果），我们已然成为西方主流话语社区的一员。

本书认为，前面所展开的研究在一定程度上回应了这几个判断。

其一，对西方主流贫困话语要义的考察，充分表明这套话语确实是发展主义脉络中的一套叙述。

西方主流贫困话语主要包括四个要点：一是，在界定贫困时，强调贫困主要指的是物质（相对）匮乏、收入（相对）低下。尽管人类发展指数和多维贫困指数等"新式"指标试图超越这种倾向，但是物质或（和）收入指标仍然占据很大权重。二是，在测量贫困时，强调贫困是可以进行数字化和标准化处理的，因此也是可以同质化处理的。三是，在解释致贫原因时，尽管关注生态资源因素，但是主要强调导致贫困的原因是生产技术落后，而生产技术落后的原因是思想观念陈旧、文化教育落后以及学习能力低下等。四是，在提出脱贫减贫建议时，强调增加收入是实现脱贫的重要工具，消除贫困的（甚至是唯一）有效办法是提高技术、融入市场和发展经济，主要包括农业经济与工业经济。

而发展主义，无论作为意识形态、理论学说还是战略模式，都拥有三个明显而且值得"警惕"的特点：一是，以经济增长作为主要目标，并且将工业化置于经济增长以及发展的中心位置，极端的情形更是将"发展"简单地还原为经济增长，将经济增长又简单地等同于 GDP 或人均收入的提高。二是，坚持社会进步论，认为发展包括诸如工业化、城市化等内容，目标指向"现代化"并且暗含"西方世界的今天就是后发国家的明天"的预示。三是，习惯采用"传统—现代""贫困—富裕"等二元对立方法理解和描述西方与非西方、发达与不发达国家的差异。

两相比较，本书认为，西方主流贫困话语从面上看具有明显的发展主义色彩，而实质上发展主义即是其重要的理论基础。不过，值得注意的是，发展主义的实施，不但表现出明显的局限性，而且还表现出严重的破坏性。局限性主要包括：不发达国家和地区可能出现了工业化和经济发展，但通常并未改变本土区域范围内的阶级关系、社会贫富状况和权力差别；不发达国家和地区的经济发展成就通常是通过维护高压政权而取得的；美国等西方发达国家所提供的援助似乎只有在那些紧跟它们外交政策的国家和地区才会发挥作用。破坏性主要包括：导致了自然生态的破坏，自然资源减少，生态环境逐渐恶化；导致了人文生态的破坏，包括人们的欲望被无限建构而消费主义逐渐盛行，地方文化和习俗遭到破坏而逐渐走向消亡，社会整体逐渐出现非整合状态等；导致了既有国际政治生态的破坏，或者说，促使了政治生态的"重建"。而这些局限性和破坏性注定了现行减贫扶贫工作的局限性。

其二，从文化、历史、科学、政治等几个维度的考察，充分表明现行主流贫困话语是西方发达国家建构而成的一种具体的权力/知识形态。

萨义德和萨林斯的研究分别显示，西方主流社会在文化维度上（至少）采取的是东方主义的和现代布尔乔亚我族中心主义的建构策略。弗兰克的研究显示，西方主流社会在历史维度上（至少）采取了"普洛克路斯忒斯"式的策略，即对非西方世界的历史进行歪曲和贬低，对西方历史则做去历史化处理，彭慕兰、加莱亚诺的研究也呼应了这一观点。就科学维度的建构而言，雅帕的研究显示，西方主流社会科学往往通过建构一张"贫困的生产关系的关系"网络来生产相关理念和学术知识；其他不少研究显示，西方发达国家往往通过专业技术的推广和应用，"实化"和深化主流贫困话语。而从政治维度来看，具有强烈政治动因的话语建构并没有采取赤裸裸的、强权式的推进方式，而是采取了让权力湮没在系统之中、去政治化以及实施"援助计划"三种耐人寻味的策略。

而生存性贫困、基本需要之贫困、相对剥夺式贫困等划分类型的普遍认可，收入标准、人类发展指数（HDI）、多维贫困指数（MPI）等测量指标的普遍应用，世界宣明会等知名国际援助和发展机构的援助主张和发展战略在世界各地的普遍传播和实施，更是充分地表明这套主流话语不但已然建构而成，而且深刻影响世界范围内的减贫扶贫实践，随时随地可见其作为权力/知识之微妙且巨大的践行能力和建构威力。

其三，对我国扶贫开发事业历程以及库北县和库北村贫困话语演变历程的考察，充分表明西方主流话语自 20 世纪 80 年代中期起在我国开始传播和实践，深刻影响我国的贫困现实和减贫扶贫方式方法。

我国扶贫开发发展历程大致可以划分为以下四个阶段：扶贫开发启动阶段（1986—1993），扶贫开发攻坚阶段（1994—2000），解决与巩固温饱并重阶段（2001—2010）以及扶贫开发深入推进阶段（2011 年至今）。而第一个专门减贫扶贫机构即国务院贫困地区经济开发领导小组的成立（1986 年），第一个贫困标准的正式使用（1986 年），第一个具有明确目标、明确对象、明确措施和明确期限的扶贫开发行动纲领的颁布和实施（1994 年）等一系列重要事件的发生，表明了问题化、专门化、组织化、标准化、计划化等具有明显现代贫困话语色彩的重要概念进入我国贫困话语，标志着我国（大致自 1986 年起）出现了现行西方主流贫困话语意义上的贫困，并开始借鉴西方发达国家相关经验逐步推进着扶贫开发事业，同时也揭示了西方现行主流贫困话语对我国贫困问题以及减贫实践的建构事实。

对库北县和库北村贫困话语演变历程的考察，尤其是对 GDP、R 水库和工业（化）三个中心概念的分析，充分表明西方现行主流贫困话语不但在我国基层政府和社会层面占据（不同程度的）重要位置，而且有着"顽强的生命力"，即便遭遇 R 水库之类的反建构性地方性因素也"百折不挠""义无反顾地"继续践行着自己的要义、建构着新的现实。这套话语之权力/知识本色再次"暴露无遗"。

其四，对三个样本的分析，同时还充分表明我国扶贫开发和地方经济发展话语与西方主流话语实现了交会对接，我们在一定程度上认同和接受了这套主流话语承载的价值，并（至少在贫困问题上）融入了西方主流话语社区。

我国扶贫开发工作实施过程中，不但在界定贫困和测量贫困上借鉴了西方主流经验，而且在减贫扶贫战略上始终坚持开发式扶贫方针，即始终强调以经济建设为中心，支持、鼓励贫困地区干部群众改善生产条件，开发当地资源，发展商品生产，增强自我积累和自我发展能力。这些都是我国贫困话语与西方主流话语实现了交会对接的有力证明。库北县层面所表现出来的对 GDP 的广泛使用、对工业（化）的坚定笃信、对经济排名的十分热衷，以及库北村层面表现出来的相似情况，更是证明了这种交会对接不但在高层而且在基层也得以实现。而各个层面的交会对接，综合表明我们（至少在贫困问题上）已然融入了西方主流话语社区。

不过，一方面，在交会对接过程中，我们还是充分考虑了本国本地实际情况，有效发挥了既有优势尤其是既有制度优势，建构了一套保有自身特色的贫困话语。其中，"充分发挥党政部门在扶贫开发中的主导作用"是这套核心内容和核心特征。主要表现为：赋予扶贫开发关乎全局乃至根本制度的意义，统一制定和实行合宜的扶贫开发规划，调度和安排巨额公共资金投入扶贫开发，建立和实行严格的扶贫开发工作责任制，要求和整合党政部门等单位资源积极开展行业扶贫和定点扶贫，安排和部署东西部扶贫协作和实行较少民族专项扶持等。库北县尤其是库北村同样建构了一套具有自身特色的贫困和发展话语。另一方面，在交会对接过程中，我们对西方主流贫困话语所承载的价值理念反思不够，对西方主流贫困话语实践可能造成的不良影响估计不够，以致我们忽视了主流叙述之外的许多问题而无所意识。库北村样本呈现的即是这种情形。

概言之，现行主流贫困叙述是历史沉淀、政治权力、专业知识等多方面因素共同建构的产物，而且主要的是发展主义框架内的一套叙述。这套叙述，作为一种具体的权力/知识表达形式，在我国国家层面、县级层面和村级层面传播和践行着，并不同程度地建构着这些层面的政治、经济和社会现实。不过，其中还有两个问题值得注意：一是，因为遭遇一些地方性因素尤其是反建构性地方性因素，建构过程出现了一些变数，而伴随变数的出现，具有地方特色的贫困话语得以成功生产。二是，尽管这套叙述在宏观、中观和微观层面有着不同的呈现面向，尽管这套叙述存在这样那样的问题，但贯穿其中的始终是权力与知识的"攻守同盟"。而我们显然已深陷这套权力/知识之中。

二　讨　论

本书对主流贫困话语的分析，除了回应了上述四个基本判断之外，还给出了一些启示、引发了一些讨论，一些基于贫困话语但又超越贫困话语的启示与讨论。具体如下：

其一，话语力量巨大，我们必须重视话语及其建构问题。

本书前面关于主流贫困话语的研究，充分表明了话语的力量是巨大的。从广度上看，主流贫困话语的传播和实践范围扩至我国各个层面；从力度上看，主流贫困话语具有"百折不挠"的顽强韧性；从深度上看，主流贫困话语不但影响我们的生产生活，而且在一定程度上还成为已然内化的理念和信念。话语力量巨大，这是一个必须给予高度重视的问题。

可喜的是，我国近年来越来越重视话语问题。这是因为：一方面，我们在现实生产生活中越来越意识到话语作为一种权力/知识的巨大威力；另一方面，我们在复杂的意识形态斗争中越来越意识到"智识与道德的领导权"的不可或缺。正如葛兰西所指出的，一个社会集团的霸权地位表现在"统治"和"智识与道德的领导权"两个方面，或者说，"统治"和"智识与道德的领导权"共同构成完整的阶级霸权形式。其中，"统治"是由国家机器来完成的，属于"政治社会"范畴；"智识与道德的领导权"是通过大众的积极赞同（consent）来实现的，属于"市民/民众社会"范畴。后者较之前者更为隐蔽、"自然"。因此，一个社会集团如果想要获得霸权地位，除了要以武力清除或者制服敌对集团之外，还要将所拥有的全部政治和道德资源投入斗争中。唯有如此，这个社会集团才能真正地"超越"对手从而取得革命的胜利。①

回到贫困话语之中，借用葛兰西的"智识与道德的领导权"或者说"文化霸权"概念进行解读，我们会发现：第一，主流贫困叙述从某种意

① ［意］安东尼奥·葛兰西：《狱中札记》，曹雷雨等译，中国社会科学出版社2000年版，第36—39页。

义上讲既是"文化霸权"的结果也是"文化霸权"的具体内容。第二，主流贫困叙述的传播和实践过程实际也是"文化霸权"践行过程。第三，对主流贫困叙述的认可与接受从某种意义上讲即是"文化霸权"的实现和胜利。（那么）第四，减贫扶贫就不只是一个技术问题，或者说，一个增加（工业或农业）产量和提高收入的问题，还是一个话语问题，一个包含政治、社会、文化意义的问题，一个涉及"文化霸权"或者说"智识与道德领导权"的问题。减贫扶贫事业，任重道远。

更加可喜的是，我国近年来越来越重视话语建构问题。"中国梦"话语体系的建构就是其中的有益尝试。从特征上看，"中国梦"是一个承接历史、与时俱进的话语体系，一个面向人民大众、面向现实的话语体系，一个面向未来、面向世界的话语体系①。从功能上讲，"中国梦"具有可预期的导向功能、凝聚功能、示范功能和对话功能，不但成为引导和凝聚全国人民积极投入全面建成小康社会，以及建设富强民主文明和谐社会主义现代化国家的伟大事业当中去的一面旗帜，而且还成为话语体系创新的一个示范样本，以及一套与世界不同国家和人民开展积极对话的有效机制②。我们期待这套话语能够更充分地展示其权力/知识的魅力。

其二，话语社区陷阱重重，我们必须重视话语社区问题。

毋庸讳言，我们不但在贫困问题上而且还在其他很多问题上与西方主流话语实现了交会对接。因此，我们在某种意义上已然融入了西方主流话语社区，尽管其中陷阱重重。正如本书前面所呈现的，西方主流贫困话语包含着一个发展主义陷阱。最近几年流行的一套话语——"中等收入陷阱"同样也包含一个发展主义陷阱。正如有人指出的，中等收入陷阱，作为一个经济学的概念，难以概括一个国家踏入中等收入国家行列后经济、社会、政治和文化领域发展的全貌。简单的国民人均收入水平这一指标既无法反映本国经济可持续发展的能力，也掩盖了发展中国家在经济结构调整、民主法制建设和民生保障方面取得的进步。因此，就某种程度而言，将人均收入能否达到某一人为设置的标准视为陷入或者跳出"中等

---

① 唐洲雁：《中国梦：具有中国特色的话语体系》，《求是》2014年第2期，第42—43页。
② 王明春：《论中国梦的话语内涵与话语功能》，《吉首大学学报》（社会科学版）2014年第4期，第22—28页。

收入陷阱"的标志，完全是一个伪命题。过分强调中等收入陷阱其本身就是一个"陷阱"，会诱导发展中国家将社会发展片面理解为经济总量的增加①。当然，很多时候我们并没有意识到我们已然深陷陷阱之中，相反，陶醉在使用和传播热词的炫耀性喜悦之中。

我们是如何走进了这一主流话语社区的呢？这是一个很复杂的问题，但是至少以下两个问题值得关注。

一是文本性态度。文本性态度认为，人类所生活的纷纷攘攘、变化莫测、问题重重的世界，是可以按照文本、书本所说的去加以理解的。通常两种情况可能导致文本性态度的产生，即当人与某个未知的、危险的、以前非常遥远的东西狭路相逢的时候，以及面对成功的诱惑的时候②。文本性态度大致可以用来解释我们打开国门实施改革开放政策初期的状况。一方面，大批负载着西方主流发展理念、价值理念的各种文本、书本等涌入中国，并且很快在社会各个阶层传播开来；另一方面，西方经济上的"富裕"和政治上的"民主"被看作成功的"榜样"与诱惑。在这种情形下，融入话语社区似乎是不可避免的。因为殖民主义在世界范围内打造"进步"神话的同时也布下了"意识陷阱"。前者是由"强大的殖民话语霸权所罗织的网"，后者则是"透过网格获得阳光的管道"，被殖民者在获得解放的希望中跌入殖民者的彀中。③

二是文化之间的对抗赛。在任何一段征服史中，文明对文化的征服或者强势文化对弱势文化的侵吞始终起着主导作用④。伴随着西方经济优势的增长，西方中心主义论和西方优越论的市场大大扩展，在"金钱至上"成为统识的社会，西方文化更是成为强势文化，中国传统文化则成为弱势文化。于是，在强势文化的巨大压力之下，原来的主流叙述让位于西方主流叙述似乎是一种无可奈何的选择。

不过，这也不全是一种无可奈何的选择，还是一个关乎知识生产与排

① 范和生：《"中等收入陷阱"，本身就是理论陷阱？》，《学术前沿》2015 年第 3 期，第 68—80 页。

② ［美］艾德华·W. 萨义德：《东方学》，王宇根译，生活·读书·新知三联书店 1999 年版，第 120—122 页。

③ 姜飞：《后殖民视野中的第四世界》，《西南民族大学学报》（人文社会科学版）2004 年第 3 期，第 17—19 页。

④ ［法］费尔南·布罗代尔：《15—18 世纪的物质文明、经济和资本主义》，顾良、施康强译，三联书店 2002 年版。

斥的过程。阿里夫·德里克的研究表明，在 20 世纪 60、70 年代，美国的史学家更靠近中国式的解释，或者说，革命范式在美国学界占据优势地位。而 80 年代以来，革命范式退却，现代化范式占据优势。导致这一变化的原因包括：第一，学术交流中的不平衡。国外中国学著作更容易被译为中文，而汉语著作却只能为那些对之专门关注的国外学者所用，同时甚少有中国的中国近代史研究被译成英语或其他外语。第二，学术援助的不平衡。我国政府在这一时期倾向于援助和支持在中国近代史研究中从事现代化研究的史学家。第三，全球意识形态状况的变化所造成的后果。对社会主义的弱化或拒斥，造成中国史学家在反省早先形成的马克思主义正统学说的过程中，更容易接触也更容易被那些在美国和欧洲居于支配地位的范式所吸引。而且，在欧洲和美国经受训练的新一代学者发现，吸收国外的那些支配性范式是件更容易的事情。[①]

那么，融入主流话语社区意味着什么？这也是一个很复杂的问题，但是至少以下几点值得关注。

首先，融入本身在一定程度上即意味着一种失败或至少是一种放弃。以苏联为例，当它提出"电冰箱社会主义"时即意味着它放弃了社会主义的政治—精神追求而在相当程度上进入了资本主义话语社区。具体说来，"电冰箱社会主义"将社会主义定义为"与资本主义相比较而更有效和更普遍地满足社会成员的物质和文化需要的一种生产方式及社会制度"，这种界定实际上等于修改了社会主义的实质，因为社会主义在本质上是一种和谐。这样一来，"电冰箱社会主义"的破产必定是不可避免的[②]。一般认为，发生在 1959 年的"厨房辩论"是两种意识形态的较量。但是，当赫鲁晓夫说出"当我们赶上你们，从你们身旁走过的时候，我们会向你们挥手的"这番话时，即意味着他与尼克松早已经处于同一个话语社区了，因为他已经接受了"蝌蚪哲学"，相信"那些幸运的蝌蚪总有一天尾巴会脱掉，嘴巴和腹部会变大，轻盈地跳上干燥的陆地"。[③]

---

　　① ［美］阿里夫·德里克：《欧洲中心霸权和民族主义之间的中国历史》，朱浒译，《近代史研究》2007 年第 2 期，第 80—92 页。

　　② 房宁：《社会主义：满足需要还是改变需要》，《真理的追求》1998 年第 3 期，第 3—5 页。

　　③ ［美］乔万尼·阿锐基：《全球收入不平等与社会主义的未来》，陈俊杰译，载许宝强、汪晖主编《发展的幻象》，中央编译出版社 2001 年版，第 52 页。

　　其次，融入主流话语社区在一定程度上标示着后殖民主义的胜利①。后殖民主义的胜利至少可以从两个方面得到体现。一方面，大众对"真问题"的漠视。黄宗智的研究表明，20世纪的中国面临两个"真问题"：在内部，是土地问题；在外部，是帝国主义问题②。事实上，这两个"真问题"时至今日仍是"真问题"，但是很少有人会意识到这一点。另一方面，为什么会出现这种情况？因为，时至今日"殖民主义已经不再是一股外在于我们的力量，而是早已进入、活在我们的主体性里面了"③。这则是后殖民主义胜利的另一种表现。

　　事实上，当全国掀起"学英文"热潮之时，在某种意义上，即是向高度强势的文化、政治与经济霸权"低头"之时。因为殖民者的语言、殖民者所信奉的价值与观念在这同一过程中也通过《疯狂英语》之类的东西渗透到我们（作为被殖民者）的主体内核④。而当渗透成功之后，我们对世界霸权、对不公平规则等问题不再保持警惕甚至无所意识，对"现代性的结论""欣然"表示接受，毫不犹豫地相信"要现代化要赶上西方，只有走西方人的路向西方学习"，而首先要"学西方科学"，因为"以西方科学为代表的西学是唯一的真理、知识与科学"⑤。

　　更有甚者，"东方人的东方主义"屡见不鲜。诚然，"东方人的东方主义"既可能是民族主义用以对抗"西方霸权"的武器，也可能是延伸了西方霸权逻辑的一种更为隐蔽的本土策略⑥。而不少研究发现，后一种情况似乎更多一些。在后一种情况中，殖民过程内化了、延续了宰制性的价值观，导致我们缺乏一套属于自己的坐标、自己的认知框架来掌握自己所面临的问题、来决定自己要走的路⑦。显然，后殖民主义成功地塑造了

---

　　① 需要补充的是：（老）殖民主义是一种凭借强权来直接统治的制度；新殖民主义是一种让予政治独立来换取经济社的依附和剥削的间接统治制度；后殖民主义则是一种文化围剿和文化渗透的侵略政策，通常表现为文化霸权主义、文化殖民主义、文化帝国主义等。进一步了解请参阅斯塔夫里阿诺斯的《全球通史》、萨义德的《东方学》等相关研究。

　　② 黄宗智：《悖论社会与现代传统》，《读书》2005年第2期，第3—15页。

　　③ 刘世鼎：《殖民主义已经结束了吗？》，《读书》2005年第4期，第151—159页。

　　④ 同上。

　　⑤ 张汝伦：《亚洲的后现代》，《读书》1994年第12期，第24—31页。

　　⑥ 张兴成：《东方主义的全球化逻辑》，《读书》2004年第3期，第143—150页。

　　⑦ 刘世鼎：《殖民主义已经结束了吗？》，《读书》2005年第4期，第151—159页。

一个文化意义上的"第四世界"。①

最后，融入主流话语社区还可能导致"一叶障目"的结果。主流话语的强势霸权，一方面会减弱我们对其他非主流叙述问题（往往可能是更重要问题）的注意，正如本研究所显示的，由于我们对经济发展的"一心一意"或"全神贯注"，库北村的非整合状态并没有得到应有的重视，而这种状态在某种意义上却是一种更大的、更可怕的"贫困"；另一方面会排斥其他叙述或者挤压其他叙述的生存空间，导致知识多维性和历史多维性的丧失。例如，在世界各地竞相现代化的过程当中，关于发展的论述越来越只剩下现代化理论或其变种，而传统的、原住民的有关发展的知识备受排挤以致消音。②

其三，话语建构有章可循，我们必须重视话语重构问题。

透过贫困话语建构和实践机制研究，我们发现，话语建构是有章可循的。因此，在话语重构过程中，我们必须把握好和运用好这些规律。具体而言，（至少）应该注意和解决两个层面的问题：一是意识和态度层面的问题，二是技术层面的问题。唯有如此，超越既有主流话语和重构新的话语以及话语社区才有可能。

我们在意识和态度层面必须明白的是：

首先，超越西方主流话语和建构新的话语并不是简单否定或消除西方主流话语，相反，我们必须承认西方话语的独特性及其对现实的重要建构作用。因为，一方面，我们应对东方主义的策略不是提出和实践"西方主义"③，批判西方中心论不等于拒绝西方文化，不等于要把自己身上西方文化的影响和因素统统消去④；另一方面，只有真正了解西方话语，我们才有可能超越西方话语，才有希望获得一种关于人类前景的可能性的更为广泛的普遍视野。⑤

---

① 姜飞：《后殖民视野中的第四世界》，《西南民族大学学报》（人文社会科学版）2004年第3期，第17—19页。

② 许宝强：《知识、权力与"现代化"发展论述》，《读书》1999年第2期，第19—25页。

③ ［美］艾德华·W. 萨义德：《东方学》，王宇根译，生活·读书·新知三联书店1999年版。

④ 张汝伦：《亚洲的后现代》，《读书》1994年第12期，第24—31页。

⑤ ［美］伊曼纽尔·沃勒斯坦：《进退两难的社会科学》，《读书》1998年第2期，第85—90页。

其次，超越西方主流话语和建构新的话语涉及抵制话语霸权和重构民族自信问题。我们必须清醒地意识到，我们事实上生活在一个后殖民主义时代而不是所谓的"世界主义"时代。"东方主义"在日常生活中随处可见，它通过文化、知识、话语等方式使得文化霸权问题变得更加复杂和顽固，使得西方意识形态霸权地位更加扎实和牢固①。更令人担忧的是，学术研究在这个时代也遭遇了后殖民化命运。可见，抵制西方文化挟持话语霸权对中国人的精神实施统治（进而对中国现实实施统治）是相当重要和非常迫切的②。而为了实现成功抵制之目标，我们要增强民族自信，尤其是广大学人要明了和担当自身的"神赋天职"，要倾听我们的前辈先人、我们的民族、我们的时代对我们的召唤，进而逐步超越别人给我们设定好的位置，逐步建构形成具有中国特色、中国风格、中国气派的文化、知识、话语体系，坚决避免"落个超大型文化附庸的结局"。③

最后，超越西方主流话语和建构新的话语涉及文化自觉问题。具体而言，在解构和重构时，必须把握好"各美其美"和"美人之美"的分寸。一方面，"各美其美"走到极端会有问题，会滋生"老子天下第一"或者"只此一家别无分店"的自负；另一方面，"美人之美"走到极端也会有问题，会导致对本民族文化最基本自信的丧失而只剩下美他人之美的自卑。唯有拿捏准确，才能在超越过程中不走偏、不走样。

而我们在技术层面需要注意的是：

第一，超越西方主流话语和建构新的话语，有必要对西方主流话语进行重新考察。对西方主流话语进行重新考察，是超越既有话语和重构新的话语的一项前提性基础性工作。前提其实是最值得讨论的，但是我们很有可能根本没有意识到这点。例如，我们通常赋予"城市化"以不容置疑的正当性，认为它是解决中国"三农"问题、让经济更上一个台阶、实现现代化大目标的无可选择的选择，并使其成为由政府规划并倡导实施的一项国家目标，甚至上升为一种意识形态④。几乎很少有人会去思考"城

---

① 刘亚斌:《葛兰西文化霸权理论与萨义德东方主义之比较》,《安徽大学学报》（哲学社会科学版）2005 年第 7 期, 第 138—145 页。

② 房宁:《影响当代中国的三种思潮》,《复旦政治学评论》2006 年第四辑, 第 265—292 页。

③ 黄平、汪丁丁:《学术分工及其超越》,《读书》1998 年第 7 期, 第 106—114 页。

④ 陈映芳:《"城市化"质疑》,《读书》2004 年第 2 期, 第 34—41 页。

市化"本身及其理论渊源是否存在问题。例如，我们通常在还没有弄清楚中国的事情是怎么回事、外国的事情是怎么回事的情况下，就想当然地认为"改革即正确""外国即先进"。①

再例如，我们通常认为，发展具有不容置疑的正当性，而不会对与之相关的深层次问题加以思考。事实上，"要不要发展"以及"需要什么样的发展"等都是需要认真讨论的问题。我们所面临的实际状况是：一方面，在近代以来的我国社会中，由"落后—挨打"的民族记忆沉淀凝练而成的"朴素真理"——"发展是硬道理"，早已成为国人广泛认同的观念意识②；另一方面，我们在没有弄清楚"自己的家底"的情况下，将"发展是硬道理"简单理解为只要有经济效益就是硬道理，甚至把通过破坏生态环境来获取短期的经济利益视作"正常"③。这些情况表明，我们对发展的本质知之不多、知之不深。

那么，发展到底是什么？关于这个问题，本书在第一章做过一些阐述。此处想要提请注意的是伊曼纽尔·沃勒斯坦的观点。沃勒斯坦认为，标榜"平等"与"增长"的发展，不但只是一种掩盖深层次矛盾的口号，而且还是一种零和游戏，因为一个国家的发展是要以损害其他国家的利益为代价的。因此，从这个意义上讲，现代化发展叙述对于在现代化霸权体制中享有优越地位的经济学家、工程师和其他各式各样的发展专家来讲是"指路明灯"，而对大部分农民、工人和原住民来说则是"幻象"④。这些论调可能与主流话语有些"出入"或者"反差"。但是，只有有了这样高度和深度的认识，我们才可能明白我们需要什么、我们能够做什么、我们怎样做更好。

第二，超越西方主流话语和建构新的话语，有必要重建知识与现实的联系。毋庸讳言，"削现实之足适理论之履"的做法在当前学术界并不鲜见。这种处理方式通常（至少）导致"悖论社会"（paradoxical society）和"化约社会"的出现。其中，"悖论社会"指的是一个违背西方理论信念的实际社会。"悖论社会"的出现，并不是社会现实本身及其所包含的

---

① 李零：《前提最需要讨论》，《读书》2003年第9期，第28—33页。
② 陈映芳：《"城市化"质疑》，《读书》2004年第2期，第34—45页。
③ 陈晓律：《发展的困惑》，《读书》2002年第11期，第90—96页。
④ ［美］伊曼纽尔·沃勒斯坦：《发展是指路明灯还是幻象？》，许宝强、汪晖主编《发展的幻象》，中央编译出版社2001年版，第1—21页。

实践逻辑有问题,而是用西方理论信念裁剪现实的结果①。"化约社会"指的是一个经过了过滤和化约处理而只剩下一种宏大叙事和几条简单线索的社会。例如,我们在研究中国历史时,因为对现代化的坚定信念,通常醉心于描述现代化过程凯歌行进的合理性,而几乎没有、可能也不打算关注此过程中出现的细腻冲突,所以我国近代史的图像总是显得那样苍白单调,只剩下干巴巴的几条线索,而且是几条民族自信心丧失殆尽的线索②。再例如,因为认可和接受了西方中心主义和西方优越论,我们通常将全球化过程看作一个以西方为中心的过程,而忽略了其他两个维度,以至于犯下严重的历史学错误。这两个维度是:所有地方性实际上都是世界的组成部分,全球化与地方性之间还存在"全球地方性"(glocalization)之类的东西③。显然,"化约社会"的出现也是用西方理论信念裁剪现实的结果。

　　"悖论社会"和"化约社会"的出现,不但意味着学术研究的"失败",而且势必误导我们做出错误决策或者出现实践偏差。重建知识与现实的联系,势在必行。那么,我们应该如何重建知识与现实之间的联系?如前所述,后现代主义既是一种目标也是一种态度,其中作为态度的后现代主义包括怀疑和肯定两个面向。在这个问题上,后现代主义的怀疑态度和方法值得借鉴运用。例如,我们可以用历史考古的眼光去怀疑、去解构由现代化的逻辑创构出来的群体经验,特别是从某些个人经验出发拼接起来的"群体经验",并对现代性问题进行重新发问,继而对那些被遮蔽的声音进行发掘和复原④。再例如,我们可以对"欧洲的所作所为是一种积极的成就"等类似假定提出质疑,继而对资本主义文明在其历史生涯中所完成的东西做出一份资产负债总表,并对其增赢与亏损进行正确评价⑤。总之,后现代主义的怀疑态度和方法,对于帮助我们认识"宏大叙事"和机械的必然论带来的问题,对于我们摆脱教条主义、

---

　　① 黄宗智:《悖论社会与现代传统》,《读书》2005年第2期,第3—15页。
　　② 杨念群:《"常识性批判"与中国学术的困境》,《读书》1999年第2期,第79—84页。
　　③ 梁光严:《超越一种两分法》,《读书》2001年第2期,第29—34页。
　　④ 杨念群:《"常识性批判"与中国学术的困境》,《读书》1999年第2期,第79—84页。
　　⑤ [美]伊曼纽尔·沃勒斯坦:《进退两难的社会科学》,《读书》1998年第2期,第85—90页。

冲破各种形式的二元论都是有启发的①。它是重建知识与现实联系的基础。

　　重建知识与现实之间的联系还要解决好如何正确对待传统知识这一问题。要想全面真实地理解传统知识及其体系，不能仅将其镶嵌在现代知识框架之中，仅做一些比附印证，而要把散落的珍珠还原成珠链或者蛛网，将传统知识还原到其历史背景当中去理解②。唯有如此，我们才会发现传统知识的过去价值以及它对今天的意义，才会知道"新的未必是好的"，才不至于片面地强调革新变动，才不至于动辄强调"与国际接轨"，才可能深刻领会"富裕之邦岂即真理之地"的含义③。不过，必须注意的是，要想全面真实地理解传统知识及其体系，还要处理好关于"现代传统"的问题。"现代传统"是近一个半世纪以来在中西并存下所形成的新"传统"，它已然成为一种知识或（和）现实，因此应该重视和研究它而不是无视或排斥它。④

　　第三，超越西方主流话语和建构新的话语，有必要构建一个功能耦合的完整体系。回到贫困话语来看，这套话语的建构威力和实践能力之所以如此巨大，是因为贫困话语已然成为一套"具有真理意义"的知识（尽管它与权力之间存在密不可分关系），并内化为一种坚定的信念。而贫困话语之所以能够成为一套"具有真理意义"的知识，如前所述，正如雅帕的研究所显示的，是因为这套话语是由一个"科学"的体系生产出来的。而之所以认为这个体系"科学"，是因为该体系是一个由技术性的、社会性的、生态性的、文化性的、政治性的和学术性的生产关系组成的体系，一个由话语网络和非话语网络共同组成的体系。由此可见，创建一个"科学"的话语生产体系（而不是随意地临时性地组建一个"草台班子"），是重构话语的必要环节。

　　然而，生产话语只是重构话语链条当中的一个环节，话语生产出来了

---

　　①　黄平等：《我们的时代——现实中国从哪里来，往哪里去？》，中央编译出版社 2006 年版，第 233—269 页。

　　②　田松：《科学话语权的争夺及策略》，《读书》2001 年第 9 期，第 31—39 页。

　　③　参见房宁《富裕之邦岂即真理之地——怎样看待当代资本主义的发展问题》，《真理的追求》1997 年第 10 期，第 3—5 页；房宁《新的未必是好的》，《读书》2002 年第 11 期，第 138—140 页。

　　④　黄宗智：《悖论社会与现代传统》，《读书》2005 年第 2 期，第 3—15 页。

也不会自然而然地"发威"。只有经由传播、付诸实践才能彰显其威力，才能实现其建构现实的目标。正如埃斯科巴的研究所显示的，西方资本主义经济体系之所以能够扩张至全球绝大部分地区，是因为它是由生产系统（指资本主义世界经济）、权力系统（指规训性、规范性机制）和意义系统（指意识形态、科学和现实再现）三个系统共同组成的①。其中，意义系统是生产系统、权力系统的表达机制以及发挥和增强两者功能的支点，生产系统和权力系统则是意义系统的寄寓载体和践行场域。三个系统相互支撑、缺一不可。由此可见，创建一个功能耦合的完整体系（而不仅仅是一个话语生产体系），是重构话语以及发挥话语建构和实践功能的重要支撑。

正是基于这些认识，（以社会主义和谐社会建设为例）本书认为，社会主义和谐社会建设，当然也包括其他类似重大工程和事业，不仅是一个建构经济基础、政治文明、精神文明以及制度文明的过程，而且它还需要一套与之相适应的叙述。理论上这应该是一套怎样的叙述？不得而知。但是，本书坚持相信两点：一则真理只有一个，至于怎样才能发现真理，不依靠主观的夸张而依靠客观的实践②。二则这套话语必须是也必定是一套否定发展主义的叙述，一套区别于西方主流叙述而自有独特内涵的叙述。

完成上述两个层面的努力之后，超越现行西方主流话语和重建话语社区才是有可能的。

在这个问题上，毛泽东的"三个世界"理论是最经典的说服。1952年，西方主流话语提出了关于"三个世界划分"的方案。在这个方案中，以美国为首的西方发达工业国家组成"第一世界"，共产国家成员组成"第二世界"，而前殖民地蜕变而成的数十个新国家，再加上一向依赖旧帝国主义工业世界生存的拉丁美洲绝大多数国家组成"第三世界"③。根据这种划分，我国属于"第二世界"。时至1974年2月22日，毛泽东在会见赞比亚总统卡温达时提出了关于"三个世界划分"的战略，认为美

---

① ［美］埃斯科巴：《权力与能见性：发展与第三世界的发明与管理》，卢思骋译，载许宝强、汪晖选编《发展的幻象》，中央编译出版社2001年版，第84—107页。

② 《实践论》，载《毛泽东选集》第1卷，人民出版社1991年版，第282—298页。

③ ［美］艾瑞克·霍布斯鲍姆：《1914—1991极端的年代》（上下），江苏人民出版社1999年版，第539—540页。

国、苏联是"第一世界",中间派、日本、欧洲和加拿大是"第二世界",亚洲除了日本、拉丁美洲和整个非洲都是"第三世界"。① 根据这种划分,我国属于"第三世界"。

对比西方主流社会关于"三个世界划分"的方案,毛泽东"三个世界"理论的创新之处在于:它突破了传统的以社会制度和意识形态划分世界政治格局的做法,重点突出了霸权主义和反霸权主义的矛盾。当然,毛泽东此举用意不仅是换个"说法",而是希望这个"说法"导出和指引新的做法。具体而言,毛泽东希望能够借此加强同第三世界国家的团结,并争取第二世界国家共同反对霸权主义。实践证明,毛泽东的战略和抱负逐步得到实现。正因为如此,邓小平认为毛泽东的"三个世界"理论,"是多么英明,多么富有远见",它"对于团结世界人民反对霸权主义,改变世界政治力量对比,对于打破苏联霸权主义企图在国际上孤立我们的狂妄计划,改善我们的国际环境,提高我国的国际威望,起了不可估量的作用"。②

我们在毛泽东颠覆西方的"三个世界划分"方案和提出自己新的"三个世界理论"的过程和事件中,看到的是话语建构对于世界政治格局的深远影响,以及话语本身和话语社区重建的可能。这一成功体验,是我们超越既有话语和重构话语社区的重要信心源泉。这一成功体验,也再次证明:我们或许不能回避、拒绝权力/知识,因为我们其实始终处于某种权力/知识的建构网络当中;但是,我们能够选择或创造具体的权力/知识类型,包括选择或创造它的内涵、目的和利益受众等,从而构建一套适宜自己的叙述,发展一个适宜自己的话语社区,书写一段主动改造现实和谋划未来的历史。

近年来,树立良好大国形象日益成为我国政府重要战略目标。如何在稳步增强硬实力同时提升软实力是一个亟待解决的重大课题。毫无疑问,重构话语和重建话语社区是提升软实力的题中之义。正是在这一背景下,我国相继启动了社会主义核心价值观和"中国梦"等一系列重大话语建构工程。当然,要逐步完善和最终完成这些重大工程,不是一件能够一蹴而就的容易事,因为这些叙述在某种意义上即是回答"中国

---

① 《毛泽东文集》第 8 卷,人民出版社 1999 年版,第 441—442 页。

② 《邓小平文选》(1975—1982),人民出版社 1983 年版,第 146 页。

向何处去"的问题。但是,我们坚信,中国和它的人民,经过了几千年的盛衰兴亡,百余年的革命震荡,几十年的建设和发展,有能力回答这个问题!①

---

① 黄平等:《我们的时代——现实中国从哪里来,往哪里去?》,中央编译出版社 2006 年版,第 4 页。

参考资料

一 访谈资料

（一）座谈会资料

ZT01	2006－06－14 下午	库北县政策研究室	库北县政策研究室会议室
ZT02	2006－07－18 上午	库北县史志办	库北县史志办办公室
ZT03	2006－07－18 下午	库北县统计局	库北县统计局办公室
ZT04	2006－07－19 上午	库北县发展和改革委员会	库北县发展和改革委员会会议室
ZT05	2006－07－19 下午	库北县生态办	库北县生态办会议室
ZT06	2006－07－20 上午	库北县经济委员会	库北县经济委员会会议室
ZT07	2006－07－21 上午	库北县环境保护局	库北县环境保护局会议室
ZT08	2006－07－21 下午	库北县民政局	库北县民政局会议室
ZT09	2006－07－24 上午	库北县劳动保障局	库北县劳动保障局会议室
ZT10	2006－07－24 下午	库北县信访办	库北县信访办会议室
ZT11	2006－08－01 中午	库北村村干部第一次座谈会	库北村委会议室
ZT12	2006－08－10 上午	库北村村干部第二次座谈会	库北村委会议室
ZT13	2006－08－14 下午	库北村草场座谈会	R 水库北岸草场
ZT14	2006－08－19 下午至 20 下午	村民代表座谈会	村民康某家
ZT15	2006－08－02 上午	T 镇干部座谈会	T 镇会议室
ZT16	2006－08－03 上午	P 镇干部座谈会	P 堡镇会议室

（二）参与式非参与式观察

GC01	2006－07－25 上午	库北县信访办"领导接待日"	库北县信访办接访处
GC02	2006－08－14 下午	选点观察——库北村草场	草场

续表

（二）参与式非参与式观察

GC03	2006 – 08 – 21 下午	选点观察——库北村曹家商店	曹某家商店内
GC04	2006 – 08 – 24 上午	选点观察——寻找 R 水库一级界石碑	库北村西果园一带

（三）知情人士访谈

KI01	2006 – 08 – 03 下午	库北县县委常委、宣传部部长向某	向某办公室
KI02	2006 – 08 – 04 中午	库北县旅游局局长郭某	郭某办公室
KI03	2006 – 08 – 25 下午	库北县政策研究办公室主任齐某	齐某办公室
KI04	2006 – 08 – 11	库北村原村党支部书记孙某	库北村委会议室
KI05	2006 – 08 – 11 中午	库北村会计王某	王某办公室
KI06	2006 – 08 – 18 下午	B 镇林业站站长丁某	库北县去库北村的路上
KI07	2006 – 08 – 19 上午	库北村村信息员郑某	库北村委会议室
KI08	2006 – 08 – 22 上午	库北村村委会主任郑某	郑某家
KI09	2006 – 08 – 23 上午	库北村党支部书记丁某	丁某办公室
KI10	2006 – 08 – 24 下午	B 镇副镇长宋某	库北村去库北县的路上
KI11	2007 – 04 – 01	香港宣明会执行总监王某	北京海淀区某咖啡厅

（四）入户访谈

RH01	2006 – 08 – 12 上午	库北村民包某	库北村委会议室
RH02	2006 – 08 – 12 下午	库北村民曹某	库北村委会议室
RH03	2006 – 08 – 13 上午	库北村民郭某	郭某家
RH04	2006 – 08 – 14 上午	库北村民孙某	孙某家
RH05	2006 – 08 – 15 上午	库北村民赵某	赵某家
RH06	2006 – 08 – 15 下午	库北村民宋某	宋某家
RH07	2006 – 08 – 19 下午	库北村民康某	康某家
RH08	2006 – 08 – 20 下午	库北村民宋某	宋某家
RH09	2006 – 08 – 20 黄昏	库北村党支部书记丁某	丁某家
RH10	2006 – 08 – 21 上午	库北村民王某	王某家
RH11	2006 – 08 – 21 下午	库北村民丁某	丁某家
RH12	2006 – 08 – 21 黄昏	库北村民丁某	丁某路边摊点
RH13	2006 – 08 – 22 上午	库北村民宋某	宋某家
RH14	2006 – 08 – 22 下午	库北村民王某	王某家
RH15	2006 – 08 – 24 上午	库北村民王某	王某家门口

续表

（四）入户访谈			
RH16	2004 – 08 – 24 上午	库北村民曹某	曹某家
RH17	2004 – 08 – 24 中午	库北村民丁某	丁某家

二　中文资料

（一）官方文献

《1989—2000 库北县经济社会发展战略研究报告》，中共库北县委政策研究室：《库北县调查报告选 1985—1994》，第 319—341 页。

《D 市库北县生态县建设规划（2005—2020)》，由库北县生态办提供。

《库北县国民经济和社会发展第十个五年计划》，由库北县政策研究室提供。

《库北县国民经济和社会发展第十一个五年规划纲要》，由库北县政策研究室提供。

D 市库北县水利志编辑委员会：《D 市区县水利志丛书——库北县水利志》，1992 年 12 月。

库北县革命委员会计划组：《库北县国民经济统计资料 1971》，1972 年 5 月。

库北县工业发展课题组：《关于进一步加大工业发展力度的研究》，《库北县调研》2003 年第 16 期。

库北县教研中心编：《D 市中学地方历史教材　库北县历史》，首都师范大学出版社 2005 年版，第 60 页。

库北县人民委员会统计科：《库北县 1960 年统计资料汇编》，1961 年 2 月。

库北县委政策研究室：《新世纪 D 市水源区发展战略的决策与实施》，库北县政府网站，2006 年 10 月 3 日。

库北县战略研究课题组：《新世纪 D 市水源区发展战略》，库北县政府网站，2006 年 10 月 3 日。

库北县政策研究室：《D 市水源区可持续发展政策研究》，《2000 年 D 市重点课题调研课题汇编》，第 324—332 页。

《关于信访问题的情况分析及对策》，中共库北县委研究室《库北县调查报告选》(1999—2003)。

《库北县"十五"期间工业》,库北县政府网站,2015年11月16日。

中共库北县委、库北县人民政府:《关于创建国家级生态县实施意见》,库北县政府网站,2006年10月3日。

齐某:《解放思想加统一思想是加快区域经济发展的核心竞争力》,《库北县调研》2002年第9期。

王某、蔡某:《库北县解放后十七次移民及启示》,库北县委政策研究室《库北县调查报告选1985—1994》。

王某:《生态县建设中产业发展及相互关系》,由库北县生态办提供。

王某:《抓住历史机遇,建设旅游强县——对加快库北县旅游业发展的几点思考》,《库北县调研》2000年第9期。

向某:《库北县工业深层次问题及发展思路的探讨》,《库北县调研》2000年第4期。

国家统计局农村社会经济调查总队:《中国农村贫困监测报告·2001》,中国统计出版社2001年版。

国家统计局农村社会经济调查总队:《中国农村贫困监测报告·2004》,中国统计出版社2004年版。

《财政专项扶贫资金管理办法》,国务院扶贫开发领导小组办公室网站 http://www.cpad.gov.cn,2011年11月17日。

《国务院办公厅关于印发〈农村残疾人扶贫开发纲要(2011—2020年)〉的通知》,中央政府门户网站 http://www.gov.cn,2012年1月19日。

《关于做好农村最低生活保障制度和扶贫开发政策有效衔接扩大试点工作的意见》,国务院扶贫开发领导小组办公室网站 http://www.cpad.gov.cn,2011年3月16日。

《关于创新机制扎实推进农村扶贫开发工作的意见》,《人民日报》2014年1月26日第1版。

《关于加强新时期扶贫统计监测工作的指导意见》,国务院扶贫开发领导小组办公室网站 http://www.cpad.gov.cn,2011年8月17日。

《农村五保供养工作条例》,中央政府门户网站 http://www.gov.cn,2006年1月26日。

中华人民共和国国务院新闻办公室:《中国政府白皮书》(2000—2001),外文出版社2003年版。

中华人民共和国国务院新闻办公室：《中国的农村扶贫开发》白皮书，国务院扶贫开发领导小组办公室网站 http：//www. cpad. gov. cn，2006 年 3 月 3 日。

中华人民共和国国务院新闻办公室：《中国农村扶贫开发的新进展》白皮书，国务院扶贫开发领导小组办公室官网 http：//www. cpad. gov. cn，2012 年 2 月 8 日。

《中国农村扶贫开发概要》，国务院扶贫开发领导小组办公室网站 http：//www. cpad. gov. cn，2006 年 11 月 20 日。

国务院扶贫开发领导小组办公室：《中国农村扶贫开发概要》，国务院扶贫开发领导小组办公室网站 http：//www. cpad. gov. cn，2006 年 11 月 20 日。

《国家八七扶贫攻坚计划（1994—2000 年）》，国务院扶贫开发领导小组办公室网站 http：//www. cpad. gov. cn，2006 年 3 月 3 日。

《关于印发中国农村扶贫开发纲要（2001—2010 年）的通知》，中华人民共和国中央人民政府网站 http：//www. gov. cn，2001 年 6 月 13 日。

《中国农村扶贫开发纲要（2011—2020 年）》，新华网 http：//www. xinhuanet. com，2011 年 12 月 1 日。

《我国引入国际非政府组织参与扶贫开发工作》，国务院扶贫开发领导小组办公室网站 http：//www. cpad. gov. cn，2011 年 3 月 16 日。

《2020 年所有贫困县都要摘帽》，新华网 http：//www. xinhuanet. com，2015 年 3 月 13 日。

《我国将 10 月 17 日设为"扶贫日"》，新华网 http：//www. xinhuanet. com，2014 年 10 月 14 日。

《40 万干部驻村精准扶贫》，国务院扶贫开发领导小组办公室网站 http：//www. cpad. gov. cn，2014 年 10 月 2 日。

《中国贫困片区儿童减贫与综合发展试点项目正式启动实施》，国务院扶贫开发领导小组办公室网站 http：//www. cpad. gov. cn，2014 年 2 月 19 日。

《中国成功减贫加速世界减贫进程》，新华网 http：//www. xinhuanet. com，2007 年 10 月 17 日。

（二）学术论文

蔡昉：《从发展经济学到"穷人的经济学"》，《读书》2006 年第 7 期，第82—86 页。

陈维纲：《文化·边缘正义·马克思主义的公共霸权》，《读书》2004 年第 10 期，第 130—135 页。

陈晓律：《发展的困惑》，《读书》2002 年第 11 期，第 90—96 页。

陈映芳：《"城市化"质疑》，《读书》2004 年第 2 期，第 34—41 页。

陈宗胜等：《中国农村贫困状况的绝对与相对变动——兼论相对贫困线的设定》，《管理世界》2013 年第 1 期，第 67—78 页。

程永宏、高庆昆、张翼：《改革以来中国贫困指数的测度与分析》，《当代经济研究》2013 年第 6 期，第 26—33 页。

都阳、蔡昉：《中国农村贫困性质的变化与扶贫战略调整》，《中国农村观察》2005 年第 5 期，第 2—9 页。

房宁：《发展的陷阱与后殖民主义的来临》，《战略与管理》1999 年第 5 期，第 105—109 页。

房宁：《富裕之邦岂即真理之地——怎样看待当代资本主义的发展问题》，《真理的追求》1997 年第 10 期，第 3—5 页。

房宁：《社会主义：满足需要还是改变需要》，《真理的追求》1998 年第 3 期，第 13—19 页。

房宁：《新的未必是好的》，《读书》2002 年第 11 期，第 138—140 页。

房宁：《影响当代中国的三大社会思潮》，《复旦政治学评论》2006 年第四辑，第 265—292 页。

范和生等：《"中等收入陷阱"，本身就是理论陷阱?》，《学术前沿》2015 年第 3 期，第 68—80 页。

顾昕：《贫困度量的国际探索与中国贫困线的确定》，《天津社会科学》2011 年第 1 期，第 51—62 页。

郭熙保、罗知：《论贫困概念的演进》，《江西社会科学》2005 年第 11 期，第 38—43 页。

费孝通：《从反思到文化自觉与交流》，《读书》1998 年第 11 期，第 3—10 页。

费孝通：《我对自己的学术反思》，《读书》1997 年第 9 期，第 3—12 页。

郭誉先：《美国一百一十年前的农业报告》，《读书》2002 年第 11 期，第 145—147 页。

韩德强：《经济学是什么?》，《读书》2001 年第 2 期，第 34—37 页。

韩德强：《重新看待中国历史》，《天涯》2005 年第 1 期，第 164—182 页。

韩德强：《重新认识中国历史》，《天涯》2005 年第 1 期，第 164—182 页。

胡鞍钢、李春波：《新世纪的新贫困：知识贫困》，《中国社会科学》2001 年第 3 期，第 70—81 页。

胡鞍钢、童旭光、诸丹丹：《四类贫困的测量：以青海省减贫为例（1978—2007）》，《湖南社会科学》2009 年第 5 期，第 45—52 页。

黄德发：《科学理解经济增长与 GDP 的要义》，《统计与预测》2003 年第 5 期，第 20—24 页。

黄纪苏：《改革基本逻辑的面子和里子》，《天涯》2004 年 5 月，第 99—105 页。

黄平、汪丁丁：《学术分工及其超越》，《读书》1998 年第 7 期，第 106—114 页。

黄平：《关于"发展主义"的笔记》，《天涯》2000 年第 1 期，第 37—39 页。

黄平、李陀等：《南山纪要：我们为什么要谈环境—生态》，《天涯》2000 年第 2 期，第 153—161 页。

黄平：《从"中国特色"走向"小康"与"和谐"》，黄平、莫少群主编《迈向和谐：当代中国人生活方式的反思与重构》，天津人民出版社 2004 年版。

黄洋：《历史的尺度》，《读书》1999 年第 11 期，第 38—43 页。

黄宗智：《悖论社会与现代传统》，《读书》2005 年第 2 期，第 3—15 页。

姜飞：《后殖民时代的话语陷阱》，《河北学刊》2004 年第 9 期，第 18—24 页。

姜飞：《后殖民视野中的第四世界》，《西南民族大学学报》（人文社会科学版）2004 年第 3 期，第 17—19 页。

揭爱花：《国家话语与中国妇女解放的话语生产机制》，《浙江大学学报》（人文社会科学版）2008 年第 4 期，第 101—108 页。

孔诰烽：《非典型肺炎"黄祸论"与全球管治》，《读书》2004 年第 10 期，第 136—143 页。

李零:《前提最需要讨论》,《读书》2003 年第 9 期,第 28—33 页。

李锐之:《GDP 的由来及其批评》,新华网 http://www. xinhuanet. com,
　　2006 年 2 月 5 日。

李小云、于乐荣、齐顾波:《2000—2008 年中国经济增长对贫困减少的作
　　用:一个全国和分区域的实证分析》,《中国经济》2010 年第 4 期,第
　　4—11 页。

梁光严:《超越一种两分法》,《读书》2001 年第 2 期,第 29—34 页。

林春:《重新组织劳动:参与、尊严及小康社会主义》,《读书》2004 年
　　第 12 期,第 130—141 页。

林卡、范晓光:《贫困和反贫困——对中国贫困类型变迁及反贫困政策的
　　研究》,《社会科学战线》2006 年第 1 期,第 87—94 页。

刘坚:《加大扶贫开发力度,促进社会和谐发展》,国务院扶贫开发领导
　　小组办公室网站 http://www. cpad. gov. cn,2011 年 3 月 16 日。

刘坚:《开发式扶贫是消除贫困的根本方针》,中国政府网 http://www.
　　gov. cn,2006 年 11 月 29 日。

刘津宇:《GDP 之变》,《经济导刊》2004 年第 2 期,第 20—27 页。

刘世鼎:《殖民主义已经结束了吗?》《读书》2005 年第 4 期,第 151—
　　159 页。

刘文璇:《知识的社会性:知识社会学概要》,《哲学动态》2002 年第 1
　　期,第 42—45 页。

刘亚斌:《葛兰西文化霸权理论与萨义德东方主义之比较》,《安徽大学学
　　报》(哲学社会科学版)2005 年 7 月,第 138—145 页。

卢周来:《旁观新自由主义经济学》,《读书》2000 年第 12 期,第 62—
　　71 页。

陆建德:《词语的政治学》,《读书》2005 年第 3 期,第 26—34 页。

鲁子问:《1949 年以来我国农村政策话语变迁特性分析》,《社会主义研
　　究》2012 年第 4 期,第 92—97 页。

罗遐:《1980 年代中期以来中国贫困问题研究综述》,《学术界》2007 年
　　第 6 期,第 247—257 页。

吕新雨:《"民工潮"的问题意识》,《读书》2003 年第 10 期,第 52—
　　62 页。

马新文:《阿玛蒂亚·森的权利贫困理论与方法述评》,《国外社会科学》

2008 年第 2 期，第 69—74 页。

沈红：《中国贫困研究的社会学评述》，《社会学研究》2000 年第 2 期，第 91—103 页。

盛洪：《现代经济学的中国渊源》，《读书》1994 年，第 109—115 页。

宋晓平、李毅：《新自由主义在拉美的失败》，《高校理论战线》2006 年第 7 期，第 55—57 页。

唐平：《中国农村贫困标准和贫困状况的初步研究》，《中国农村经济》1994 年第 6 期，第 39—43 页。

唐洲雁：《中国梦：具有中国特色的话语体系》，《求是》2014 年第 2 期，第 42—43 页。

田松：《从太和殿的建造看经验、技术和科学的关系》，《自然辩证法研究》1997 年第 8 期，第 17—23 页。

田松：《科学话语权的争夺及策略》，《读书》2001 年第 9 期，第 31—39 页。

童星、林闽钢：《我国农村贫困标准线研究》，《中国社会科学》1994 年第 3 期。

汪晖：《我们如何成为现代的?》，《中国现代文学研究丛刊》1996 年第 1 期，第 1—8 页。

汪晖：《环保是未来的大政治》，《新华月报》2015 年第 6 期，第 29—32 页。

王诺：《唯发展主义批判》，《读书》2005 年第 7 期，第 64—68 页。

王明春：《论中国梦的话语内涵与话语功能》，《吉首大学学报》（社会科学版）2014 年第 4 期，第 22—28 页。

王红艳：《理解社区：从还原入手》，《学海》2012 年第 3 期，第 16—24 页。

王萍萍：《中国贫困标准与国际贫困标准的比较》，《调研世界》2007 年第 1 期，第 5—8 页。

王小林：《贫困标准及全球贫困状况》，《经济研究参考》2012 年第 55 期，第 41—50 页。

乌热尔图：《发现者还是殖民开拓者》，《读书》1999 年第 4 期，第 27—35 页。

吴国宝：《贫困线建立的理论和方法评述》，《经济学动态》1995 年第 11

期,第 70—74 页。

许宝强:《发展主义的迷思》,《读书》1999 年 7 月,第 18—24 页。

许宝强:《知识、权力与"现代化"发展论述》,《读书》1999 年第 2 期,第 19—25 页。

许建康:《新自由主义发展观在全球破产》,《探索》2005 年第 4 期,第 155—162 页。

杨念群:《"常识性批判"与中国学术的困境》,《读书》1999 年第 2 期,第 79—84 页。

张汝伦:《亚洲的后现代》,《读书》1994 年第 12 期,第 24—31 页。

张兴成:《东方主义的全球化逻辑》,《读书》2004 年第 3 期,第 143—150 页。

周穗民:《挑战发展主义》,《读书》2001 年 12 月,第 92—98 页。

周天勇:《GDP 的十大困惑与尴尬》,《学习月刊》2003 年第 7 期,第 12—13 页。

周小庄:《另一种世界是可能的》,《读书》2004 年第 6 期,第 133—140 页。

周雪光:《方法·思想·社会科学研究》,《读书》2001 年第 7 期,第 32—39 页。

周怡:《贫困研究:结构解释与文化解释的对垒》,《社会学研究》2002 年第 3 期,第 49—64 页。

朱晓阳:《反贫困的新战略:从"不可能完成的使命"到管理穷人》,《社会学研究》2004 年第 2 期,第 98—102 页。

朱晓阳:《在语言"膨胀"的时代再谈"参与式"的内在困境及补药》,《中国扶贫基金会会刊》2003 年第 3 期,第 5—10 页。

魏后凯、邬晓霞:《中国的反贫困政策:评价与展望》,《上海行政学院学报》2009 年第 3 期,第 56—68 页。

夏庆杰、宋丽娜、Simon Appleton:《中国城镇贫困的变化趋势和模式:1988~2002》,《经济研究》2007 年第 9 期,第 96—111 页。

熊光清:《制度设定、话语建构与社会合意:对"农民工"概念的解析》,《中国人民大学学报》2011 年第 5 期,第 107—114 页。

徐月宾、刘凤芹、张秀兰:《中国农村反贫困政策的反思——从社会救助向社会保护转变》,《中国社会科学》2007 年第 3 期,第 40—53 页。

朱玲：《应对极端贫困和边缘化：来自中国农村的经验》，《经济学动态》
　　2011 年第 7 期，第 27—34 页。

周建伟：《毛泽东农民话语的演变与农业社会主义改造》，《现代哲学》
　　2010 年第 5 期，第 55—62 页。

（三）著作

安树伟：《中国农村贫困问题研究——症结与出路》，中国环境科学出版
　　社 1999 年版。

陈向明：《质的研究方法与社会科学研究》，教育科学出版社 2000 年版。

《邓小平文选》（1975—1982），人民出版社 1983 年版。

《邓小平文选》（1—3 卷），人民出版社 1994 年版。

费孝通、张之毅：《云南三村》，社会科学文献出版社 2006 年版。

费孝通：《乡土中国生育制度》，北京大学出版社 1998 年版。

费孝通：《江村经济》，商务印书馆 2001 年版。

黄娟：《社区孝道的再生产：话语与实践》，中国知网博士论文库 2008
　　年版。

黄平、崔之元主编：《中国与全球化：华盛顿共识还是北京共识》，社会
　　科学文献出版社 2005 年版。

黄平、姚洋、韩毓海：《我们的时代——现实中国从哪里来，往哪里
　　去?》，中央编译出版社 2006 年版。

黄平编选、雅克·鲍多特等：《与地球重新签约——哥本哈根社会发展论
　　坛文选之一》，人民文学出版社 2003 年版。

黄平等主编：《当代西方社会学人类学新词典》，吉林人民出版社 2003
　　年版。

黄平：《误导与发展》，中国人民大学出版社 2006 年版。

黄平等：《西部经验》，社会科学文献出版社 2006 年版。

姜德华等：《中国的贫困地区类型及开发》，旅游教育出版社 1989 年版。

康晓光：《中国贫困与反贫困理论》，广西人民出版社 1995 年版。

李强：《中国扶贫之路》，云南人民出版社 1997 年版。

李小云主编：《谁是农村发展的主体》，中国农业出版社 1999 年版。

李周等：《森林资源丰富地区的贫困问题研究》，中国社会科学出版社
　　2004 年版。

罗必良：《从贫困走向富饶》，重庆出版社 1991 年版。

罗刚主：《中国财政扶贫问题研究》，中国财政经济出版社 2000 年版。

罗荣渠：《现代化新论——世界与中国的现代化进程》，北京大学出版社 1993 年版。

罗江月：《中国农村贫困话语的生产与再生产》，中国知网博士论文库 2014 年版。

毛颖辉：《党报民族话语的框架变迁研究——〈新疆日报（汉文版）〉1949—2009 年民族报道分析》，中国知网博士论文库 2010 年。

《毛泽东著作选读》（上下册），中共中央文献编辑委员会选编，人民出版社 1986 年版。

《毛泽东文集》第 8 卷，人民出版社 1999 年版。

任福耀、王洪耀：《中国反贫困理论于实践》，人民出版社 2003 年版。

沈红等：《边缘地带的小农——中国贫困的微观解理》，人民出版社 1992 年版。

汪三贵：《技术扩散与缓解贫困》，中国农业出版社 1998 年版。

王某主编：《D 市库北县生态县建设规划 2005—2020》，中国农业大学出版社 2005 年版。

王小强、白南风：《富饶的贫困》，四川人民出版社 1986 年版。

王卓：《中国贫困人口研究》，四川科学技术出版社 2004 年版。

韦伯：《新教伦理于资本主义精神》，彭强等译，陕西师范大学出版社 2002 年版。

沃勒斯坦等：《开放社会科学——重建社会科学报告书》，生活·读书·新知三联书店 1997 年版。

谢立中等主编：《二十世纪西方现代化理论文选》，上海三联书店 2002 年版。

许宝强：《资本主义不是什么》，牛津大学出版社 2002 年版。

许宝强、汪晖选编：《发展的幻象》，中央编译出版社 2001 年版。

杨善华主编：《当代西方社会学理论》，北京大学出版社 1999 年版。

杨娜：《妇女人权的文化研究：剖析与评估中国政府计生话语的特质、策略和原则》，中国知网博士论文库 2014 年。

张海柱：《公共政策的话语建构——国家合作医疗政策过程研究》，中国知网博士论文库 2014 年版。

赵凌：《媒介·话语·权力·身份："农民工"话语考古与身份生产研究》，中国知网博士论文库 2013 年版。

赵万里：《科学的社会建构——科学知识社会学的理论豫实践》，天津人民出版社 2002 年版。

三　中译文资料

（一）论文

［美］阿里夫·德里克：《欧洲中心霸权和民族主义之间的中国历史》，朱浒译，《近代史研究》2007 年第 2 期，第 80—92 页。

［印度］阿柏杜雷：《印度西部农村技术与价值的再生产》，许宝强、汪晖选编《发展的幻象》，中央编译出版社 2001 年版，第 205—244 页。

［印度］阿马蒂亚·森：《论社会排斥》，王燕燕译，《经济社会体制比较》2005 年第 3 期，第 1—8 页。

［美］阿锐基：《全球收入不平等与社会主义的未来》，陈俊杰译，许宝强、汪晖主编《发展的幻象》，中央编译出版社 2001 年版，第 22—55 页。

［美］埃斯科巴：《权力与能见性：发展与第三世界的发明与管理》，卢思骋译，许宝强、汪晖选编《发展的幻象》，中央编译出版社 2001 年版，第 84—107 页。

［美］邦克：《区域发展理论与受支配的开采业边陲》，萧永辉等译，许宝强、汪晖选编《发展的幻象》，中央编译出版社 2001 年版，第 108—147 页。

［美］马格林：《农民、种籽商和科学家：农业体系与知识体系》，卜永坚等译，许宝强、汪晖选编《发展的幻象》，中央编译出版社 2001 年版，第 245—339 页。

［美］萨林斯：《原初丰裕社会》，丘延亮译，许宝强、汪晖选编《发展的幻象》，中央编译出版社 2001 年版，第 56—83 页。

［美］沃勒斯坦：《发展是指路明灯还是幻象？》，黄燕堃译，许宝强、汪晖主编《发展的幻象》，中央编译出版社 2001 年版，第 1—21 页。

［美］沃勒斯坦：《进退两难的社会科学》，李学军译，《读书》1998 年第 2 期，第 85—90 页。

（二）著作

［印度］阿玛蒂亚·森:《以自由看待发展》,任赜、于真译,中国人民大学出版社 2002 年版。

［美］艾德华·W. 萨义德:《东方学》,王宇根译,生活·读书·新知三联书店 1999 年版。

［乌拉圭］爱德华多·加莱亚诺:《拉丁美洲被切开的血管》,王玖译,人民文学出版社 2001 年版。

［意］安东尼奥·葛兰西:《狱中札记》,曹雷雨等译,中国社会科学出版社 2000 年版。

［美］保罗·萨缪尔森等:《经济学》,萧琛译,人民邮电出版社 2004 年版。

［美］德尼·古莱:《残酷的选择——发展理念与伦理价值》,高铦、高戈译,社会科学文献 2007 年版。

［英］费尔克拉夫:《话语与社会变迁》,殷晓蓉译,华夏出版社 2003 年版。

［法］费尔南·布罗代尔:《15—18 世纪的物质文明、经济和资本主义》,顾良、施康强译,生活·读书·新知三联书店 2002 年版。

［德］贡德·弗兰克:《白银资本》,刘北成译,中央编译出版社 2000 年版。

［德］贡德·弗兰克:《依附性积累与不发达》,高铦译,译林出版社 1999 年版。

［美］杰弗里·亚历山大:《社会学二十讲:二战以来的理论发展》,贾春增等译,华夏出版社 2000 年版。

［德］卡尔·曼海姆:《意识形态与乌托邦》,黎明、李书崇译,商务印书馆 2000 年版。

［美］柯文:《历史三调——作为事件、经历和神话的义和团》,杜继东译,江苏人民出版社 2000 年版。

［美］赖特·米尔斯:《社会学的想象力》,陈强、张永强译,生活·读书·新知三联书店 2001 年版。

［法］雷蒙·阿隆:《社会学主要思潮》,葛智强等译,华夏出版社 2000 年版。

［英］雷蒙·威廉斯：《关键词——文化与社会的词汇》，刘建基译，生活·读书·新知三联书店 2005 年版。

［美］刘易斯·A. 科瑟：《社会学思想名家——历史背景和社会背景下的思想》，石人译，中国社会科学出版社 1990 年版。

［美］马尔科姆·沃特斯：《现代社会学理论》，杨善华等译，华夏出版社 2000 年版。

［德］马克思、恩格斯：《德意志意识形态》，中共中央马克思恩格斯列宁斯大林著作编译局编译，人民出版社 2003 年版。

［德］马克思：《1844 年经济学哲学手稿》，中共中央马克思恩格斯列宁斯大林著作编译局编译，人民出版社 2000 年版。

《马克思恩格斯选集》第 1 卷，人民出版社 1995 年第二版。

［德］马克斯·舍勒：《知识社会学问题》，艾彦译，华夏出版社 2000 年版。

［德］马克斯·韦伯：《社会科学方法论》，韩水法、莫茜译，中央编译出版社 1991 年版。

［德］马克斯·韦伯：《新教伦理与资本主义精神》，彭强、黄晓京译，陕西师范大学出版社 2002 年版。

［美］迈克尔·桑德尔：《金钱不能买什么——金钱与公正的正面交锋》，邓正来译，中信出版社 2012 年版。

［美］麦克洛斯基等：《社会科学的措辞》，许宝强编译，生活·读书·新知三联书店 2000 年版。

［法］米歇尔·福柯：《疯癫与文明》，刘北成、杨远婴译，生活·读书·新知三联书店 2003 年版。

［法］米歇尔·福柯：《知识考古学》，谢强、马月译，生活·读书·新知三联书店 2003 年版。

［法］米歇尔·福柯：《规训与惩罚》，刘北成、杨远婴译，生活·读书·新知三联书店 2003 年版。

［法］米歇尔·福柯：《词与物—人文科学考古学》，莫伟民译，上海三联书店 2001 年版。

［美］彭慕兰：《大分流——欧洲、中国及现代世界经济的发展》，史建云译，江苏人民出版社 2003 年版。

［美］乔纳森·特纳：《社会学理论的结构》，丘泽奇译，华夏出版社

2001 年版。

［美］乔治·瑞泽尔：《后现代社会理论》，谢立中等译，华夏出版社
　　2003 年版。

［美］萨义德：《知识分子论》，单德兴译，生活·读书·新知三联书店
　　2000 年版。

［美］斯塔夫里阿诺斯：《全球通史》，吴象婴等译，上海社会科学院出版
　　社 1999 年版。

［巴西］特奥托尼奥·多斯桑托斯：《帝国主义与依附》，毛金里等译，社
　　会科学文献出版社 1999 年版。

［法］涂尔干：《宗教生活的基本形式》，渠东等译，上海人民出版社
　　1999 年版。

［美］西里尔·E. 布莱克编：《比较现代化》，杨豫等译，上海译文出版
　　社 1996 年版。

［美］伊曼纽尔·沃勒斯坦：《现代世界体系》（1—3），罗荣渠等译，高
　　等教育出版社 2003 年版。

［美］詹姆逊：《晚期资本主义的文化逻辑》，陈清侨等译，生活·读书·
　　新知三联书店、牛津大学出版社 1997 年版。

［波兰］兹纳涅茨基：《知识人的社会角色》，郏斌祥译，译林出版社
　　2000 年版。

四　外文资料

Crush Jonathan, 1995, *Power of Development*, London: Routledge.

Chalaby Jean K. , "Discourse: as a Sociological Concept" in *The British Journal of Sociology*, Volume 47, No. 4 (Dec. 1996), pp. 684 – 88.

Escobar Arturo, 1995, *Encountering Development: The Making and Unmaking of the Third World.* New Jersey: Princeton University Press.

Hook Steven W, "Japan's Aid Policy since the COLD War: Rhetoric and Reality" in *Asian Survey*, Vol. 38, No. 11 (Nov. 1998)

Harriet Friedman, "Reply to the Globalization of Poverty: Impact of IMF and World Bank Reforms", by Michel Chossudovsky, London: Zed Books, 1997, *Contemporary Sociology*, Vol. 27, No. 6 (Nov. 1998) .

George Ritzer, Goodman D. J. , 2004, *Morden Socilogical Theory* (6th Edition), Beijing: Peking University Press.

Iain Mclean, Alistair Mcmillan, Eds, *The Concise Oxford Dictionary of Politics*, Oxford University Press, 2009.

Kuper Adam and Kuper Jessica, 1996, *The Social Science Encyclopedia (Second Edition)* , London: Routledge.

Perinbanayagam R. *S*, 1991, Discursive Acts, *New. York: Aldine de Gruyter.*

Mannheim Karl, 1999, Ideology and Utopia, *China Social Sciences Publishing Houses.*

Mead Lawrence M. , 1992, The New Politics of Poverty: The Nonworking Poor in America, *New York: Basic Books.*

Marx Karl, Engels Frederick, 1998, Manifesto of the Commuist Party, *Beijing: Foreign Language Teaching and Study Publishing Houses.*

Oswaldo de Rivero, The Myth of Development—Non-Viable Economies of the *21*st Century, *London and New York: Zed Books*, 2001.

Porter James E, "*This Is Not a Review of Foucault's This Is Not a Pipe*" in Rhetoric Review, *Vol.* 4, *No.* 2 (*Jan.* , 1986) .

Yapa Lakshman, "*The Poverty Discourse and the Poor in Sri Lanka*" in Transaction of the Institute of British Geographers, *New Series, Vol.* 23, *No.* 1 (1998) .

Yapa Lakshman, "*Reply: Why Discourse Matters, Materially*" in Annals of Association of American Geographers, *Vol.* 87, *No.* 4 (*Dec.* , 1997) .

Yapa Lakshman, "*What Causes Poverty? A Postmodern View*" in Annals of the Association of American Geographers, *Vol.* 86, *No.* 4 (*Dec.* , 1996) .

后　记

　　拙著是在博士论文基础上修改而成的。为什么要将尘封八年之久的博士论文整理出来正式出版？

　　一是为了纪念那段"艰难"的岁月。

　　2004 年 7 月，硕士毕业的我再次放弃了回到政府部门工作的打算和安排，任性地选择了继续攻读博士学位，启动了六年长跑（硕博连读）的下半场。但是，接下来的一千多个日子远比我最初所设想的要"难捱"一些。如果说硕士阶段的学习让我尝到了学习知识的"甜头"——通过学习我似乎获得了重新认识世界和思考人生的钥匙，那么博士阶段的学习则让我尝到了学习知识的"苦头"——经历磨练我逐步意识到生活和科研的艰难。但是，年迈的父母、勤劳的龙哥、懂事的铁哥以及妹妹妹夫们一如既往在精神上和经济上给予我支持，毫无怨言地陪我度过了这段艰难的时光。时至今日，每每想起父母带着退休工资来京帮我照顾儿子，每每想起龙哥放弃"功成名就"来京漂泊，每每想起年幼铁哥期待"娘妈妈"早日放假回家的眼神，还是愧疚不已、泪流满面！正是来自家庭的浓浓亲情，充当了我长跑的"氧气袋"，扮演了我"勇往直前"的助推器，成为了我奋发向上的动力源。因此，这部拙著既是献给家人的一份特别的礼物，也是我与家人共度艰难时光的有形见证。

　　二是为了纪念我的"成长"过程。

　　攻读博士学位的三年时间是我逐渐发生"蜕变"的重要人生阶段。这一时期，我逐渐意识到从事社会科学研究之难。而之所以觉得难，一则因为时光逐渐涤去了"初生牛犊不怕虎"的豪情，二则因为导师黄平先生的"训练"逐渐消解了我那份很大程度上因为"无知"而诱致的"无畏"。在师从黄平先生的日子里，他在学术上对我的严格要求，使得我时刻保持"战战兢兢",始终觉得"如履薄冰"。但是,正是因为黄平先生的严格要求,我逐渐懂得了如何写作合格的读书笔记,如何展开有效的学术研讨,如何确定合宜的研究主题,如何鉴别学术成果的品质,如何进行文字的推敲锤炼、文章的谋篇布局和逻辑的支撑呼应……正是在这种"战战兢兢"、"如履薄冰"的感觉和过程中,我才在打下扎实学术基础方面迈出了有力的步伐,而我所写就的博士论文最终"出乎意料地"被评为中国社会科学院社会学研究所的优秀博士论文。不过,黄平先生教给我的不仅仅是如何写作一篇博士论文,更深远的影响是,他引导我如何去观察、思考和面对学术与人生。因此,这部拙著既是献给老师的一份并不一定令他满意的礼物,也是我在学术道路上逐步成长的生动见证。

三是为了回应当下之现实需要。

十年之前,我国学界选择话语问题作为研究对象的成果并不多见。记得开题答辩之时还有老师问道:"可能贫困话语问题不是问题?"我则理直气壮地回答说:"不是问题才是最大的问题!"十年之后的今天,话语(权)问题不但受到学界的广泛关注,更是引起官方的高度重视。话语(权)研究方兴未艾。但是,从可获得资料来看,既有成果论述话语(权)重要性和必要性的较多,研究话语本质、生产机制和实践过程的较少,而后者恰是建构社会主义核心价值观、中国梦等系列重大话语工程的必修功课。正是在这一情势下,我发现尘封八年之久的拙著不但没有过时而且尚有一些新意,于是在感叹黄平先生洞察之深远、选题之前瞻的同时,"勇敢地"将这项研究成果公之于世,希望能够为当下话语建构工程略尽绵薄之力。因此,这部拙著可以说是一位普通学者献给祖国的可能并不怎么"像样"但内里满是忠诚的一份礼物。

正是基于上述原因,在各方亲朋好友尤其是中国社会科学出版社张林女士的大力支持下,这本拙著终于得以公开出版。在此,我向各方亲朋好友一并致谢,并将在未来的日子里,以更勤勉的学习、更扎实的劳动、更富有价值的成果,回报你们的关爱与帮助。

2015 年 3 月于北京魏公村